LA REPÚBLICA DE COREA
ANTE LA INFLUENCIA
DE LA ADMINISTRACIÓN TRUMP

CENTRO DE ESTUDIOS DE ASIA Y ÁFRICA

LA REPÚBLICA DE COREA ANTE LA INFLUENCIA DE LA ADMINISTRACIÓN TRUMP

Juan José Ramírez Bonilla

Coordinador

EL COLEGIO DE MÉXICO

327.5195073
R29994

La República de Corea ante la influencia de la administración Trump / Juan José Ramírez Bonilla, coordinador. 1a ed. – Ciudad de México : El Colegio de México, 2020.

304 p. : tablas, gráfs. ; 21 cm.

ISBN 978-607-564-202-4

1. Corea del Sur – Relaciones exteriores – Estados Unidos. 2. Corea del Sur – Relaciones exteriores – Corea del Norte. 3. Corea del Sur – Relaciones exteriores – Asia del Este. 4. Corea del Sur – Política y gobierno – 2002-. I. Ramírez Bonilla, Juan José, 1952- , coord.

Primera edición, septiembre de 2020

Carretera Picacho Ajusco No. 20
Ampliación Fuentes del Pedregal
Alcaldía Tlalpan
C.P. 14110
Ciudad de México, México
www.colmex.mx

ISBN 978-607-564-202-4

Impreso en México

ÍNDICE

Introducción
Juan José Ramírez Bonilla 9

PRIMERA PARTE
EL CARÁCTER DINÁMICO DE LA POLÍTICA
EXTERIOR DE LA REPÚBLICA DE COREA

I. La República de Corea como potencia media: entre la autonomía y la subordinación a Estados Unidos
José Luis León-Manríquez 35

SEGUNDA PARTE
LOS ACTORES Y EL NUEVO CONTEXTO
EN LA PENÍNSULA COREANA

II. La República de Corea y las relaciones intercoreanas en la era Trump
Juan Felipe López Aymes 65

III. Los movimientos en el mercado de armamento durante la crisis de la Península Coreana, 2016-2018
Juan José Ramírez Bonilla,
Leonel Murillo Muñoz 121

IV. El tercer acuerdo comercial Estados Unidos de América-República de Corea y el proteccionismo coercitivo
Juan José Ramírez Bonilla 161

TERCERA PARTE
COREA Y SUS VECINOS DEL ESTE DE ASIA
ANTE LOS NUEVOS PARADIGMAS
DE LA ADMINISTRACIÓN TRUMP

V. La República de Corea y la República Popular China
Itzel Martínez Ruiz 199

VI. La República de Corea y Japón: ¿viejos problemas con las mismas perspectivas?
Carlos Uscanga Prieto,
Iyalli Ixchel Romo Luna 223

VII. Las relaciones República de Corea-Federación Rusa ante la administración Trump
Eduardo Tzili-Apango,
Eduardo Palacios-Cabrera 257

VIII. La República de Corea y la República de China: futuro entrelazado y dificultades compartidas
Francisco Javier Haro Navejas 285

INTRODUCCIÓN

Juan José Ramírez Bonilla[1]

¿La Guerra Fría 2.0? La República de Corea y los fantasmas del pasado

Este libro tiene como finalidad principal analizar la influencia de los nuevos paradigmas de la política exterior estadounidense sobre el desenvolvimiento internacional del gobierno de la República de Corea (también Corea del Sur o Corea). Para cumplir con ese cometido, los ocho capítulos que lo componen están dedicados a analizar el desarrollo de la política exterior del gobierno coreano en tres ámbitos geográficos diferenciados, pero complementarios.

El primer ámbito es el nacional y José Luis León-Manríquez nos propone un estudio sobre la evolución de la política exterior coreana en el largo plazo; para calificar a la República de Corea como una potencia media, León-Manríquez establece una relación directa entre las capacidades económicas del país y la función política internacional de su gobierno en tanto potencia media que se debate hoy entre la autonomía y la subordinación a los Estados Unidos (EU), cuyo gobierno actual busca modificar radicalmente los paradigmas de la política exterior practicada desde el fin de la Segunda Guerra Mundial hasta enero de 2017.

El segundo ámbito geográfico corresponde al espacio vital más próximo de Corea: la Península Coreana; utilizamos el adjetivo "vital" en el sentido inmediato del término, pues la República

[1] Centro de Estudios de Asia y África de El Colegio de México.

de Corea y la República Popular Democrática de Corea (también Corea del Norte) existen y coexisten en ese espacio, como consecuencia de la confrontación entre Estados Unidos (potencia hegemónica del mundo capitalista surgida al final de la Segunda Guerra Mundial) y las potencias comunistas (República Popular China —RPCh— o China y la Unión de Repúblicas Socialistas Soviéticas —URSS— o Unión Soviética) durante los primeros años de la posguerra. Se trata de hermanos gemelos gestados en la misma matriz social, cultural y política, pero separados genésicamente por un traumatismo político-ideológico; pese a haber crecido como hermanos enemigos, el gobierno de Corea del Sur ha inscrito en su Constitución política la reunificación coreana como un mandato y, si lo lograse, ambas repúblicas dejarían de ser lo que han sido hasta ahora.

En el marco de este segundo ámbito hemos incluido tres textos. El de Juan Felipe López Aymes —dedicado al análisis de las relaciones intercoreanas en el pasado muy reciente— destaca los resultados derivados de la reunión cumbre Donald Trump-Kim Jong-un del 12 de junio de 2018 en Singapur, para ponerlos inmediatamente en duda como catalizadores de un cambio profundo y duradero en las relaciones intercoreanas, en las relaciones bilaterales de Estados Unidos con una y otra Coreas y en el sistema regional de relaciones intergubernamentales del este asiático. Al poner en la balanza los factores estructurales regulatorios del funcionamiento de esos tres sistemas de relaciones y las voluntades personales de los jefes de Estado directamente involucrados en el conflicto de la Península Coreana, López Aymes considera insuficiente el peso de estas voluntades para modificar de forma sustancial y duradera aquellos sistemas. Desde esta perspectiva, el mundo deberá aprestarse para seguir admirando un espectáculo de acercamientos y alejamientos continuos entre los actores del conflicto, con el riesgo extremo de una hecatombe nuclear.

El trabajo de Juan José Ramírez Bonilla y Leonel Murillo Muñoz pone en perspectiva histórica la coyuntura abierta por el programa nuclear norcoreano. Los autores comienzan analizando el desarrollo de la crisis nuclear actual y destacan el uso de la bilateralización de las relaciones intergubernamentales con Corea del Sur, Corea del Norte y Japón, a fin de establecer momentos políticos favorables para la administración Trump en todos los casos y dejar fuera del juego político a chinos y rusos. En el caso particular de Corea, los autores concentran su atención en el *quid pro quo* detrás de la estrategia estadounidense: el uso de su influencia política para obtener concesiones formales sobre el desmantelamiento del sistema nuclear norcoreano, lo que ha tenido como contraparte el incremento del gasto público surcoreano en materia de defensa. Los autores constatan tal incremento a través de la importación de armas (provenientes de Estados Unidos y/o de sus aliados) y la producción nacional de armamento. Con ello, la administración Trump logró el cometido de transferir a uno de sus aliados el gasto para su propia defensa, pero al mismo tiempo erosionó las bases de la alianza estratégica coreano-estadounidense, al permitir una mayor autonomía militar del régimen surcoreano. Un efecto colateral de los arreglos en materia de defensa, indican los autores, fue la imposición de los intereses estadounidenses en las negociaciones del acuerdo comercial bilateral.

Por su parte, Juan José Ramírez Bonilla analiza en su contribución este último tema e insiste en que, durante la tercera negociación del acuerdo comercial Estados Unidos-Corea, la administración Trump ha echado las bases de una nueva práctica regional basada en un proteccionismo coercitivo. El autor estudia en detalle la transición del proteccionismo consensuado, propio de los acuerdos comerciales regionales, negociados bajo el amparo de las regulaciones del Acuerdo General de Aranceles y Comercio (GATT), al proteccionismo coercitivo impuesto durante la tercera negociación del acuerdo comercial bilateral Estados Unidos-Corea. Ramírez Bonilla muestra que la coerción está basada en la dependencia estructural de Corea del Sur con respecto a Estados Unidos. Esa dependencia estructural se expresa de manera directa en la alianza estratégica militar coreano-estadounidense y de manera indirecta en los nexos comerciales; de ahí que, para imponer los intereses comerciales estadounidenses, la administración Trump haya ejercido presión mediante las relaciones militares. El autor destaca la inclusión de temas que atentan contra la soberanía coreana al preservar la libertad de acción de las instituciones estadounidenses; insiste en que este tipo de temas ha sido ampliado en las negociaciones con Canadá y con México y en que habrán de ser utilizados en futuras negociaciones con Japón, la Unión Europea (UE), el Reino Unido y ¿Taiwán? En este marco, el nuevo regionalismo estadounidense es proteccionista como cualquier otra forma de regionalismo y, lejos de ser aislacionista, es el nuevo medio utilizado para bloquear económicamente a China y restablecer la preponderancia estadounidense.

El tercer ámbito geográfico analizado en esta obra colectiva es el espacio vecinal de Asia del este, constituido por China, Japón, Rusia y Taiwán. Los países de esta área son afectados directa e inmediatamente por las inestabilidades provocadas por los acontecimientos en la Península Coreana o por cualquier factor con impacto regional. Como en los casos de las dos Coreas, los gobiernos de los cuatro países citados estuvieron involucrados de una u otra forma en la génesis y desarrollo de la Guerra Fría:

- La Guerra Civil china tuvo como saldos: en el continente, el triunfo del Partido Comunista Chino (PCCh) y la instauración de la RPCh; en la isla de Taiwán, el repliegue del Kuomintang (KMT), con el traslado consecuente del gobierno de la República de China (RCh). La división de China en dos territorios, cada uno bajo la autoridad de un gobierno comunista o capitalista, y la protección directa de cada uno de ellos por los soviéticos o por los estadounidenses prefiguraron las condiciones que, a raíz de la división de la Península Coreana, dieron lugar a la Guerra Fría.
- La Guerra del Pacífico terminó con el bombardeo masivo de los principales centros industriales japoneses y con los crímenes de lesa humanidad de Hiroshima y Nagasaki.

> El pago de las compensaciones de guerra permitió al gobierno estadounidense desmantelar los residuos de la industria nipona, dejando postrado al país del sol naciente y sometiéndolo a los dictados políticos de la potencia ocupante. Entre esos dictados destacan la Constitución de 1947 y el uso del territorio japonés como base de operaciones estadounidense durante la Guerra de Corea. En la coyuntura de ese nuevo conflicto, las fuerzas de ocupación posibilitaron la reindustrialización de Japón bajo la cobertura militar estadounidense que se extiende hasta ahora.

En la tercera parte del libro se presentan cuatro textos dedicados a explorar las relaciones del gobierno coreano con las contrapartes de cada uno de los países integrantes del tercer ámbito geográfico. Los autores de esas contribuciones muestran facetas del entramado intergubernamental en Asia del este que son poco conocidas por el público hispanohablante. Así, Itzel Martínez Ruiz comienza señalando la preponderancia adquirida por China —sobre Estados Unidos y Japón— como socio comercial de Corea. Dicho sea de paso, en cada uno de los estudios particulares esta situación se repite sistemáticamente y contribuye a explicar la urgencia de la administración Trump para remediar el relegamiento de Estados Unidos como socio comercial de todos los países del este asiático, donde ha pasado a tener una importancia secundaria o menor. En todo caso, a lo largo del siglo XXI China se ha consolidado como el principal socio comercial de Corea, y este cambio estructural explica las tensiones enfrentadas por un gobierno coreano interesado en consolidar la relación con Beijing sin descuidar la relación con su protector militar.

En ese marco, Martínez Ruiz analiza el movimiento pendular de las administraciones de Park Geun-hye y de Moon Jae-in. Partiendo del supuesto de la influencia directa de Beijing sobre Pyongyang, la primera buscó acercarse a Beijing para tratar de encontrar una salida diplomática a la construcción del sistema nuclear norcoreano; así, durante 2016 la sucesión de pruebas nucleares y lanzamientos de misiles por parte del gobierno norcoreano crispó las relaciones del gobierno coreano con su contraparte china, empujándolo nuevamente al campo gravitacional estadounidense. En efecto, en julio de 2016, la alianza estratégica coreano-estadounidense volvió a funcionar: los aliados anunciaron la instalación del sistema defensivo antimisiles THAAD en territorio coreano. Las reacciones en Pyongyang y en Beijing no se hicieron esperar, lo que tensó las relaciones con Seúl.

Hubo que esperar al cambio de gobierno en Corea del Sur para disipar parcialmente las tensiones entre Corea y Corea del Norte, así como entre Corea y China, aprovechando el nuevo ambiente internacional creado por la administración Trump. Martínez Ruiz da cuenta del trabajo diplomático realizado por Moon Jae-in para recomponer la relación con Beijing y evitar mayores daños económicos a las empresas coreanas localizadas en China. Por nuestra parte, destacamos que la diplomacia surcoreana fue efectiva, en gran medida, por haberse puesto en el diapasón de la nueva política internacional de la administración Trump, basada en la bilateralización de las negociaciones internacionales. Así, el despliegue diplomático de Moon Jae-in, a partir del segundo semestre de 2017, tuvo tres ejes bilaterales: Estados Unidos, Corea del Norte y China. Adicionalmente, debemos mencionar el acercamiento con el gobierno japonés, sobre la base de intereses compartidos en materia de seguridad.

Carlos Uscanga Prieto e Iyalli Ixchel Romo Luna realizan un ejercicio diferente para analizar las relaciones de la República de Corea con Japón. Ellos salen del espacio intergubernamental para adentrarse en el campo de las percepciones *societales*, con el fin de mostrarnos cómo coreanos y japoneses se perciben mutuamente a través de los temas de interés común. Comienzan elaborando un plano general muy poco halagüeño: cuando los temas son de carácter histórico (mujeres de confort, diferendos territoriales o libros de historia), las percepciones predominantes son negativas y parecerían profundizar y ensanchar el estrecho marítimo que separa los territorios de ambos países. Sin embargo, cuando los temas son de actualidad y/o las opiniones son diferenciadas a partir de grupos de edad, el panorama es menos sombrío: mientras los grupos de edades mayores tienden a mantener percepciones negativas del otro, los de edades jóvenes son más propensos a ver al otro de una manera positiva, que linda frecuentemente con la fascinación. El planteamiento es interesante, como se verá más adelante, pues la combinación de la voluntad de los dirigentes políticos con las representaciones positivas de los jóvenes sobre el otro podría contribuir a superar los clivajes que disocian y alejan a los actores políticos de uno y otro país.

En todo caso, en el tema de la seguridad regional, aseguran los autores, sólo proporciones minoritarias de las poblaciones consideran la cooperación bilateral coreano-japonesa como un medio importante para garantizarla; en contraste, la mayoría de una y otra poblaciones opta por la posición cómoda de privilegiar a Estados Unidos como el principal aliado. El punto es importante en la medida en que el ambiente predominante en ambos países ha facilitado la bilateralización de las relaciones intergubernamentales promovida por la administración Trump para enfrentar la crisis de la Península Coreana. Los autores señalan las dificultades para poner en marcha mecanismos trilaterales Corea-Japón-Estados Unidos con miras a la cooperación en materia de defensa y la desactivación de los mismos como parte de los compromisos de Donald Trump con Kim Jong-un. Para apaciguar a sus aliados, Trump ha debido emprender sendas ofensivas diplomáticas hacia Shinzo Abe y Moon Jae-in; sin embargo, Uscanga y Romo insisten en que la coyuntura política actual es propicia para un mayor acercamiento entre Seúl y Tokio, para evitar ser avasallados por los intereses de su aliado común.

Uscanga y Romo exploran también las posibilidades, por el momento escasas, de cooperación en el campo económico, donde existen ya algunos proyectos con pocos progresos. El más importante, sin duda, es el de un acuerdo comercial bilateral cuyas negociaciones, pese a haber sido notificadas a la Organización Mundial del Comercio (OMC) desde diciembre de 2003, son intermitentes debido a las desconfianzas políticas y a los diferendos económicos. Un segundo proyecto corresponde al acuerdo comercial trilateral China-Corea-Japón, con negociaciones oficiales que comenzaron en marzo de 2013 y cuyo saldo, hasta ahora, ha sido el acuerdo sobre el comercio de bienes y servicios entre China y Corea. Para Japón, los diferendos económicos, políticos y territoriales con las dos contrapartes han sido los escollos insalvables para incorporarse plenamente a esta iniciativa. Un tercer proyecto es el del Regional Comprehensive Economic Partnership (RCEP), en el cual participan los tres gobiernos y en el que —junto con la Asociación de Naciones del Sudeste Asiático (ANSEA)— el chino aparece como uno de los promotores, y eso parecería ser el principal motivo del entorpecimiento de las negociaciones. En todo caso, la guerra comercial entre chinos y estadounidenses habrá de afectar, de una u otra manera, a coreanos y japoneses, quedando en el aire la pregunta de si un acercamiento coreano-japonés sería un medio adecuado para enfrentar un problema que resulta común a ambos países. El trabajo sobre Corea y Japón termina con una nota positiva, insistiendo en el papel que podrían desempeñar los jóvenes de las dos naciones para motivar una aproximación entre sus gobiernos.

Eduardo Tzili-Apango y Eduardo Palacios-Cabrera analizan la poco conocida relación de la República de Corea con la Federación Rusa. Ellos también recurren a la noción de "potencia media" para estudiar el desempeño internacional de Corea y Rusia en términos generales y en particular su relación bilateral. Un aspecto que debemos retener, en calidad de ciudadanos de un país que también ha sido definido como potencia media, es la afirmación tajante de Tzili-Apango y Palacios-Cabrera: para que un país sea potencia media no basta con que posea los atributos que lo definen como tal; también debe utilizarlos en la práctica política para desempeñarse de acuerdo con la definición general. En este sentido, los autores insisten en los esfuerzos de los gobiernos coreano y ruso para impulsar la relación bilateral, en particular a partir de 2013, sobre la base de las premisas de la definición de la potencia media: una renovación de los vínculos bilaterales, posible gracias a la Iniciativa Eurasia del gobierno coreano, y el "Viraje al este" del gobierno ruso que coinciden en el Lejano Este de Rusia, región rica en recursos naturales, pero carente de capitales y de infraestructura para explotarlos. Para los coreanos, el acceso a esos recursos mejoraría su competitividad; para los rusos, el uso de capitales coreanos es preferible al de chinos o japoneses, mientras permanezcan los diferendos políticos y territoriales.

Tzili-Apango y Palacios-Cabrera consideran la seguridad regional en Asia del este como el principal condicionante del desarrollo de la relación ruso-coreana. Hacen notar que, en la región, el sistema de relaciones internacionales data de la Guerra Fría; cierto, nos atrevemos a añadir, pero está marcado por el eclipse regional de una Rusia empeñada en reconstruir el espacio geográfico de la Unión Soviética. En ese sentido, habríamos de entender el desempeño regional del gobierno ruso como un esfuerzo por reinsertarse en el juego de fuerzas del este asiático; una reinserción que —nos dicen los autores— para los rusos no supondría ningún predominio de una potencia global o regional y que, para nosotros, implica una paradoja: el gobierno ruso sería el primero de los arquitectos del orden de la Guerra Fría que considera ese orden como un estorbo para reconstruir su presencia en Asia del este. Tzili-Apango y Palacios-Cabrera concluyen señalando que la relación ruso-coreana podrá consolidarse mediante la perseverancia de ambos gobiernos en sus estrategias nacionales, sin distraerse por lo que suceda en Europa o en el Pacífico asiático.

Finalmente, Francisco Javier Haro Navejas analiza un tema poco visible en la literatura sobre los procesos en curso en Asia del este: la relación entre la República de Corea y la República de China. Como indicamos, se trata de dos Estados cuyo origen está en la confrontación capitalismo vs. comunismo y en la génesis de la Guerra Fría; además, poseen un pasado común: Corea y Taiwán fueron colonias japonesas durante la primera mitad del siglo XX y, nos dice Haro, su futuro está entrelazado por los desafíos que representa la importancia creciente de China y, añadimos nosotros, la reinserción estadounidense en Asia del Pacífico. Haro pone en la balanza las relaciones económicas y los temas de seguridad; afirma que las primeras se han desarrollado de manera robusta y sin obstáculos, pese a la aceptación por parte del gobierno coreano del dictado de "una sola China", y que tanto Corea como Taiwán (junto con Japón) están cubiertos por el arco de seguridad establecido por Estados Unidos durante la Guerra Fría.

Dado el vecindario geográfico, la evolución de las condiciones —tanto en la Península Coreana como en el estrecho de Taiwán— supedita y condicionará el desempeño de ambos países. En ese sentido, afirma Haro, el mantenimiento del *statu quo* establecido en 1992 —marcado por el reconocimiento de una sola China y por la aceptación de las alianzas militares de Estados Unidos con los gobiernos de la región— es condición *sine qua non* del desarrollo de cada país y de su relación bilateral; una relación que se ha consolidado más allá de lo económico, en los flujos financieros y de personas. En efecto, Haro ofrece cifras sobre los intercambios estudiantiles, los flujos turísticos y de trabajadores, y muestra que la integración progresa pese al equilibrio regional inestable.

En resumen, cada uno de los ocho textos incluidos en la presente obra colectiva proporciona al lector informaciones y puntos de vista que le permiten entender los procesos en curso en Corea del Sur y en el este de Asia. Además, en conjunto los ocho textos permiten también reflexionar sobre temas abordados tangencialmente en algunos de ellos, pero que, por su carácter regional, sólo pueden ser entendidos en la perspectiva amplia del conjunto geográfico del este asiático. Por nuestra parte, queremos destacar tan sólo tres de esos temas: *i)* el carácter de cada uno de los Estados nacionales estudiados en el presente volumen, *ii)* el uso del concepto de "potencia" para analizar su desempeño internacional y *iii)* la recuperación de la noción "Guerra Fría" para explicar el contexto actual.

El carácter de los Estados nacionales

Este tema ya ha sido evocado en las líneas iniciales de la presente introducción y se refiere a las entidades políticas incluidas en el presente estudio. Así, si consideramos el fin de la Segunda Guerra Mundial como el momento genésico del orden regional y la Guerra de Corea como el acontecimiento estructurante de dicho orden, podemos dividir a los Estados involucrados en la región en dos grupos.

Los del primero, conformado por la República Popular China, los Estados Unidos y la Federación Rusa, se caracterizan por ser Estados "normales" dotados de todas las funciones e instituciones reconocidas por el derecho internacional para garantizar el orden interior y la soberanía nacional.

El segundo estaría integrado por la República de China, Japón, la República de Corea y la República Popular Democrática de Corea; su rasgo distintivo es el carácter *sui generis* de cada uno de sus miembros, expresado en la ausencia de alguna(s) condición(es) específica(s) que garantizan el funcionamiento de los Estados soberanos:

- La República de China es, quizás, el Estado más fácil de definir como *sui generis*, pues cuenta con *todas* las funciones institucionales de un Estado moderno, salvo el reconocimiento diplomático formal de una "comunidad internacional" integrada por gobiernos que han aceptado la intromisión del gobierno chino en la definición de su política internacional, mediante la imposición de la política de "una sola China". Para equilibrar la asimetría militar en la relación China-Taiwán, Taipéi ha recurrido a la cooperación militar con Estados Unidos; no obstante, el estatuto de provincia rebelde otorgado por Beijing ha impedido la presencia de tropas estadounidenses en su territorio.
- Japón, considerado como potencia económica global o como potencia regional en términos políticos, carece de

las facultades legales y, por ende, de los recursos materiales para garantizar su soberanía, por lo que descansa sobre el aparato militar estadounidense dentro y fuera del territorio nipón. De ahí la insistencia y la persistencia del premier Shinzo Abe sobre la necesidad de reformar el artículo 9 de la Constitución de 1947 para "normalizar" el Estado japonés.

- La República de Corea y la República Popular Democrática de Corea, como señalamos, fueron creadas a partir de la división del otrora reino de Choson. La primera ha podido elevarse por esfuerzo propio de la pobreza al rango de potencia media, como señalan nuestros colegas; pero, como Japón, su soberanía es garantizada por la alianza militar con Estados Unidos, materializada en primera instancia en la presencia de efectivos militares estadounidenses en el territorio coreano. La segunda, desde su creación, quedó en el campo comunista; inicialmente gozó de la protección soviética y china, pero ha terminado en la órbita china, dependiendo económicamente de la RPCh, pese a haber alcanzado el estatus de potencia nuclear.

Hoy, como en el pasado, las relaciones en el sistema internacional se basan en relaciones entre Estados que se consideran mutuamente iguales. Cierto, se trata de una igualdad formal que es respetada por todas las élites políticas deseosas de ser incluidas en el sistema internacional. En la práctica, las condiciones materiales terminan por imponerse sobre los regímenes formales; así, Estados Unidos en cualquier relación bilateral predomina sobre su contraparte y ese predominio se magnifica cuando hay campos donde, además de la asimetría, existe una dependencia de la contraparte. En nuestra opinión, ésa es la razón explicativa del recurso a la bilateralización de los mecanismos de negociación privilegiado por la administración Trump para tratar de corregir los déficits comerciales y/o recuperar la influencia pérdida ante el empuje chino en la región asiática del Pacífico.

José Luis León-Manríquez plantea el problema en la dimensión correcta: el gobierno de la República de Corea, la cual ha logrado levantarse de la pobreza a la categoría de potencia media, se debate entre una autonomía difícil de alcanzar y una dependencia con respecto a su aliado estratégico. En ese marco, la discusión del concepto "potencia" en cualquiera de sus dimensiones adquiere relevancia.

EL CONCEPTO DE "POTENCIA"

Comencemos por sentar las bases de la discusión en tres campos específicos. El primero es el del contexto: la "Guerra Fría" fue expresión de la confrontación comunismo vs. capitalismo, encarnada por el enfrentamiento indirecto entre la URSS y EEUU, potencias globales del momento, y por el involucramiento de la RPCh, recién instaurada, en la Guerra de Corea. Hoy, las circunstancias son otras: primero, la URSS desapareció y la Federación Rusa ha estado más ocupada en reconstruir su influencia sobre el espacio geográfico constitutivo de la URSS que en mantener la proyección internacional soviética de antaño; segundo, aunque los partidos comunistas gobiernan en China, Vietnam, Corea del Norte, Cuba y Laos, en los tres últimos, la economía sigue siendo planificada centralmente y no desempeñan un papel relevante en el nuevo orden mundial económico; en contraste, el éxito económico de los dos primeros se explica por el recurso al capitalismo de Estado. En consecuencia, si la competencia sino-estadounidense es la determinante del sistema mundial contemporáneo, debemos reconocer que ya no se trata de la confrontación comunismo *vs.* capitalismo, sino más bien de la competencia entre dos formas diferentes de organizar la producción capitalista. En la retórica y la práctica política estadounidenses, este cambio es reconocido mediante la caracterización de China como un *non-market country*, es decir, como un país capitalista que por el predominio económico del Estado no se sujeta a las reglas de la oferta y la demanda.

El segundo campo es la caracterización de los países en competencia por la hegemonía global y/o por la contestación del orden, sea global, sea regional. Para nuestra discusión, analizamos por separado los grupos de Estados *normales* y *sui generis* delineados anteriormente. Comenzamos con los primeros en la medida en que están dotados de todos los medios institucionales para comportarse según la categorización establecida por Tzili-Apango y Palacios-Cabrera. De acuerdo con la definición formulada por ellos, las potencias mundiales son *determinantes* del orden mundial, las regionales son *contestatarias* de dicho orden y las medias son *mantenedoras* del *statu quo*. Las primeras cuestiones giran en torno a la clasificación de los gobiernos de los países incluidos en nuestro estudio colectivo: Estados Unidos, sin duda, es la potencia mundial por excelencia; determina el orden mundial y es la más interesada no sólo en preservarlo, sino también en incrementar su influencia sobre el funcionamiento del mismo.

China no entra en la óptica del estudio de Tzili-Apango y Palacios-Cabrera; sin embargo, podemos suponer que, aunque en algunos campos del orden mundial (el económico, sobre todo) ya tiene una proyección, en muchos otros su influencia sigue siendo regional. En ese sentido podríamos considerarla como una potencia regional interesada en contestar el orden mundial con el fin de hacerse un lugar en él, como actor determinante. Pero, la pregunta que surge de inmediato es si hoy el gobierno chino busca mantener el *statu quo* o subvertirlo; en ese orden de ideas, el discurso oficial de la política exterior china descansa sobre tres mantras: la paz, el desarrollo compartido y la coexistencia pacífica. Ninguno de éstos apunta hacia la subversión del orden mundial o, cuando menos, del regional; antes bien, más allá de su carácter propagandístico, los mantras reflejan el interés del gobierno chino por preservar el orden regional:

si alguna economía se ha beneficiado de la inversión extranjera directa para acelerar la industrialización, ésa ha sido la china; si algún país ha incrementado su influencia en el Pacífico asiático gracias a la concentración de la política exterior estadounidense sobre el Medio Oriente, ése ha sido China; si, como menciona Itzel Martínez Ruiz, hay un gobierno preocupado por una mayor presencia militar estadounidense a raíz de la crisis nuclear en la Península Coreana, ese gobierno es el chino. En términos más generales, si hay un gobierno afectado por las intenciones políticas detrás del viraje hacia el Pacífico iniciado por la administración Obama y continuado por la de Donald Trump, ése es definitivamente el chino.

En resumen, por ahora el gobierno chino es el más interesado en el mantenimiento del *statu quo* regional, característico de los tres primeros lustros del siglo XXI, so pena de socavar las condiciones globales y regionales que han hecho posible su éxito económico, sobre el cual descansan sus capacidades como potencia regional. Esto, por supuesto, no significa que el gobierno chino se abstenga de buscar extender y consolidar sus intereses ahí donde encuentre condiciones propicias para ello, modificando paulatina y transitoriamente el equilibrio de poderes. En ese sentido, tal vez sea mejor hablar del interés chino por mantener el *equilibrio inestable* que caracteriza el sistema de relaciones internacionales en la región del Pacífico y en el plano mundial.

El segundo gobierno de clasificación problemática es el de Rusia. Tzili-Apango y Palacios-Cabrera, con buen sentido, la consideran como una potencia regional, es decir, como el gobierno de una potencia global degradada a la calidad de potencia regional. En una perspectiva europea, las fricciones políticas y militares en Ucrania pueden ser interpretadas como un intento por modificar el *equilibrio inestable* propio del sistema europeo de relaciones internacionales de la posguerra fría; sin embargo, en la perspectiva rusa, también podemos interpretarlas como la tentativa del gobierno ruso para reconstruir la esfera geográfica de influencia del imperio zarista y de la URSS.

En el campo económico, solemos poner atención en la proliferación de acuerdos comerciales regionales en Europa, América y Asia, pero se nos escapa la intensa actividad del gobierno ruso para reconstruir sus nexos económicos con los antiguos integrantes de la URSS, como podemos ver, por ejemplo, a través de la base de datos de la OMC sobre acuerdos comerciales vigentes. En ese sentido, podríamos apreciar de manera bivalente el desempeño regional de Rusia: si el contexto de referencia es el de la posguerra fría, sin duda la reconstrucción de la esfera de influencia zarista y soviética atenta contra el orden europeo; si el contexto, en contraste, es definido en una perspectiva histórica más amplia, las veleidades regionales rusas pueden ser entendidas como subversivas, pero no para hacer progresar el sistema internacional, sino para hacerlo retroceder hacia formas ya superadas.

Este contraste entre los esfuerzos progresivos de los chinos por empujar el sistema global hacia nuevas formas organizativas y la voluntad regresiva de los rusos para reconstruir formas del pasado, permite introducir un matiz crucial en la calidad de la contestación del orden existente por parte de las potencias medias: la contestación puede ser progresiva o regresiva. La cuestión que surge de inmediato gira en torno a la posibilidad de utilizar ese matiz para comprender las intenciones de la potencia global: así, si la finalidad última de ésta es preservar la hegemonía global, cabe preguntarse por la dirección, hacia adelante o hacia atrás, en que empuja el orden global. Planteado en otros términos, cómo utiliza los medios para consolidar la hegemonía en un contexto diferente a los del pasado: los utiliza para reconstruir formas anteriores de dominación o para construir nuevos mecanismos.

En los medios de comunicación, cabe señalar, los observadores han interpretado el proteccionismo promovido por la administración Trump como sinónimo de aislacionismo; sobre esa base, la política exterior estadounidense es catalogada fácilmente como conservadora. Sin embargo, si tenemos en cuenta, por un lado, la renegociación bilateral de los acuerdos comerciales con

Corea, Canadá y México y, por el otro, el anuncio de negociaciones bilaterales de nuevos acuerdos comerciales con Japón, Unión Europea, Reino Unido y, eventualmente, Taiwán, la cristalización de un sistema productivo regional organizado radialmente en torno a Estados Unidos, sería el resultado de la nueva práctica regionalista basada en el proteccionismo coercitivo analizado en el capítulo IV (pp. 161-195 de la presente obra). En ese sentido, la política exterior de la administración Trump se mantendría en la continuidad de la practicada desde la administración Reagan. Todavía más, el sistema regional radial sería una nueva forma de organización geográfica del capitalismo que permitiría el aislamiento político y económico de China y el restablecimiento de la hegemonía global estadounidense. Podemos decir que, al margen de las nociones de valor, la política exterior de la administración Trump tiene un carácter progresivo.

Queda por discutir la utilidad del concepto de "potencia" para analizar el desempeño de los cuatro Estados *sui generis* de Asia del este, los cuales comparten un rasgo común: su dependencia con respecto a una potencia superior es el límite infranqueable para desempeñarse de manera autónoma, soberana, en el sistema internacional. En esas condiciones, más allá de la categoría en que busquemos clasificarlas, podríamos considerarlas como potencias "potenciales", imposibilitadas por la dependencia estructural de devenir en potencias "efectivas".

La japonesa es, sin duda, la más problemática, pues si dejamos de lado la dependencia estratégico militar en relación con Estados Unidos, podríamos considerarla como una potencia "potencialmente" mundial. En el pasado, hemos visto tentativas políticas para elevarla al rango de potencia regional. En el inicio de los noventa, los gobiernos de la ANSEA propusieron al japonés encabezar una iniciativa de integración regional para responder a los proyectos del Acuerdo de Libre Comercio de América del Norte (ALCAN) y de la UE, pero la propuesta fue censurada por los estadounidenses, y los japoneses renunciaron al liderazgo. En 1997, para enfrentar la crisis asiática, el gobierno japonés propuso crear un sistema monetario regional; ante el riesgo para el Fondo Monetario Internacional (FMI) la iniciativa fue reprobada por el gobierno estadounidense y abandonada por el nipón. En los años dos mil, la iniciativa política regional fue asumida por los chinos, mientras los japoneses estuvieron a remolque. En el pasado reciente, el gobierno japonés se convirtió en el promotor de la renegociación del Acuerdo de Asociación Transpacífica (TPP, por sus siglas en inglés) sin EU y, ante la nueva política exterior de la administración Trump, se presenta como el defensor del libre comercio basado en el proteccionismo consensuado propio del regionalismo cobijado por las reglas del GATT. Todavía debemos esperar los resultados de la anunciada negociación comercial bilateral Estados Unidos-Japón, para ver hasta dónde el gobierno japonés goza de autonomía para promover el Acuerdo Global y Progresivo para la Asociación Transpacífica (CPTPP, por sus siglas en inglés), un proyecto regional en competencia con el estadounidense y con el RCEP impulsado por los chinos.

La situación de Corea del Norte es bivalente: por un lado, el potencial nuclear le otorga un amplio grado de autonomía militar; pero, por otro, la dependencia económica respecto de China es su flanco vulnerable. Para el gobierno chino, su patronazgo se ha convertido en un factor de alto riesgo, pues durante los años dos mil la internacionalización de la economía china gozó de un ambiente regional propicio, en la medida en que las administraciones de George W. Bush y la primera de Barack Obama estuvieron concentradas en el combate contra el "terrorismo internacional". La construcción del arsenal nuclear norcoreano ha permitido a la administración Trump hacer realidad el giro hacia el Pacífico propuesto por la secretaria de Estado Hillary Clinton en 2011. Gracias a la crisis nuclear, el gobierno estadounidense ha incrementado su influencia en la Península Coreana y modificado el equilibrio inestable que benefició a la economía china. En el caso de Corea del Norte, la exclusión de China y Rusia de las negociaciones multilaterales ¿hará posible resolver la penuria económica actual merced al acercamiento tanto con Corea del Sur como con Estados Unidos y sus aliados? En el marco de este posible escenario, ¿Corea del Norte optaría por mantener su independencia, en vez de la reunificación con Corea del Sur? Las experiencias de las transiciones rusa y china del comunismo al capitalismo son ilustrativas: en la primera, la élite soviética perdió la propiedad y el control sobre la economía; en la segunda, el Partido Comunista ha mantenido el control sobre la propiedad y los excedentes de la economía. Para la élite norcoreana, la reunificación implicaría su desaparición, como fue el caso de la élite comunista de Alemania Oriental, mientras que la independencia le permitiría consolidar el Estado-nación bajo su control e insertarlo en el sistema regional y global.

En el marco regional actual, Taiwán podría ser considerado como una potencia media interesada en el mantenimiento del orden regional que le garantiza una coexistencia económica con China, pese a los fuegos de artificio encendidos de vez en vez por el tema de la independencia de la isla. Ahora bien, en el escenario actual empiezan a delinearse cambios que empujarían a nuestra potencia media a cuestionar el orden existente: la insinuación de un posible acuerdo comercial Estados Unidos-República de China por parte del vicepresidente estadounidense se inscribe en la continuación de los acuerdos comerciales previos de Taiwán con China, Singapur, Nueva Zelanda y cinco gobiernos centroamericanos. Sin embargo, representaría una doble ruptura: la primera sería diplomática entre China y Estados Unidos, en la medida en que el primero podría argumentar que se trata de una intromisión directa del segundo en su política exterior; dados los antecedentes establecidos en la OMC, donde la República de China mantiene acuerdos comerciales regionales (ACR) con siete miembros de la organización, el gobierno estadounidense podría afirmar que negocia con un socio en la organización y/o en el Foro de Cooperación Económica de Asia-Pacífico (APEC por sus siglas en inglés). La segunda ruptura sería económica, entre Taiwán y China; para la primera, podría entrañar la necesidad de restructurar su economía por segunda ocasión, a fin de reducir la dependencia estructural que la mantiene integrada a la china y diversificar las relaciones económicas con Estados Unidos y sus aliados en la región. Los efectos políticos de este escenario podrían llevar a la reanimación de las corrientes independentistas y a la creación de sendas líneas de confrontación sino-taiwanesa y sino-estadounidense. Ante el cambio de escenario, Taiwán, como potencia media, trascendería la línea que separa la conservación y la contestación del orden imperante.

Finalmente, la situación de la República de Corea es quizá la que mejor puede ser explicada mediante la noción de "potencia media"; en efecto, en términos institucionales, el Estado surcoreano puede ser asimilado a los Estados clasificados como "normales". Como señalamos, en lo inmediato, la dependencia militar respecto de Estados Unidos marca el límite de la autonomía política estatal; en lo mediato, la eventual reunificación pondría término a la existencia de la República de Corea para dar lugar a una entidad política muy diferente a cualquiera de las dos Coreas. En las condiciones actuales, el gobierno surcoreano está interesado en poner en práctica una política que le permita afirmarse como una potencia media mantenedora del orden existente, sin cuestionar el orden mundial; más bien, lo afirma en la medida en que le posibilita ocupar espacios donde no atenta contra los intereses fundamentales del aliado hegemónico. Un aspecto importante es que, por vez primera, con la Iniciativa Asia-Europa el gobierno coreano ha dejado atrás la diplomacia de la cartera para poner en práctica una estrategia política y económica acorde con los intereses de una potencia que busca hacerse un lugar en el orden internacional, un lugar tan grande como lo permita el límite impuesto por el aliado estratégico.

Podemos establecer tres conclusiones relacionadas con el concepto "potencia": primero, en la medida en que supone la soberanía y la autonomía estatales, su uso exige que el Estado analizado tenga todas las prerrogativas de un Estado *normal* y carezca de relaciones de dependencia estructural con respecto a otra potencia o que, cuando menos, busque sacudirse las tutelas externas.

En ese sentido, el uso del concepto es problemático para analizar el desempeño internacional de los Estados *sui generis* y obliga a tener en cuenta todas las salvedades presentes en cada caso específico en relación con la soberanía y la autonomía.

Segundo, de acuerdo con las definiciones generales, las potencias, en sus diferentes calidades, tienen como principal interés la conservación, la contestación o el mantenimiento del orden internacional. Ahora bien, este orden no es estático, sino dinámico; el dinamismo es determinado por los cambios en las capacidades económicas, políticas e incluso psicológicas de cada integrante del sistema mundial. En consecuencia, cada tipo de potencia está obligado a adaptarse al dinamismo del sistema internacional si desea mantener su lugar o ascender en la escala de las potencias. En la búsqueda de la adaptación, las potencias, en cualquiera de sus modalidades, utilizan los recursos a su disposición y las oportunidades brindadas por sus competidores para tratar de modelar el orden internacional conforme a sus intereses. Como hemos visto, esas veleidades pueden ser progresivas, conservadoras o regresivas. El esquema de análisis propuesto a partir de la noción de "potencia media" establece una relación lineal directa entre el tipo de potencia mundial y la calidad de su desempeño internacional. Por nuestra parte consideramos que, debido a la necesidad impuesta por el dinamismo del contexto internacional, cada tipo de potencia, en función del contexto y de sus capacidades, puede desempeñarse de manera progresiva, conservadora o regresiva según se observa en la figura siguiente:

Las potencias y la calidad de su desempeño internacional

Tercero, el alcance metodológico del concepto de "potencia". Hasta aquí hemos considerado implícitamente como sinónimos Estado *normal* y *potencia* y les hemos adjudicado la soberanía y la autonomía como principales facultades. Entendemos la primera como "gobierno propio de un pueblo o nación", y la segunda, como la "facultad de una entidad territorial, integrada en otra superior, para gobernarse de acuerdo con sus propias leyes y organismos"; la distinción de ambos conceptos y su uso para entender las relaciones intergubernamentales son impuestos por el contexto. En efecto, cada uno de los trabajos incluidos en el presente volumen considera implícita o explícitamente que el potencial de cada Estado como *potencia* depende del grado en que se ha internacionalizado y utilizado los recursos disponibles en el ámbito internacional para alcanzar sus finalidades económicas o políticas. Estados Unidos, la potencia mundial por excelencia, no es excepción y el restablecimiento de su hegemonía depende de la cristalización del bloque económico radial centrado en la economía estadounidense. China, la potencia en ascenso, ha recurrido a las inversiones directas internacionales, en general, y asiáticas, en particular, para sostener su modernización industrial. Por su parte, Japón, Taiwán, Corea del Sur y Corea del Norte han consolidado sus posiciones internacionales gracias a la integración del complejo regional centrado en China. Como ya ha sido mencionado, por intereses propios Rusia se autoexcluyó de los procesos en curso en Asia del Pacífico, pero busca reinsertarse ellos.

En ese sentido, los conceptos de "soberanía" y "autonomía" adquieren pleno significado en la medida en que, para cada una de las entidades políticas, expresan el autogobierno y el respeto de sus instituciones por todos los participantes en los complejos económicos de integración regional. En ese sentido, el concepto de "potencia" es útil para evaluar los recursos disponibles de un Estado nacional para calificar como tal; no obstante, necesitamos cobrar conciencia de sus limitaciones para analizar el desempeño internacional de uno u otro tipo de potencia.

¿La Guerra Fría 2.0?

Basta con introducir la noción "Guerra Fría" en cualquier motor de búsqueda y encontraremos referencias hemerográficas y bibliográficas sobre la Guerra Fría, por un lado, y, por el otro, sobre la confrontación comercial sino-estadounidense, la Península Coreana, Ucrania, Venezuela, etc. Cierto, encarnado en el Partido Comunista Chino, el fantasma del comunismo todavía recorre el mundo; pero, si Rusia y China han transitado hacia dos formas diferentes de organización de la producción capitalista, el uso del concepto "Guerra Fría" es abusivo en la medida en que la esencia de la Guerra Fría, la confrontación comunismo vs. capitalismo, es cosa del pasado. En el terreno económico internacional nos encontramos ante una competencia entre formas diferentes de organizar el capitalismo; un rasgo común a todas ellas es que están basadas en la constitución de complejos productivos regionales. En ese sentido, la competencia entre potencias es mediada por los complejos regionales que lideran y en los cuales se encuentran insertas.

En la Península Coreana, la permanencia de uno de los pocos regímenes comunistas también despierta los fantasmas del pasado; sin embargo, la expansión del comunismo ha dejado de ser un móvil de la política internacional de Pyongyang y ha sido sustituida por la permanencia del régimen. Los compromisos contraídos en 2018 por Donald Trump y Kim Jong-un tienen una importancia crucial, pues la aceptación de Pyongyang como interlocutor es, en sí, un triunfo diplomático de un gobierno antes considerado como parte del "Eje del Mal"; además, desbroza el camino para el reconocimiento futuro del gobierno de un partido comunista. Queda por ver en qué sentido será desarrollada la economía; el ejemplo chino de transición al capitalismo de Estado puede ser la salida, sobre todo si la transición es favorecida por el restablecimiento de nexos económicos con los Estados Unidos y con sus aliados regionales. Para Corea del Sur, los fantasmas de la Guerra Fría son, en la actualidad, los fuegos fatuos de la descomposición del comunismo chino y norcoreano.

La noción de "Guerra Fría" es, en consecuencia, inapropiada como instrumento analítico. En primer término, porque la confrontación entre las diferentes formas de organizar la producción capitalista no tiene una extensión global; sus expresiones geográficas son, más bien, regionales: en el pasado vimos la competencia entre el TPP vs. el RCEP, en el Pacífico, y entre la UE vs. el la Asociación Trasatlántica de Comercio e Inversión (TTIP por sus siglas en inglés), en el Atlántico; hoy, la administración Trump busca cambiar los parámetros de la competencia entre su proyecto de integración radial y el RCEP, por un lado, y, por el otro, la UE. Todavía debemos esperar para ver los resultados de estas nuevas formas de competencia y cómo influyen sobre el equilibrio inestable de los sistemas globales y regionales. A menos que ocurra una hecatombe y, con ella, un cambio drástico, debemos prepararnos para presenciar cambios puntuales, tendientes a apuntalar el restablecimiento de la hegemonía estadounidense. En ese sentido, la tendencia global confortaría el escepticismo de López Aymes.

Primera Parte

EL CARÁCTER DINÁMICO DE LA POLÍTICA EXTERIOR DE LA REPÚBLICA DE COREA

I. LA REPÚBLICA DE COREA COMO POTENCIA MEDIA: ENTRE LA AUTONOMÍA Y LA SUBORDINACIÓN A ESTADOS UNIDOS

José Luis León-Manríquez[1]

El presente capítulo tiene como objetivo central analizar las características y transformaciones más importantes de la política internacional de la República de Corea (en lo sucesivo, también RC o Corea del Sur) entre su fundación, en 1948, y 2017, año en que coincidió el inicio de las administraciones de Donald Trump en Estados Unidos y Moon Jae-in en la RC. La tesis central es que, en la medida en que transcurre el tiempo, Corea del Sur ha logrado convertirse en una potencia media y atenuar —de forma gradual, contradictoria e incompleta— su relación subordinada con Estados Unidos. Algunos académicos y medios de izquierda aún tratan de vender la imagen de la RC como un peón de Washington en el ajedrez mundial y asiático, como lo fue en los años cincuenta y sesenta del siglo XX (Vasapollo, Petras y Cassadio, 2006: 290). Empero, la realidad es mucho más compleja y esta idea simplemente no se sostiene en ella.

Este cambio en la política exterior de Corea del Sur obedece, desde mi punto de vista, a tres variables. La primera de ellas es el desarrollo económico; si bien es cierto que la RC es un país de dimensiones territoriales más bien modestas, también lo es que, a partir de 1962, ha experimentado un veloz crecimiento económico que la coloca como la economía número 12 del planeta (Banco Mundial, 2017). Si es correcta la relación que teóricos de

[1] Universidad Autónoma Metropolitana-Xochimilco.

la economía política internacional como Gilpin (1981) establecen entre un mayor grado de poder económico y una creciente influencia política y militar, Corea del Sur parece estar invirtiendo sus generosos recursos materiales en una sutil pero creciente autonomía.

Una segunda variable que explica los cambios en las posiciones internacionales de Corea del Sur es la política interna. En el largo periodo que abarca este análisis, la RC ha pasado de ser un sistema prácticamente autoritario a uno plural-funcional donde no sólo se realizan elecciones periódicas y con resultados inciertos, sino que los distintos grupos de poder tratan de influir en las políticas públicas y las estrategias internacionales del Estado. En décadas previas predominaban los intereses de la dirigencia política y las instancias burocráticas involucradas en la elaboración de la política exterior, pero el pluralismo ha dado paso a una creciente participación de organismos no gubernamentales (ONG), medios de comunicación y empresarios. La política exterior también se ha convertido en un ámbito de preocupación para un electorado que, cada vez más volátil, orienta sus votos de manera pragmática.

La tercera variable del esquema de análisis es la situación regional e internacional. La línea causal que postulo es que, a mayor fragmentación en el reparto internacional de poder, existen mejores condiciones para que Corea del Sur y otras naciones emergentes procuren políticas exteriores más autónomas e independientes *vis à vis* los intereses de las grandes potencias. Ésa es, justamente, la tendencia desde la fundación de Corea del Sur. En efecto, el sistema internacional ha cambiado, desde una Guerra Fría bipolar entre 1945 y 1990, a una fugaz unipolaridad en los noventa y a un sistema multipolar que, desde comienzos del siglo XXI, permite un mayor juego a potencias medias como la RC.

Con base en esta perspectiva multifactorial para explicar la acción internacional de la República de Corea, y a riesgo de incurrir en simplificaciones, identifico tres periodos. El primero va desde la fundación del país en 1948 hasta 1987. En general, durante esa etapa Corea del Sur se sometió a los dictados de Estados Unidos, su principal apoyo económico y militar; el debate interno sobre política exterior fue escaso. Tras una serie de movimientos sociales y de cara a la celebración de las Olimpiadas de 1988 en la ciudad de Seúl, la élite surcoreana lanzó en 1987 la promesa de democratización, que finalmente se hizo válida en las elecciones presidenciales de ese año. Esos cambios, sumados a las transformaciones en el sistema internacional y al inminente fin de la Guerra Fría, tuvieron efectos importantes sobre la posición internacional de la RC.

Entre 1988 y 1997 se vivió una etapa de transición en la que se presentaban factores inéditos en relación con el periodo previo. Por un lado, Corea del Sur había llegado a un estadio importante de desarrollo económico; por otro, se fue estructurando una sociedad civil cada vez más participante. En el plano internacional se consolidó la implosión del Bloque Soviético. Este hecho favoreció el acercamiento de Corea del Sur a países que otrora consideraba enemigos, como China, la Unión Soviética y los países de Europa del este. Aun cuando la alianza con Estados Unidos seguía siendo prioritaria para la RC, en este periodo se construyeron relaciones intercoreanas más fluidas.

La tercera etapa se inició en 1998 y está asociada con las presidencias de Kim Dae-jung (presidente, 1998-2003) y su sucesor Roh Moo-hyun (presidente, 2003-2005), quienes encontraron —y también construyeron— contextos radicalmente diferentes. La política exterior de ambos mandatarios fue sumamente ambiciosa. Para entonces, la RC ya era una de las economías más solventes del mundo, a pesar de la crisis asiática de 1997. En el plano nacional, la democratización afianzó el proceso de participación de actores no gubernamentales en el debate de la política exterior; Corea del Norte se convertiría desde entonces en un acalorado tema de debate interno. Finalmente, el contexto internacional ha permitido una gradual disociación de la RC frente a Estados Unidos, una política norcoreana más independiente y un acercamiento a China. A lo largo de este tercer periodo, ya sea con administraciones conservadoras o liberales, Corea del Sur se ha convertido en un país con intereses verdaderamente globales y se ha consolidado como un actor económico, político y cultural en crecimiento.

La política exterior de Corea del Sur en la etapa fundacional y del despegue económico (1948-1987)

Para entender los cambios esbozados es necesario un breve repaso histórico de la inserción de la Península Coreana en el sistema internacional. El reino de Joseon/imperio de Corea, que funcionó entre 1392 y 1910 (año en que se convirtió en colonia japonesa), tendió al aislamiento. A la Península Coreana se la llamaba "Reino Ermitaño" y Joseon sólo tenía relaciones significativas con sus vecinos adyacentes, como China y Japón, y vínculos esporádicos con entidades como India, Persia y Rusia (KOCIS, 1998a). Esta situación cambió durante la colonización japonesa, cuando la península estuvo sujeta a las decisiones de política exterior por parte de Japón. Después de la derrota nipona en la Segunda Guerra Mundial en 1945 y su retiro de la Península Coreana, ésta sufriría las consecuencias del encono interno y la Guerra Fría. Así, en 1948 se establecieron dos entidades: la RC y la República Popular Democrática de Corea (RPDC) o Corea del Norte.

El nuevo Estado en Corea del Sur se convirtió de inmediato en un íntimo aliado de Estados Unidos. Incluso antes de la Guerra de Corea (1950-1953), Estados Unidos había establecido una sólida área de influencia en el sur de la península. El nuevo país era extraordinariamente débil en los planos de la economía y de la seguridad. El gobierno de Syngman Rhee (presidente, 1949-1961) instrumentó una política de sustitución de importaciones muy parecida a la que habían puesto en marcha distintos países de América Latina; el resultado fue un desarrollo mediocre.

El Estado surcoreano prácticamente sobrevivía gracias a la ayuda de los Estados Unidos. Se calcula que, en los años cincuenta, más de 50% del gasto gubernamental y 72% del presupuesto militar de Corea del Sur eran proporcionados por Estados Unidos (Snyder, 2018). Washington prácticamente asumió el control de la política económica e incluso estableció mecanismos para controlar las fuerzas armadas surcoreanas.

Durante la gestión de Syngman Rhee, el gran objetivo de política exterior era obtener ayuda económica y militar de Estados Unidos. La RC estaba amenazada por una Corea del Norte que aún fantaseaba con la idea de unificar la península por la fuerza, como lo había intentado en 1950; aún en los años posteriores a la guerra se registraban cientos de escaramuzas o incidentes fronterizos entre las dos Coreas. En ese momento, la economía de Corea del Norte era más fuerte que la del Sur, e incluso era vista en distintos círculos internacionales como un ejemplo. Tal fue el caso de Joan Robinson, economista de la Universidad de Cambridge, o de Ernesto "Che" Guevara, quienes consideraban que la RPDC era un ejemplo para el mundo en desarrollo (León-Manríquez, 2018).

En medio de esta fragilidad económica y dependencia de Estados Unidos, en 1961 el militar Park Chung-hee tomó el poder tras la dimisión de Syngman Rhee y como gobernante *de facto* en el breve interregno del reformista Yun Bo-seon (presidente, 1960-1962). Las perspectivas económicas no eran en absoluto favorables para la RC. Los pronósticos de desarrollo de entidades como el Banco Mundial señalaban que Filipinas, Birmania o distintas naciones africanas tenían más posibilidad de convertirse en países desarrollados que Corea del Sur, a la que se consideraba un caso perdido (Easterly, 1995). En un libro que escribió en esos años, Park se quejaba de la situación del país y la comparaba con "una casa en ruinas o un negocio en quiebra" (cit. por Clifford, 1998: 45). A partir de ese diagnóstico, el nuevo mandatario instrumentó una estrategia que combinaba la sustitución de importaciones con la promoción de exportaciones en los sectores que ya eran maduros para concurrir con éxito en los mercados internacionales.

En su dilatada presidencia, que se prolongaría hasta 1979, Park decretó la estatización de los bancos y utilizó el crédito de éstos como mecanismo de inducción para cumplir los objetivos de los sucesivos planes quinquenales. Gracias a esta sofisticada política industrial, en sólo 20 años Corea del Sur experimentó una veloz transformación económica que cambió por completo su forma de insertarse en el mundo. Como América Latina, la RC había sido exportadora de productos primarios, entre los que destacaban el calamar y la antracita. Con los ambiciosos planes de industrialización de Park, el país pronto se convirtió en exportador de textiles y más tarde de electrónicos, automóviles y barcos, productos de mayor densidad tecnológica. Es casi innecesario decir que este auge económico fue modificando la posición de la RC y aumentando sus márgenes de maniobra en el escenario internacional. Tal como lo muestra el cuadro 1, en 1980 Corea ya era la economía número 27 del mundo, y habría de avanzar hasta el lugar 12 en años posteriores.

El mal llamado "milagro económico" coreano (no es milagro lo que ocurre por diseño) se acompañó de un sistema político autoritario. Si bien Corea del Sur se adscribía al discurso de la democracia, los derechos humanos, la libertad de expresión y las garantías individuales de los regímenes liberales de Europa y de Estados Unidos, en realidad vivía un orden político funcionalmente autoritario durante las presidencias de Rhee y Park. La naturaleza represiva del régimen se vio acentuada después de 1972, cuando el presidente Park decretó el inicio —vía un autogolpe de Estado— del periodo *Yushin* (reforma de revitalización). Park, sin embargo, fue asesinado en 1979 por el director de la Central Coreana de Inteligencia (KCIA). Su sucesor fue por poco tiempo Choi Kyu-hah; tras él, Chun Doo-hwan (presidente 1981-1988) mantuvo e incluso acrecentó el talante autoritario del régimen, enfrentado a un movimiento popular que desembocó en la masacre de la ciudad de Gwangju en mayo de 1980.

CUADRO 1. Ranking *de las economías mundiales, 1980-2017*
PIB en dólares de EUA, en precios corrientes

Ranking	País	PIB 1980	País	PIB 2017
1	Estados Unidos	2 862 505.00	Estados Unidos	19 390 604.00
2	Japón	1 105 385.97	China	12 237 700.48
3	Alemania	946 695.36	Japón	4 872 136.95
4	Francia	701 288.42	Alemania	3 677 439.13
5	Reino Unido	564 947.71	Reino Unido	2 622 433.96
6	Italia	475 682.51	India	2 597 491.16
7	Canadá	273 853.83	Francia	2 582 501.31
8	Brasil	235 024.60	Brasil	2 055 505.50
9	España	232 134.61	Italia	1 934 797.94
10	México	194 347.83	Canadá	1 653 042.80
11	Países Bajos	192 661.37	Rusia, Federación de	1 577 524.15
12	China	191 149.21	Corea, República de	1 530 750.92
13	India	183 839.86	Australia	1 323 421.07
14	Arabia Saudita	164 541.74	España	1 311 320.02
15	Australia	149 738.16	México	1 149 918.79
27*	Corea, República de	64 980.82	Nigeria	404 652.72

* Se coloca la posición 27 para indicar el lugar que ocupaba la República de Corea en 1980.
Fuente: Banco Mundial, PIB (US$ a precios actuales).

Más tarde, en 1987, las movilizaciones de estudiantes, sindicatos y una vigorosa clase media surgida al calor de las políticas de desarrollo forzaron una gradual transición democrática. En el periodo 1948-1987, a pesar de su discurso pro democracia y derechos humanos, Estados Unidos permitió múltiples excesos de las dictaduras surcoreanas. Washington valoraba más sus intereses de seguridad regional e internacional que las virtudes del pluralismo político. En este contexto existía muy poco debate en el seno de la RC sobre las cuestiones internacionales. Para la sociedad civil y la clase política era muy claro que en Corea del Sur el anticomunismo era la ideología de las políticas interna y exterior, y que el país era un ente subordinado a la *grand strategy* de Estados Unidos. Incluso, a decir de Choi (1993), la reunificación coreana "fue el tema más severamente suprimido debido a las circunstancias histórico/estructurales bajo las cuales se formó el sistema político en Corea del Sur" (pp. 40-41).

La RC era percibida por la comunidad internacional como un país pobre, virtual protectorado de Estados Unidos. Sin embargo, en este prolongado ciclo autoritario se registraron diversos diferendos entre Estados Unidos y sus aliados estratégicos Rhee y Park. Por ejemplo, después de la Guerra de Corea, Rhee tenía en mente algo similar a su enemigo Kim Il-sung, líder supremo de la RPDC (1948-1994): la llamada "marcha al norte", que jugaba con la posibilidad de atacar a su hermano-enemigo. Si bien Washington sostenía su alianza con Rhee, constantemente debió alertarlo sobre los exorbitantes costos de una nueva guerra en la Península Coreana (Snyder, 2018).

Durante la administración de Park Chung-hee también hubo algunos tímidos intentos de autonomización frente a Washington, aunque en el plano estratégico no se cuestionaba la lealtad a Estados Unidos, que incluso se expresó en la participación de Corea del Sur en la Guerra de Vietnam. Entre 1964 y 1973, la RC envió 300 000 elementos a Vietnam a combatir del lado de las tropas estadounidenses (Snyder, 2018). Este masivo despliegue obedeció a varios objetivos. Uno de ellos era mostrar solidaridad con el Bloque Occidental en general y con Estados Unidos en particular. Un segundo objetivo era evitar que las tropas estadounidenses, mejor capacitadas que las surcoreanas, salieran de la península con rumbo a Vietnam. Un tercer objetivo era mantener la alianza estratégica con Estados Unidos para que éste no vetara las políticas desarrollistas y siguiera permitiendo la importación de las mercancías que ya producía la floreciente industria surcoreana. En esta misma línea de cooperación se entiende la normalización de las relaciones de Corea del Sur con Japón en 1965, previa indemnización por los daños causados durante la colonización y la Segunda Guerra Mundial. Con todas estas acciones, la RC enviaba a Washington el mensaje de que, a pesar de sus diferencias históricas con Japón, ambos países jugaban en el equipo estadounidense.

De forma paralela, en los años sesenta y los setenta del siglo XX, Corea del Sur empezó a buscar estrategias para proyectarse como país independiente y que eso no afectara su vínculo cercano con Estados Unidos. Desde los sesenta Seúl estableció una carrera diplomática contra la RPDC en torno al reconocimiento por parte de terceros países. El Ministerio de Relaciones Exteriores de la República de Corea buscaba aumentar el número de socios políticos y comerciales. Muchos de ellos eran regímenes pro estadounidenses y anticomunistas, como diversas dictaduras en América Latina, África y el Medio Oriente. Pero también la RC comenzó a establecer relaciones con países como México (1962) e India (1973), que buscaban ser equidistantes entre Estados Unidos y la Unión Soviética.

Durante los setenta se operó un cambio muy importante en el sistema internacional. Si bien éste seguía siendo bipolar en lo esencial, otros centros de poder habían ido surgiendo en la segunda posguerra. Asesores de política exterior y seguridad nacional de los presidentes estadounidenses Richard Nixon, Gerald Ford y James Carter, tales como Henry Kissinger y Zbigniew Brzezinski, reconocieron la existencia de un mundo crecientemente multipolar, con actores como China, Japón y Europa occidental. Al mismo tiempo, Estados Unidos y la URSS regularon la carrera armamentista y establecieron una política conocida como distensión o *détente*. Aunque la Guerra Fría distaba de haber terminado, en los setenta disminuyeron sustancialmente los niveles de tensión entre las dos superpotencias.

En el ámbito de la política regional en el noreste asiático, la *détente* facilitó un acercamiento intercoreano. El 15 de agosto de 1970 el presidente Park anunció la Idea para una Reunificación Pacífica. En julio de 1972, ambas naciones emitieron un comunicado conjunto donde anunciaban un compromiso mutuo de buscar la reunificación sin el uso de la fuerza. Un mes después, representantes de las dos Coreas celebraron en Pyongyang las llamadas Pláticas de la Cruz Roja. A ese encuentro sucederían cuatro más, celebrados entre septiembre de 1972 y marzo de 1973. Aun cuando esta iniciativa no produjo grandes frutos, sí fue relevante, al ser la primera vez que representantes de ambos gobiernos se sentaban a dialogar. La situación volvería a tensarse años después; la llegada al poder de Ronald Reagan y el relanzamiento de la Guerra Fría, en 1981, hicieron muy poco por las relaciones intercoreanas.

La transición en la política exterior de Corea del Sur (1988-1997)

El periodo 1988-1997 es posible identificarlo como una *etapa de transición*. En ella, los aspectos económicos tuvieron un papel muy relevante. Hacia finales de los ochenta no existía ya ninguna duda de que Corea del Sur se había convertido en una economía industrial consolidada y que su estrategia de desarrollo había sido muy exitosa. Ello no significaba que el desarrollo surcoreano estuviese exento de turbulencias. Por ejemplo, en 1980-1981 la economía decreció, la deuda externa devino un serio problema para las finanzas públicas y aparecieron síntomas de sobrecalentamiento a causa del exhaustivo esfuerzo derivado de la industrialización química y pesada. Pero, a diferencia de otros procesos de industrialización en América Latina, África y Medio Oriente, entre 1948 y 1987 Corea del Sur logró desarrollar sectores competitivos en bienes de capital y no sólo en bienes básicos de consumo e intermedios. Ni siquiera los países más avanzados de América Latina, como México o Brasil, lograron transitar con éxito a la fase de la industrialización pesada con tecnología endógena.

Una segunda crisis se presentaría en 1997-1998, con el país plenamente reafirmado como potencia económica. El comercio exterior surcoreano había pasado de 500 millones de dólares (MDls) en 1962 a 280 000 MDls en 1997. En tanto, el producto interno bruto (PIB) total pasó de 8 100 MDls en 1970 a 437 400 MDls en 1995. El PIB per cápita ascendió de 253 a 10 075 dólares en los mismos años. En 1997 Corea del Sur ya era la economía número 11 en el mundo y la potencia comercial número 12, en razón del volumen de sus importaciones y exportaciones (KOCIS, 1998b). Este músculo económico facilitó a Corea del Sur convertirse en un actor más autónomo que en los años cincuenta y sesenta, cuando dependía casi por completo de la apertura del mercado de los Estados Unidos y de la ayuda económica y militar que ese país le proporcionaba.

Al mismo tiempo, y en diálogo con las tesis de Lipset (1959) y otros académicos que han disertado sobre la estrecha relación entre el crecimiento económico y la democratización, aparece la variable interna. En 1987 se registraron intensas movilizaciones sociales en las que participaron estudiantes, obreros y clases medias y que dieron pie a la apertura del régimen, de cara a la Olimpiada de 1988. El proceso de democratización ha propiciado que las políticas públicas —incluyendo la política exterior— se discutan con creciente pasión y conocimiento (en ese orden). En contraste, las administraciones de Rhee, Park y Chun casi no permitían la discusión pública; los medios estaban virtualmente controlados por el Estado o bien eran víctimas de la represión. En la era democrática de Corea, la opinión pública se ha involucrado cada vez más en la discusión de cuestiones internacionales. Aunque aún conservadora, en general, la prensa ha sido más libre que en los años anteriores, y ciertos grupos sociales con intereses específicos en materia de política exterior (como los *chaebol*) han presionado más al Estado para promover su propio beneficio.

La tercera variable de este periodo de transición tiene una amplia relación con el sistema internacional. La dirigencia surcoreana leyó muy bien los cambios sistémicos a finales de los ochenta y principios de los noventa, cuando ya era claro que la Unión Soviética y el socialismo real estaban en vías de desaparición y que se acercaba el final de la Guerra Fría. Si bien en ese contexto histórico Corea del Sur era aún muy cercana a Estados Unidos, también comenzó una expansión de sus relaciones internacionales en búsqueda de más socios y mayores márgenes de maniobra. El oficioso *A Handbook of Korea* (KOCIS, 1998b: 163) afirmaba, por ejemplo, que la relación subordinada con Estados Unidos había evolucionado hacia una "alianza madura".

Sin duda Washington y Seúl fueron, y son, aliados inseparables. Pero, como ocurre incluso entre las buenas parejas, existieron desavenencias entre ellos. Una de éstas se relaciona con las disputas comerciales a causa del superávit surcoreano frente a Estados Unidos durante los ochenta y los noventa, que en 1990 alcanzó 4081 MDls (USCB, 2018). Ambos países desarrollaron mecanismos de diálogo para lidiar con el problema, tales como el Grupo de Acción Comercial y el Diálogo para la Cooperación Económica. Como argumentaré más adelante, las tensiones reaparecieron con particular vigor hacia 2016-2017, durante la campaña electoral y el inicio de la presidencia de Donald Trump.

Con China —aliada histórica, pero enemiga en la Guerra Fría— Corea del Sur acordó abrir oficinas comerciales con funciones consulares en 1991. En 1992 estableció relaciones diplomáticas formales con Beijing, con gran molestia de Corea del Norte. Tanto China como Corea del Sur participaron en las pláticas a cuatro bandas sobre la desnuclearización en Corea del Norte, tras el acuerdo marco entre ésta y Estados Unidos en 1994. A esas conversaciones, iniciadas en Ginebra en 1997, se sumaron, además de los países firmantes, China y la propia Corea del Sur.

Como había sucedido a principios de los setenta, las modificaciones en el sistema internacional —en este caso, el fin de la Guerra Fría en 1990-1991— propiciaron un nuevo acercamiento entre las dos Coreas. En esta nueva ronda de relaciones con Pyongyang la RC logró, en diciembre de 1991, la firma del Acuerdo de Reconciliación, No Agresión, Intercambio y Cooperación (también conocido como Acuerdo Básico Sur-Norte) y, en enero de 1992, la Declaración sobre la Desnuclearización de la Península

Coreana. Igualmente, en 1991, en el marco de la nueva distensión y el paso a la unipolaridad, Corea del Sur fue admitida en la Organización de las Naciones Unidas, simultáneamente con la República Popular Democrática de Corea. Éste fue un gran triunfo diplomático ya que, si bien Corea del Sur pertenecía a distintos organismos del sistema de Naciones Unidas, no había logrado su admisión como miembro pleno de la organización.

El periodo de transición marcó el inicio de una vigorosa diplomacia económica en los planos regional y mundial. En 1989, Corea del Sur se convirtió en miembro pleno del Foro de Cooperación Económica Asia-Pacífico (APEC) y en observador de la Asociación de Naciones del Sudeste Asiático (ANSEA). También, en diciembre de 1996, la RC se sumó a la Organización para la Cooperación y el Desarrollo Económicos (OCDE), con lo que oficialmente se convirtió en parte del mundo desarrollado.

En cuanto al sistema internacional de comercio, Corea del Sur —al igual que Japón y otros importantes actores asiáticos— apostaba fuertemente por el multilateralismo en el seno del Acuerdo General de Aranceles y Comercio (GATT) que, en 1994, se transformaría en la Organización Mundial del Comercio (OMC). La RC criticaba los acuerdos regionales multilaterales y los tratados bilaterales por el riesgo de que pudiesen "fragmentar el sistema multilateral de comercio" (KOCIS, 1998b). Corea del Sur apostaba más por las negociaciones globales y menos por los acuerdos específicos regionales de libre comercio, como los que a principios de los noventa se estaban negociando en América del Norte, en el Cono Sur latinoamericano y en Europa.

En consonancia con su nivel de desarrollo económico, la RC pasó de recipiente masivo de ayuda económica internacional a un dinámico donador. A estos efectos creó el Fondo Económico de Cooperación para el Desarrollo, en 1987, y la Agencia Coreana para la Cooperación Internacional (KOICA, por sus siglas en inglés), en 1991. Al mismo tiempo, Seúl proveyó fondos para asistencia económica multilateral mediante el Fondo Monetario Internacional (FMI), el Banco Mundial y el Banco Asiático de Desarrollo.

En el ámbito cultural, en 1991 creó la Korea Foundation, entidad encargada de promover investigaciones en torno a Corea del Sur, el intercambio de personal académico y la formación de estudiantes en la propia RC. La pertenencia de Corea del Sur a los "países graduados" se consolidaría por completo en 2010, cuando se integró al Comité de Asistencia al Desarrollo (CAD) de la OCDE (Marx y Soarez, 2013). Para 2017, la RC habría de transformarse en el donador número 15 del mundo, con un total de 2 100 MDls, equivalentes a 0.14% del PIB (Donor Tracker, 2018).

Como consecuencia de las acciones diplomáticas analizadas, en 1997 —esto es, al final del periodo de transición en política exterior— la República de Corea ya había establecido relaciones diplomáticas con 183 países en los que mantenía 100 embajadas, 38 consulados y siete misiones ante organismos internacionales. Al mismo tiempo, más de 90 países contaban con sedes diplomáticas en Seúl, y Corea del Sur pertenecía a 91 organizaciones internacionales, 24 de las cuales formaban parte del sistema de Naciones Unidas (KOCIS, 1998b: 161). Huelga decir que estas actividades trajeron como consecuencia una mejoría de la imagen internacional de la RC, y el mundo comenzó a considerar que era un país moderno, desarrollado y crecientemente pluralista. En el ocaso de los años ochenta, autores como Kang (1989) anunciaban la inminente conversión de Corea en el próximo Japón.

Corea: libre comercio, balance de poder y diferenciación frente a Estados Unidos (1998-2017)

A finales de los noventa, el desarrollo económico de Corea del Sur, la evolución política interna y el contexto internacional habían incubado las condiciones para una nueva era en la postura internacional del país. En cuanto a la economía, la crisis asiática de 1997-1998 afectó a la RC y la obligó a negociar un acuerdo de rescate con el FMI. Esto sucedió precisamente al inicio de la gestión de Kim Dae-jung (presidente, 1998-2003), quien se vio obligado a aplicar medidas de liberalización en creciente coincidencia con el Consenso de Washington. El acuerdo con el FMI tendría importantes consecuencias en la economía y la política de Corea del Sur.

Entre otros efectos económicos, la apertura al exterior —iniciada en 1981 y seguida gradualmente desde entonces— se aceleró de manera franca. A partir de esa fecha Corea del Sur, que había sido renuente a abrir por completo su economía a las importaciones, tendió a unificar su política comercial con los países más liberalizados. El gobierno de Kim forzó una restructuración de las *chaebol* para evitar que se prestaran dinero entre sí; también realizó reformas laborales y, de acuerdo con Hahm y Plein (1997), emprendió un desmantelamiento casi total del Estado desarrollista, aparato institucional que había hecho posible el rápido desarrollo económico de Corea del Sur entre 1948 y 1997.

Pero a diferencia de lo que sucedió en América Latina en los ochenta, la liberalización plena llegó cuando la RC ya era una economía consolidada, tal como lo muestra el cuadro 1 (p. 41). A pesar de los efectos de las crisis económicas de 1997-1998 y 2008-2009, la RC se ha mantenido como la cuarta economía de Asia, después de gigantes económicos y demográficos como China, Japón e India. En 2000, el PIB surcoreano alcanzaba el número 14 en la escala mundial; en 2017, en una disputada carrera con otras naciones, había escalado al lugar 12, muy cerca de Rusia y Canadá. Es cierto que las tasas de crecimiento de la economía surcoreana disminuyeron de 9% anual promedio, entre 1962 y 1997, a 4% desde entonces. Sin embargo, este relativo decremento no es tan adverso, porque ocurrió cuando Corea del Sur ya había logrado convertirse en un país plenamente industrializado y desarrollado (León-Manríquez, 2009).

Desde su apuesta por la promoción de las exportaciones en los sesenta, la RC devino hiperdependiente del comercio exterior. Eso no significa una ausencia de cambios en el perfil y los mercados para las exportaciones. A partir de los noventa el comercio exterior de Corea ha vivido una creciente "asianización", de la que China se ha convertido en protagonista. Tras un vertiginoso crecimiento de los intercambios comerciales bilaterales a partir de la normalización de las relaciones diplomáticas, en 2003 China superó a Estados Unidos como principal socio comercial de la República de Corea. Ésta sostiene también un comercio muy vigoroso con Japón, y a pesar de la desconfianza histórica entre ambas naciones, Japón ya es el segundo socio comercial de Corea del Sur. Estados Unidos, relegado al tercer lugar como contraparte comercial surcoreana, ha perdido cierta influencia económica —aunque no necesariamente geopolítica— sobre su aliado. Los principales receptores de exportaciones surcoreanas pueden observarse en la gráfica 1.

En lo que respecta a la política interna, la asunción del poder por Kim Dae-jung, en 1998, supuso una plena transición hacia la democracia. Por décadas, uno de los grandes objetivos de la conservadora clase política surcoreana había sido evitar que Kim Dae-jung llegara al poder, pues era considerado, con toda razón, el opositor más férreo al orden autoritario prevaleciente en su país hasta 1987. Finalmente, tras las fallidas tentativas de 1971, 1987 y 1992, Kim llegó a la presidencia en su cuarto intento.

GRÁFICA 1. *Socios económicos de Corea del Sur, participación porcentual en las exportaciones 1980-2016*

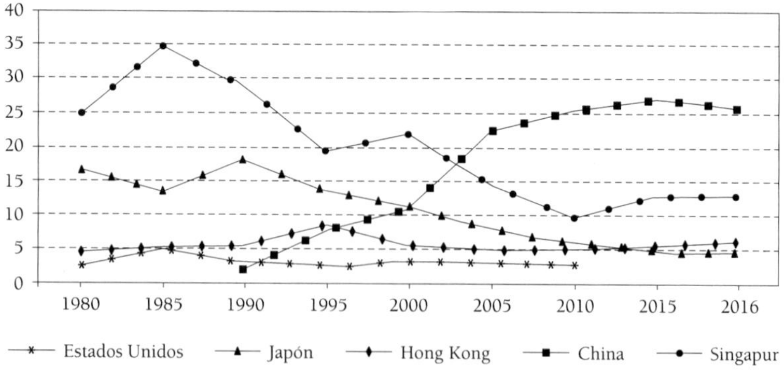

Fuente: *The Atlas of Economic Complexity*.

La administración de Kim trajo cambios en la concepción de la RPDC y el debate interno sobre la relación con ella. Tradicionalmente, el elemento anti-Corea del Norte había gravitado, casi por *default*, en la configuración de la política exterior surcoreana. Tras el colapso del Bloque Comunista a finales de los ochenta y principios de los noventa, los sectores más conservadores consideraban que Corea del Norte correría la misma suerte de sus homólogos socialistas. Con el correr del tiempo, el escenario de reunificación por absorción —precipitado por un eventual colapso norcoreano— fue perdiendo fuerza. Kim Dae-jung partió de premisas diferentes en su política hacia el hermano-enemigo. El nuevo pensamiento sostenía que —pese a sus limitaciones económicas, la hambruna y el aislamiento internacional— Corea del Norte había logrado sobrevivir y requería un enfoque diferente por parte de Seúl.

La política de Kim hacia la RPDC propició un debate sobre la conveniencia de fomentar los vínculos con Corea del Norte. Especialmente importantes fueron los grupos conservadores que apostaron por la confrontación y el colapso norcoreano. Pese a esta oposición, la opinión pública interna adquirió tintes más pragmáticos y menos anticomunistas, en la medida en que las personas que no vivieron la Guerra de Corea percibían al vecino con menos animadversión que las generaciones anteriores. Así, en 1999, un año después de que Kim Dae-jung lanzara su ambiciosa Política del Sol Brillante (*Sunshine Policy*) hacia el norte, 72.6% de la población apoyaba esa estrategia (Moon, 1009: 51). Niveles de consenso de tal magnitud hubieran sido impensables en décadas anteriores.

En efecto, Corea del Norte se convirtió, desde 1988, en uno de los temas más discutidos de la política interna surcoreana (Choi, 1993). Si bien la opinión pública y un sector de la clase política se tornaron más pragmáticos frente a Pyongyang, en el *establishment* mediático y de seguridad nacional subsistían resistencias frente a la *Sunshine Policy*. De acuerdo con Moon (1999: 54), la política surcoreana "ha estado dominada por intereses creados que se agrupan alrededor de una ideología e instituciones políticas conservadoras de la Guerra Fría". Justamente esos grupos conservadores apoyarían un endurecimiento hacia Corea del Norte en las administraciones de Lee Myung-bak (2008-2013) y Park Geun-hye (2013-2017). *Pari passu*, con el aumento de los grados de pluralismo del sistema político surcoreano, la discusión pública sobre la RPDC se ha tornado más vívida y explícita.

También en términos de la política interna, las dos primeras décadas del siglo XXI han sido escenario del afianzamiento de nuevos grupos con intereses internacionales, que participan e influyen en el debate de política exterior. Uno de ellos es el de las *chaebol*, grandes empresas naturalmente interesadas en la expansión de los mercados para las exportaciones surcoreanas. Además de ellas, los medios y las ONG han tomado parte en importantes debates sobre cuestiones internacionales. Uno de ellos, en la primera mitad de la década del 2000, fue sobre la conveniencia de que Corea del Sur acompañase a Estados Unidos en aventuras militares como las de Irak y Afganistán. En 2016, ante los juegos de guerra de Corea del Norte y el consiguiente despliegue de las baterías antimisiles denominadas Terminal High Altitude Area Defense (THAAD) por parte de Estados Unidos, en la RC surgió un encendido debate entre defensores y detractores de esos armamentos. También se ha discutido la pertinencia de algunos tratados de libre comercio (TLC) suscritos por el gobierno.

Desde el inicio de su mandato, Kim Dae-jung procedió a fortalecer la diplomacia económica, para lo cual creó, en 1998, el Ministerio de Asuntos Exteriores y Comercio (MOFAT, por sus siglas en inglés), que fusionó labores diplomáticas tradicionales con la política comercial internacional. La administración de Kim comprendió que la Ronda Doha de la OMC, iniciada en 2001, no era suficiente para garantizar los grados de apertura de la economía internacional que la RC requería y diagnosticó que Corea del Sur estaba quedando atrás en el febril proceso de suscripción de TLC bilaterales y regionales. Corea del Sur pasó de ser una nación con vínculos comerciales concentrados en Estados Unidos, Europa y Japón, a un *global trader* a partir de su acercamiento económico con China y la concreción del primer Acuerdo Surcoreano de Libre Comercio, que se negoció con Chile y entró en vigor en 2004.

Para concluir este apartado, analizaremos el comportamiento del sistema internacional a partir de 1998 y sus repercusiones en la política exterior de la RC. Desde hace varios años, y a pesar de la retórica unipolar de Estados Unidos, para los observadores más avezados de la política internacional resulta cada vez más claro que, a medida que transcurre el tiempo, aumenta la tendencia hacia la conformación de nuevos polos de poder. China se ha convertido en un retador formidable ante la hegemonía estadounidense y han surgido, aparte de Europa occidental y Japón, otros actores, como India y Rusia. La respuesta militar a los atentados terroristas del 11 de septiembre de 2001 contra Estados Unidos y las intervenciones de éste en Medio Oriente no han sido suficientes para detener la conformación de un sistema internacional cada vez más multipolar.

Fue en los intersticios de ese sistema donde, entre 1998 y 2008, Seúl estructuró la *Sunshine Policy*, que no siempre gozó de la simpatía de Estados Unidos. A decir de Moon (1999: 36), esta estrategia multidimensional de acercamiento a Corea del Norte representó "un gran cambio de paradigma en el discurso de Corea del Sur sobre las relaciones intercoreanas y la unificación nacional". La *Sunshine Policy* consistió en cinco pilares:

- Una ofensiva diplomática estratégica.
- Un "dualismo flexible", que buscaba que la política y la economía corrieran por canales paralelos.
- La contención militar de Corea del Norte, que, si bien no era el principal elemento, tampoco se descartaba por completo.
- Una dinámica de cooperación internacional destinada a elevar el nivel económico de Corea del Norte.
- Una construcción de consenso interno en favor de esta política.

Otros capítulos en el presente libro analizan más a fondo la dinámica específica de las relaciones intercoreanas. Por mi parte, considero que los logros de la Política del Sol Brillante fueron muy destacables. Entre otros, se estableció la zona económica turística del monte Kumgang, en 1998, que fue visitada por un millón de surcoreanos hasta su cierre en 2008; se creó una zona económica especial en la ciudad norcoreana de Kaesong, donde numerosas empresas surcoreanas invirtieron recursos para crear una planta industrial con trabajadores norcoreanos; se celebraron varias reuniones de familiares separados por la Guerra de Corea, y la RC se convirtió en el principal socio comercial y de cooperación de Corea del Norte.

En mi opinión, la *Sunshine Policy* encarna las crecientes *posibilidades* de autonomía de Corea del Sur frente a Estados Unidos y la consagración de aquélla como una potencia media con capacidad para establecer relaciones internacionales cada vez más autónomas. Es cierto que la dependencia frente a Washington sigue siendo alta y que los gobiernos posteriores a Kim Dae-jung y Roh Moo-hyun retornaron a posiciones internacionales más conservadoras. Pero también lo es que la mera existencia de una vigorosa política de acercamiento con Corea del Norte hubiera sido impensable en décadas anteriores, en el contexto de la Guerra Fría y la subordinación de Seúl a Washington.

En efecto, los años de la *Sunshine Policy* coincidieron en gran parte con la administración George W. Bush (presidente de Estados Unidos, 2001-2009), que buscaba resucitar el unilateralismo en la economía y la política exterior de Washington. En distintas ocasiones durante ese periodo, Corea del Sur estuvo mucho más cercana a China y a Rusia en la política hacia Corea del Norte, que a su tradicional aliado estadounidense. Recuérdese que, en enero de 2002, el presidente Bush había colocado a Corea del Norte como parte de un hipotético Eje del Mal, también integrado por Irán e Irak. Pese a la continuidad de su cercana relación económica y de seguridad con Estados Unidos, Corea del Sur evidenciaba, a finales de los noventa e inicios del nuevo siglo, una mayor capacidad de disentir frente a Estados Unidos.

La *Sunshine Policy* fue revertida durante las administraciones de Lee Myung-bak y Park Geun-hye, pese a un contexto internacional más benigno y multilateralista durante los dos periodos presidenciales de Barack Obama (2009-2017). Mientras Washington ejercía una negligente "paciencia estratégica" —aderezada de sanciones multilaterales— frente a Pyongyang, Seúl gastaba una retórica más estridente frente al vecino. En este periodo, la prensa internacional expresó una gran alarma en al menos un par de ocasiones: la primera de ellas fue en marzo de 2010, cuando un presunto ataque norcoreano hundió el barco surcoreano *Cheonan*, con un saldo de 46 muertos; la segunda, en noviembre del mismo año, cuando se registró un enfrentamiento armado en la isla surcoreana de Yeonpyeong, considerado como uno de los peores enfrentamientos desde la Guerra de Corea.

Esta asincronía entre las diplomacias estadounidense y surcoreana se explica en gran medida por la situación interna de la RC, en la que se confrontaron de nuevo "halcones" contra "palomas". La serie de pruebas nucleares iniciadas por Corea del Norte en 2006 sirvió para que la derecha surcoreana reprochara a Roh Moo-hyun su incapacidad para obtener una reciprocidad de Pyongyang. También se le acusó de propiciar una debilidad militar de su país, lo cual es cuestionable. Es cierto que entre 1980 y 2017 la RC disminuyó sus gastos de defensa en relación con el PIB pero, como muestran los datos de la gráfica 2, en términos absolutos se han acercado a los niveles de Japón.

El peso del debate norcoreano en la política interna se ha mantenido constante y contribuye a explicar tanto las presidencias de Lee y Park como el triunfo de Moon Jae-in en las elecciones de 2017. Moon fue secretario de Roh Moo-hyun y testigo cercano de la *Sunshine Policy*, por lo cual entiende bien la lógica que la anima. Por ello, su gobierno ha buscado de nuevo al "Sol Brillante" y ha logrado una serie de encuentros con el líder norcoreano Kim Jong-un. Sólo en 2018 se celebraron tres de las cinco cumbres

GRÁFICA 2. *Gasto militar, países asiáticos seleccionados, 1980-2017*

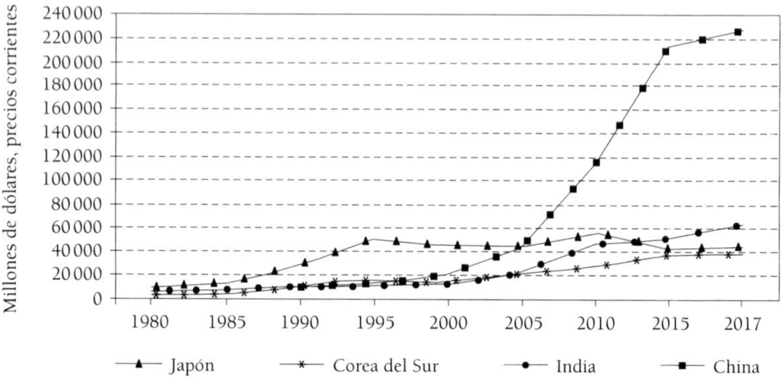

Fuente: Banco Mundial, Gasto militar.

intercoreanas (las otras tuvieron lugar en 2000 y 2007). En una nueva e inesperada convergencia con Estados Unidos, Seúl se convirtió en una especie de intermediario entre este país y Corea del Norte, al facilitar la celebración de la cumbre de Singapur entre Donald Trump y Kim Jong-un en junio de 2018.

En el renacimiento de la *Sunshine Policy*, a partir de 2017, tras la asunción del presidente Moon Jae-in, Corea ha desempeñado un papel muy importante en un orden regional en el que ninguna potencia parecería apostar ya por el colapso de Corea del Norte. A pesar de la estridente retórica a inicios de la administración Trump, Washington parece apostar por una *soft landing policy* para la RPDC, lo que ha sido aún más evidente después de la cumbre Trump-Kim de junio de 2018. China sostiene la política *Putong Puran*, que no busca la unificación ni la inestabilidad en la Península Coreana. En su momento, Japón apoyó la *Sunshine Policy* y en septiembre de 2002 el primer ministro Junichiro Koizumi visitó, en Pyongyang, al máximo líder de Corea del Norte, Kim Jong-il.

Las asincronías en el enfoque sobre Corea del Norte no han significado en automático una ruptura entre Corea y Estados Unidos. Ambos continúan siendo socios estratégicos, además de que

Estados Unidos mantiene 28 000 soldados de manera permanente en la RC, y del ya mencionado sistema THAAD. El despliegue de estas baterías antimisiles no sólo generó, a lo largo de 2017, continuas movilizaciones de protesta en Corea del Sur, amén de un boicot comercial chino. A pesar de que la relación de seguridad con Washington sigue siendo muy cercana y de que autores como Snyder (2018) insisten en que para la RC será muy difícil cambiar esta realidad, los vínculos geopolíticos surcoreano-estadounidenses no están exentos de tensiones que son aún más evidentes en el terreno comercial. Los diferendos por el superávit surcoreano aparecieron desde los años ochenta; después se aminoraron, pero resurgieron durante la campaña presidencial de Donald Trump en 2016. Trump describió el Tratado Bilateral de Libre Comercio (KORUS-FTA) como "uno de los peores acuerdos jamás firmados". En 2017 los números rojos para Estados Unidos en su relación comercial con la RC alcanzaron los 23 118 MDls (USCB, 2018). Una vez en la presidencia, Trump presionó intensamente para renegociar el tratado, lo cual se logró en septiembre de 2018 (Tankersley, 2018).

Esta relación corre en paralelo con los crecientes vínculos económicos entre Corea del Sur y China. Desde 2003, ésta ha superado a Estados Unidos como principal socio comercial de la RC. Así, se han creado nuevas lealtades que se inician, pero no terminan en el campo de la economía. Por ejemplo, Corea del Sur no se sumó a la iniciativa estadounidense de crear un Acuerdo Trans-Pacífico (TPP, por sus siglas en inglés), abanderado durante la última presidencia de Barack Obama; sí participa, en cambio, en las reuniones para negociar la Asociación Económica Integral Regional (RCEP, por sus siglas en inglés), que cuenta con el liderazgo de China. En las negociaciones intervienen también Australia, Corea del Sur, India, Japón, Nueva Zelanda y los 10 países de la ANSEA. De cristalizar, la RCEP se convertiría en el área de libre comercio más grande del mundo, pues incluiría alrededor de 40% de la población y el comercio globales (*India Times*, 2018). En suma, la acción internacional de Corea del Sur se enmarca —y lo hará de manera creciente— entre la lealtad tradicional con

Estados Unidos y la mayor cercanía con China. Si la RC maniobra con habilidad entre ambos titanes puede salir ampliamente beneficiada, pero sin duda este *balancing act* será de alto riesgo.

Más allá de su delicada ubicación en la pinza entre Washington y Beijing, la diplomacia de Corea del Sur se ha volcado, desde finales de los noventa, a fomentar el comercio internacional. Como ya comenté, uno de sus objetivos centrales en los últimos años es la suscripción de TLC no sólo con países y regiones adyacentes en Asia y con socios primordiales como Estados Unidos y la Unión Europea, sino también con naciones de áreas geográficas distantes, como América Latina. Tras su primer TLC con Chile en 2004, Corea del Sur se ha convertido en uno de los campeones mundiales de libre comercio, con niveles de internacionalización comparables a los de Australia, Japón, Singapur, Chile, México y Perú, líderes en este tipo de acuerdos. El cuadro 2 muestra, precisamente, la gran cantidad de TLC que, hacia finales de 2018, había suscrito Corea del Sur con países de prácticamente todas las áreas del orbe.

La RC se ha convertido en miembro pleno de la mayor parte de los organismos multilaterales, tanto de Naciones Unidas como fuera de su ámbito. Intervino de manera muy activa en las pláticas de seis bandas que buscaron —sin éxito— evitar la nuclearización de la Península Coreana en 2003-2009, y ha sido un entusiasta participante en las operaciones de mantenimiento de la paz (OMP) al amparo de Naciones Unidas. Su primer envío de efectivos ocurrió con una unidad de 200 ingenieros a Somalia en julio de 1993; al año siguiente despachó nuevas misiones al Sahara Occidental y Angola. Actualmente, como subraya Chun (2017), mantiene una unidad permanente con personal asignado a las OMP.

Por último, pero muy importante, Corea del Sur ha sido extremadamente exitosa en proyectar al mundo su poder suave. Hasta hace algunas décadas la cultura coreana era muy poco conocida en el orbe. Gracias al trabajo de instituciones gubernamentales como la Korea Foundation (KF) y The Academy of Korean Studies (AKS), estudiantes, académicos y profesionales del mundo se han involucrado en los estudios coreanos. En el ámbito de la cultura popular, el llamado *K-pop* ha proyectado con gran fuerza a Corea del Sur allende sus fronteras. Nombramientos como el de Ban Ki-moon como secretario general de las Naciones Unidas, entre 2007 y 2016, también han coadyuvado a esa tarea.

CONSIDERACIONES FINALES

A lo largo del presente capítulo se ha demostrado que, a pesar de su cercana relación con los Estados Unidos, Corea del Sur ha logrado desarrollar cierto nivel de autonomía en su política

CUADRO 2. *Corea del Sur: acuerdos de libre comercio vigentes, 2018*

Parte	Parte(s)	Entrada en vigor
Corea del Sur	Chile	1 de abril de 2004
Corea del Sur	Singapur	2 de marzo de 2006
Corea del Sur	Asociación Europea de Libre Cambio (EFTA)	1 de septiembre de 2006
Corea del Sur	Asociación de Naciones del Sureste Asiático (ANSEA)	1 de junio de 2007-1 de enero de 2010
Corea del Sur	India	1 de enero de 2010
Corea del Sur	Unión Europea	1 de julio de 2011
Corea del Sur	Perú	1 de agosto de 2011
Corea del Sur	Estados Unidos	15 de marzo de 2012
Corea del Sur	Turquía	1 de mayo de 2013
Corea del Sur	Australia	12 de diciembre de 2014
Corea del Sur	Canadá	1 de enero de 2015
Corea del Sur	China	20 de diciembre de 2015
Corea del Sur	Nueva Zelanda	20 de diciembre de 2015
Corea del Sur	Vietnam	20 de diciembre de 2015
Corea del Sur	Colombia	15 de julio de 2015

Fuente: Ministerio de Comercio, Industria y Energía de Corea del Sur.

internacional y se ha consolidado como una potencia regional de gran importancia en Asia-Pacífico. Eso se debe, principalmente, a su fortalecimiento económico, propiciado a su vez por el crecimiento acelerado de sus exportaciones e inversiones en el exterior. También obedece a que las élites han creado un consenso nacional en el sentido de que, independientemente de las diferencias inherentes a un sistema pluralista, la RC debe participar más en el exterior. Un tercer factor es la creciente fragmentación del poder en el globo, gracias a la cual Corea del Sur ha obtenido mayores márgenes de maniobra en su política exterior y en su acercamiento con la RPDC. Incluso, la República de Corea puede posicionarse como un intermediario entre sus dos principales aliados (China y Estados Unidos), mientras amplía sus relaciones económicas, diplomáticas y culturales con la mayoría del mundo.

Bibliografía

Banco Mundial (2017). Gross Domestic Product 2017. Washington DC: Banco Mundial. Recuperado el 5 de diciembre de 2018, en <https://databank.worldbank.org/data/download/GDP.pdf>.

Choi, J. (1993). Political cleavages in South Korea. En H. Koo (ed.), *State and Society in Contemporary Korea*. Ithaca: Cornell University Press.

Chun, I. (2017). Korean Defense Reform: History and Challenges. Recuperado el 3 de enero de 2019, en <https://www.brookings.edu/research/korean-defense-reform-history-and-challenges/>.

Clifford, M. (1998). *Troubled Tiger. Businessmen, Bureaucrats, and Generals in Korea*. Armonk, NY: M. E. Sharpe.

Donor Tracker (2018). South Korea Donor Profile. Recuperado el 26 de noviembre de 2018, en <donortracker.org>.

Easterly, W. (1995). Explaining Miracles: Growth Regressions Meet the Gang of Four. En Takatoshi Sato y Anne O. Krueger (eds.), *Growth Theories in the Light of Asian Experience*. Chicago: University of Chicago Press.

Gilpin, R. (1981). *War and Change in World Politics*. Cambridge, RU: Cambridge University Press.

Hahm, S., y L. Plein (1997). *After Development. The Transformation of the Korean Presidency and Bureaucracy*. Washington, DC: Georgetown University Press.

India Times (2018). India has trade deficit with 10 Regional Comprehensive Economic Partnership (RCEP) members. *India Times*, 27 de junio. Recuperado el 13 de agosto de 2018, en <https://economictimes.indiatimes.com/news/economy/foreign-trade/india-has-trade-deficit-with-10-regional-comprehensive-economic-partnership-rcep-members/articleshow/64620160.cms>.

Kang, T. W. (1989). *¿Será Corea el próximo Japón?* Bogotá: Norma.

KOCIS (1998a). *Facts about Korea*. Seúl: Korean Overseas Culture and Information Service (KOCIS).

——— (1998b). *A Handbook of Korea*. Seúl: Korean Overseas Culture and Information Service (KOCIS).

León-Manríquez, J. L. (2006). Autoritarismo y democracia en Corea del Sur: teoría y realidad. En R. Cornejo (coord.), *En los intersticios de la democracia y el autoritarismo. Algunos casos de Asia, África y América Latina*. Buenos Aires: Clacso.

——— (2009). Corea: las transiciones múltiples de una economía posdesarrollista. En J. J. Ramírez Bonilla (coord.), *Transiciones coreanas. Permanencia y cambio en Corea del Sur en el inicio del siglo XXI*. México: El Colegio de México.

——— (2018). Corea del Norte: la economía política de las reformas de mercado durante Kim Jong-un. En G. Masiero y J. Yun (2018), *América Latina y Corea del Sur. Intereses y desafíos comunes*. São Paulo: Universidade do São Paulo.

Lipset, S. (1959). Some Social Requisites of Democracy: Economic Development and Political Legitimacy. *American Political Science Review*, 53 (1): 69-105.

Marx, A., y J. Soares (2013). South Korea's Transition from Recipient to DAC Donor: Assessing Korea's Development

Cooperation Policy. *Revue Internationale de Politique de Développement*, 4 (2): 107-142.

Moon, C. (1999). Understanding the DJ Doctrine: The Sunshine Policy and the Korean Peninsula. En C. Moon y D. Steinberg (eds.), *Kim Dae-jung Government and Sunshine Policy. Promises and Challenges*. Seúl: Asian Studies Program, Georgetown University y Yonsei University Press.

Snyder, S. (2018). *South Korea at the Crossroads. Autonomy and Alliance in an Era of Rival Powers*. Nueva York: Columbia University Press.

Tankersley, J. (2018). Trump Signs Revised Korean Trade Deal. *The New York Times*, 24 de septiembre de 2018. Recuperado el 25 de septiembre de 2018, en <https://www.nytimes.com/2018/09/24/us/politics/south-korea-trump-trade-deal.html>.

USCB (2018). Trade in Goods with Korea, South. United States Census Bureau (USCB). Recuperado el 2 de diciembre de 2018, en <https://www.census.gov/foreign-trade/balance/c5800.html>.

Vasapollo, L., J. Petras y M. Casadio (2006). *Potencias en conflicto. La pugna por la hegemonía mundial*. Barcelona: El Viejo Topo.

Segunda Parte

LOS ACTORES Y EL NUEVO CONTEXTO EN LA PENÍNSULA COREANA

II. LA REPÚBLICA DE COREA Y LAS RELACIONES INTERCOREANAS EN LA ERA TRUMP

Juan Felipe López Aymes[1]

La cadena de acontecimientos inusuales en la Península Coreana ocurridos entre 2017 y 2018 obliga a cuestionar qué factores podrían haberlos ocasionado o si forman parte de un proceso de cambio en el orden regional. Es decir, ¿las acciones de individuos en el poder pueden determinar la estructura de seguridad en Asia o ésta es independiente de la voluntad política de los actores? A primera vista, el factor que pareciera determinante es la *sui generis* administración de Donald Trump (2017-2021), a quien Eduardo Roldán (2018) etiqueta como "el presidente de la discordia". Pero, ¿qué tanto Trump es el causante de lo acontecido durante esos dos años?[2] ¿Podría ser una coincidencia que alguien con un escaso conocimiento y experiencia sobre la región y su historia aparezca como el protagonista en un periodo que podría marcar un hito en las relaciones intercoreanas? Empero, como muchos de los acontecimientos y la retórica no son del todo novedosos, el fenómeno observado quizá se pueda explicar también como el fragmento de un proceso cíclico cuyo desenlace puede ser predecible, aunque no idéntico a episodios anteriores. Es posible, asimismo, que sean picos de un proceso lineal que continuará su trayectoria una vez que los actores reconozcan el orden imperante y se adapten a él.

[1] Centro Regional de Investigaciones Multidisciplinarias, Universidad Nacional Autónoma de México.

[2] Este tipo de preguntas se han discutido en foros como el Instituto Brookings, entre otros. Véase Brookings Institution (2018, 19 de octubre).

Los fenómenos políticos y sociales pueden verse desde la perspectiva que define las estructuras como órdenes estables que determinan las ideas e interacciones entre individuos por periodos de tiempo prolongados o desde la perspectiva que reconoce a los agentes como fuerzas capaces de transformar las estructuras a partir de sus intereses y poder relativo. En este capítulo se propone analizar los sucesos en la Península de Corea desde una perspectiva metodológica morfogenética, que reconoce la estructura y la agencia como elementos orgánicos mutuamente constitutivos, pero determinados por contextos dinámicos en diferentes niveles (Archer, 1995). La posición aquí es que el carácter estático y estable de la estructura puede ser alterado parcialmente por el cúmulo de accidentes, acciones e ideas de agentes que confluyen en un contexto particular.

Bajo el principio de *path dependency* se entiende la estructura de seguridad del noreste de Asia como una construcción político-militar asentada en una época cuyas condiciones han cambiado, y que, aunque conserva su esencia, admite intervenciones ocasionales de actores y grupos de interés. Así, a la luz de un proceso cuya historia es mucho más larga, el argumento aquí es doble: por un lado, a pesar del aparente protagonismo del presidente Donald Trump, su papel en esta parte de la historia es secundario porque su voluntad política para resolver el "problema coreano" está determinada por fuerzas de conservación del *statu quo*; por otro lado, aunque el papel del presidente surcoreano Moon Jae-in (2017-2022) ha sido significativo en la (re)definición del problema y, por lo tanto, en las políticas y acciones hacia el cambio en la estructura de seguridad y cooperación en el noreste de Asia, está igualmente limitado por fuerzas más grandes de lo que su voluntad individual y la capacidad económica y diplomática de Corea del Sur pueden controlar.

Este capítulo se compone de siete secciones. En la primera se presenta una breve descripción del sistema de seguridad y el contexto externo en el noreste de Asia; se busca sentar las bases de la trama política que derivó en una estructura de alianzas militares lideradas por Estados Unidos y su papel en el equilibrio de poder en la región. En la segunda se señalan algunos límites que impone la estructura en la agencia de líderes que han intentado transformar la situación y sus respectivas fuentes de tensión, generalmente sin éxito. La tercera sección aborda las condiciones históricas y políticas específicas de las relaciones intercoreanas y el papel de Estados Unidos, particularmente en cuanto a las opciones y mecanismos de interacción; se plantea que el sistema de seguridad limita las alternativas de diálogo y convivencia, lo cual tiene implicaciones en la motivación y el desarrollo del programa nuclear norcoreano. La cuarta consiste en un análisis de la política de Donald Trump hacia la Península Coreana y cómo el gobierno de Corea del Sur ha contribuido a delinearla o redefinirla. Le sigue una sección que recupera la política oficial surcoreana hacia Corea del Norte y sus diferencias respecto de administraciones progresistas anteriores. Los dos apartados últimos abordan el significado de los acontecimientos ocurridos en 2018 y las motivaciones económicas para el futuro de las relaciones intercoreanas y el establecimiento de un régimen de paz en el noreste asiático. En las conclusiones se reflexiona sobre la capacidad real de los agentes para transformar una estructura político-militar asentada por décadas, que ha definido la comprensión del problema y condiciona las opciones políticas.

Estructura de seguridad y contexto externo en el noreste de Asia

El periodo de confrontación entre las grandes potencias de la posguerra, conocido como Guerra Fría, tuvo varias manifestaciones regionales en Asia. Mientras que en Europa se desarrolló un esquema de cooperación militar multilateral (*i.e.* la Organización del Tratado del Atlántico Norte, OTAN) y en América Latina uno de intervención más bien indirecta, en el noreste asiático se formaron alianzas de carácter bilateral.[3] Japón, Corea del Sur y la República de China (Taiwán) formaron el escudo regional de contención al comunismo, aunque cada caso se distingue por un arreglo específico según las circunstancias de su origen. Por ejemplo, como parte de las medidas tomadas para desalentar un nuevo expansionismo militar de Japón, la Constitución política (impuesta por las fuerzas de ocupación) prohíbe a este país tener su propio ejército con capacidad de intervención externa, la cual es sustituida por presencia militar estadounidense. Por su parte, aunque Corea del Sur cuenta con sus propias fuerzas armadas, éstas no son autónomas y participan en un esquema de defensa conjunto bajo el comando de tropas estadounidenses estacionadas en varias bases dentro del territorio surcoreano, incluyendo Seúl. El caso de Taiwán es el que más se ha transformado, especialmente por el cambio de estatus en el sistema de naciones contemporáneo: pasó de ser una alianza de seguridad militar directa a una indirecta cuyo valor estratégico para la contención de China y la supervivencia de un gobierno independiente es fundamental.

El gran número de confrontaciones ideológicas y militares en Asia en la segunda mitad del siglo XX, la constante percepción de amenaza ante la expansión comunista y ahora el implacable ascenso económico (y militar) de China junto con la inextinguible sombra de Rusia, más las disputas territoriales por controversias históricas irresueltas en la costa del Pacífico asiático, han conformado y solidificado un régimen de seguridad regional que difícilmente permite la cooperación multilateral y la construcción de confianza. Además, debido a la experiencia histórica reciente y a las antiguas rivalidades regionales, como la expansión

[3] No fue sino hasta 1967 cuando en el sureste de Asia surgió un esquema multilateral de seguridad relativamente autónomo de fuerzas externas con la formación de la Asociación de Naciones del Sureste de Asia (ANSEA, o ASEAN, por sus siglas en inglés), el cual fue expandiendo su cobertura hasta la admisión de prácticamente todos los países de la subregión (Martínez Legorreta, 1998).

militar japonesa, el milenario dominio sinocéntrico del orden político, la expansión del imperio ruso, etc., la presencia político-militar-diplomática de Estados Unidos se ha convertido en un "mal necesario" como agente de equilibrio de fuerzas. Para algunos, Estados Unidos ha inhibido la restauración del ímpetu expansionista japonés y también ha protegido a la región del ascenso abusivo de China y la siniestra influencia rusa, de tal manera que la presencia de una potencia externa es aceptable, pues está en el interés de todos como factor de estabilidad.

Por supuesto, la participación estadounidense en la estructura de seguridad del noreste de Asia descrita arriba es asimismo motivo de crítica y desasosiego. Paradójicamente, su influencia e importancia son tales que, aun cuando se exige su retiro, en el fondo se reconoce y comprende su valor. Esto podría decirse incluso de Pyongyang, cuya retórica siempre condena tal presencia invasiva y se ha pronunciado por su exterminio, aun cuando la prolongación del régimen se debe precisamente a las bases militares de Estados Unidos en Corea del Sur. Esa presencia que tanto se critica dentro y fuera del país ha sido la *raison d'être* del centralismo militar norcoreano y del mismo programa nuclear y de misiles norcoreano que lo mantiene a flote, el cual resulta estratégicamente útil también para marcar distancia respecto a China y Rusia (Aragón, 2011). Desde esta perspectiva, la estructura de seguridad en el noreste de Asia es conveniente aun para Corea del Norte, por lo que llevar a cabo una transformación radical que implique modificar el *statu quo* y expulsar a Estados Unidos de la ecuación geopolítica no es una opción. Sin Estados Unidos posiblemente no se contaría con una fuerza estabilizadora que impida los conflictos intrarregionales, pero tampoco existiría Corea del Norte. Como no en todos los casos se puede hacer explícito que las alianzas militares estadounidenses en el este de Asia tienen también el propósito de contrarrestar el poder de China, Corea del Norte desempeña el papel de chivo expiatorio. Quizá algo así es lo que por diferentes medios los líderes Kim Jong-un y Moon Jae-in han tratado de explicar a Donald Trump.

Si esta lectura de la naturaleza del régimen de seguridad en el noreste asiático es correcta, entonces resulta comprensible que cambiarla no depende de personas como Donald Trump o Moon Jae-in, quienes a fin de cuentas no continuarán en sus cargos más allá de los periodos estipulados en sus respectivas democracias. Sistemas políticos cuyos liderazgos pueden prolongarse por periodos más largos y hasta vitalicios, como el chino, el ruso y el norcoreano, son propicios para utilizar el régimen de manera estratégica en función de sus respectivos intereses nacionales.

Lo anterior no quiere decir que sea imposible transformar el régimen de seguridad, hacer enmiendas, ajustes o remodelaciones; las innovaciones y avances tecnológicos en la industria militar también pueden dar ocasión a cambios institucionales, incluyendo la necesidad de mantener personal de vigilancia, inteligencia y combate en puestos de alto riesgo, o bien los retos de nuevas amenazas, como guerras cibernéticas y el combate contra grupos terroristas clandestinos y guerrillas. Varios de esos retos o amenazas comunes a todas las partes (principalmente a los Estados) pueden ser enfrentados mediante diferentes formas o estructuras de seguridad que privilegien la cooperación. El tránsito puede ser hacia una convención que establezca una estructura multilateral aceptable que mantenga a todos autocontenidos, bien comunicados y que posibilite el consenso. Una figura semejante a las conversaciones a seis bandas establecida en 2003 podría ser un punto de partida en el diseño institucional, pero su realización seguramente podría tomar mucho tiempo. Por ahora, entonces, es suficiente con dar por sentado que la estructura actual de seguridad en el noreste de Asia propicia la estabilidad, pero también impone límites de acción a las voluntades y políticas de los individuos en posición de poder durante el periodo que interesa a este capítulo.

Con estas notas en mente, prosigamos con el análisis de las acciones de personajes relevantes en la historia reciente, especialmente Donald Trump y el contexto en el que su presidencia tiene que *resolver* "el problema coreano".

LÍMITES DEL PAPEL DE LOS LÍDERES EN LA SEGURIDAD DEL NORESTE DE ASIA

El protagonismo de líderes como Donald Trump, Moon Jae-in y Kim Jong-un ha sido motivo de análisis extensos y se adjudica una gran responsabilidad a sus personas, sea cual sea el resultado de sus acciones. Lo que un examen más detenido sugiere es que cada uno debe operar con una amplia y compleja batería de limitantes, no sólo de carácter estructural sino también individual; es decir, desde restricciones institucionales en el ámbito local (*e. g.* sistema político y legal) e internacional (*e. g.* alianzas y resoluciones de organismos multilaterales), hasta de personalidad y de percepción a partir de sus marcos mentales y sesgos teóricos e ideológicos. Puede ser que las creencias personales (cooperación vs. conflicto) con que los presidentes perciben, entienden y definen la problemática en la Península Coreana afecten el curso del proceso de paz y estabilidad en la región. Esos marcos de entendimiento sirven también para formular sus cálculos estratégicos, diseñar políticas y acciones correspondientes (diálogo y cooperación vs. sanciones e intervención militar) (Kim, J. D., 2017). La capacidad de conducción y liderazgo presidencial está relacionada con la consistencia entre la definición del problema y las políticas para solucionarlo, pero también con los mecanismos institucionales en la formulación de políticas, en este caso la relacionada con Corea del Norte, y el poder de ciertos sectores de interés (por ejemplo, grupos conservadores y liberales, defensores de derechos humanos y civiles, militares, etc.). Ciertamente son demasiados factores y actores que deben tomarse en cuenta como para reducir las motivaciones y capacidades de los líderes a una cuestión de voluntad política (*cf.* Granados, 2018: 10, 24).

Si fuera cuestión de voluntad política de las partes, entonces resultaría difícil comprender por qué el conflicto en la Península Coreana ha sido tan largo y ha costado tanto en el ámbito social, político y militar. Desde hace décadas, los líderes de Corea del Norte han negociado acuerdos y declarado compromisos de desnuclearización para después, sin razón válida aparente para sus contrapartes, levantarse de la mesa de negociaciones, retirarse de los protocolos y convenciones internacionales y reanudar sus programas de armamento de destrucción masiva argumentando su necesidad defensiva. Asimismo, gobernantes de Corea del Sur han hecho acercamientos previos, han firmado declaraciones conjuntas que aseguran la mutua convicción en el sentido de la reconciliación y el inicio de una era de paz estable y duradera, pero no modifican su conducta ni sus leyes, no reducen su capacidad militar y tampoco revisan su alianza con Estados Unidos. Por su parte, Estados Unidos promete ayuda que después retira debido a bloqueos de sus propios grupos conservadores en el Congreso y en la Casa Blanca; luego declara que no tiene intención de atacar a Corea del Norte, pero mantiene con su aliado ensayos militares regulares y cada vez más intimidantes. Si Corea del Norte lleva a cabo algún acto de hostilidad militar o un ensayo notorio en sus programas de defensa, la reacción típica del sistema de alianzas estadounidense es castigar al régimen con bloqueos, sanciones y amedrentarlo con una mayor demostración de fuerza.

Todo lo anterior ha ocurrido innumerables veces; pareciera que la Península Coreana vive en un bucle de tiempo del cual no puede salir. ¿Por qué ahora podría ser diferente? ¿Existe alguna certeza de que las declaraciones emanadas de las cumbres entre líderes transformarán cada punto en hechos tangibles e irreversibles? Con la experiencia acumulada hasta ahora, la respuesta sería negativa. Sin embargo, en el pasado las cumbres, como eventos al margen del régimen de seguridad formal, habían ocurrido de manera muy esporádica, con años de separación una de otra. En cambio, en 2018 se llevaron a cabo tres reuniones entre los máximos líderes de Corea del Norte y del Sur, varios encuentros entre Moon Jae-in y Donald Trump, además de la muy llamativa entrevista entre Trump y el *chairman* Kim, más las que puedan celebrarse en los meses y años por venir. ¿Por qué entonces sucedió esto ahora? Como veremos más adelante, no se puede decir con certeza si tiene que ver con la agencia de Trump, de Moon o de Kim, o con la confluencia de procesos en diferentes niveles que coincidieron en un periodo en particular. Lo que por ahora corresponde preguntarse es si esto podría hacer alguna diferencia en las condiciones para un cambio de régimen de seguridad regional.

Si bien arriba se presentó una lectura de la naturaleza y función estabilizadora de Estados Unidos en el régimen de seguridad del noreste de Asia, puede decirse que en su forma actual su presencia propicia un alto grado de desconfianza, particularmente porque los obstáculos legales y políticos limitan el contacto constante y, por lo tanto, el desarrollo de relaciones entre las partes en conflicto. Esto tiene que ver con la definición del problema coreano como un asunto de seguridad, pues reduce las opciones políticas al establecimiento de fórmulas de contención, en lugar de resolver dificultades estructurales de más largo plazo, como la posibilidad de construir una relación en la que se pueda desarrollar confianza. La contención implica desconfianza intrínseca y se manifiesta en sanciones, bloqueos, condicionalidad, vigilancia y sistemas de "defensa" como el THAAD,[4] todo lo cual restringe los intercambios y el desempeño de la diplomacia.

Actualmente, el sistema posibilita un número limitado de oportunidades de interacción, a veces sólo uno, lo cual resulta en un círculo vicioso en el que una falla de comunicación, una sospecha o un acto aislado terminan el juego sin ganador aparente. Si el régimen de seguridad tuviera un patrón de jugadas múltiples con oportunidades regulares de diálogo y, por lo tanto, fuera posible el flujo de información y la transparencia, se crearían

[4] Siglas en inglés de Terminal High Altitude Area Defense, o Terminal de Defensa Aérea de Gran Altitud, el cual causó una severa controversia con China y en la región. El gobierno surcoreano aseguró públicamente a China que el THAAD no tenía como objetivo a ningún tercer país ni ponía en riesgo sus intereses de seguridad. Para algunos observadores, la presión de China respecto de la instalación del THAAD en Corea del Sur logró que Seúl tomara cierta distancia con la línea dura estadounidense; véase Nagai y Suzuki (2017, 1 de noviembre), y Kim (2017, 1 de noviembre).

condiciones para el cultivo de relaciones y la construcción de confianza. En este punto, la voluntad individual de los líderes puede ser relevante, pero no necesariamente para ordenar el cambio institucional o la extracción de compromisos de una u otra parte (lo cual es evidentemente difícil y no siempre los líderes tienen la capacidad de cumplirlos, ni siquiera Kim Jong-un), sino para generar un patrón de continuidad que después sea políticamente costoso e inconveniente interrumpir, hasta constituirse en una práctica que derive en un cambio formal.

Sin embargo, la apertura de vías de comunicación e interacción frecuente depende mucho de otros factores que escapan al control de líderes con buenas intenciones o con interés de dejar un legado imborrable. Por ejemplo, Donald Trump heredó una situación adversa producida por la negligencia de líderes y grupos de interés en Estados Unidos y Corea del Sur, quienes permitieron que el programa nuclear y de misiles norcoreano llegara a su término. En lugar de abrir el diálogo, con cada demostración de avance en tales programas se detonaba la discusión de cómo castigar más a Corea del Norte, hasta acumular más de una docena de resoluciones punitivas por parte del Consejo de Seguridad de Naciones Unidas (CSNU), a las cuales deben agregarse las sanciones unilaterales de Estados Unidos y Corea del Sur.

Donald Trump también heredó y aceptó la tesis del "colapsismo" (Choi, 2015), que asumía la inevitable debacle del régimen norcoreano debido a su completo fracaso como Estado y su incapacidad para proveer las condiciones más elementales de subsistencia a su población (Lankov, 2015; O, 2016). De acuerdo con esa premisa, la cooperación sólo retrasaría lo inevitable y causaría más sufrimiento, así que se optó por adoptar una posición negligente por parte de los gobiernos estadounidenses anteriores a Trump (Obama lo llamó eufemísticamente "paciencia estratégica" [Choi, 2015]), y sólo apostar a las sanciones y los ejercicios militares conjuntos para presionar al régimen y forzar su liquidación. Probablemente Trump consideró al principio que sería su gobierno el que pudiera colgarse la medalla, por lo que lanzó la polémica campaña de "presión máxima" (*maximum pressure*). Una controversia interesante es precisamente que dicha campaña también generó altas expectativas de desnuclearización (o colapso), las cuales no se cumplieron y no parece que lo harán pronto.

Aunque es cierto que el endurecimiento de las sanciones golpea duramente al régimen, la resiliencia demostrada hace imposible asegurar que esta estrategia será la que finalmente lo haga "recapacitar" y lo fuerce a llevar a cabo reformas, abrirse al diálogo incondicionalmente y detener su programa nuclear. Si bien hubo varias ofertas de diálogo durante distintos gobiernos conservadores en Washington y Seúl, Pyongyang no confiaba en tales gestos y con frecuencia fueron desechados, no sin antes obtener algunas concesiones y ganar tiempo para continuar con su programa de armas de destrucción masiva. Después de tres décadas de estrangulamiento económico, Corea del Norte encontró la fórmula para postergar indefinidamente su caída y sobrellevar la penuria endémica mediante corrupción, fronteras porosas y un activo mercado negro (Kim, B., 2017; Lankov, 2015; Noland, 2013), pero sobre todo por el miedo sembrado en la población hacia la amenaza externa (Yea, 2017), aunque también pavor hacia el propio gobierno. Es más, a pesar de las sanciones y bloqueos, Kim Jong-un dijo haber concluido con éxito su programa nuclear y de misiles, por lo que gracias al (autoproclamado) estatus de Corea del Norte como potencia nuclear, ahora sí estaba en condiciones de negociar con Estados Unidos; tras varios meses de esperar su respuesta a varias invitaciones para participar en los Juegos Olímpicos de Invierno a celebrarse en PyeongChang en febrero de 2018, Kim finalmente aceptó,[5] pero sólo después de anunciar que ya tenía la bomba y que no dudaría en usarla.

[5] Aun después del lanzamiento de más de media docena de misiles desde que asumió la presidencia, Moon reprobó las acciones, pero, en vez de cerrar la puerta al diálogo, el 24 de junio invitó al gobierno norcoreano a participar en las Olimpiadas (Cheonwadae, 2017, 24 de junio).

Donald Trump y Kim Jong-un llaman tanto la atención internacional que suele pasarse por alto otro factor que a la vista de algunos es clave e incluso más que la intempestiva presidencia estadounidense: la política de acercamiento de Moon Jae-in. Esto es, mientras en 2017 Trump redoblaba la vigilancia para el cumplimiento de las resoluciones del CSNU y las sanciones impuestas por Washington y reafirmaba su postura con discursos enardecidos, el nuevo gobierno de Corea del Sur, inaugurado en la primavera de ese año, asumió un compromiso con la diplomacia anteponiendo el diálogo y la conciliación a la confrontación armada. Por supuesto que esta inconsistencia en la coalición coreano-estadounidense generó polémica y críticas por parte de los grupos conservadores en ambos lados durante 2017 y 2018.

Tomando en cuenta los factores políticos, institucionales y personales mencionados anteriormente, queda entonces abierta la pregunta de si fue la campaña de máxima presión de Trump, el estatus de potencia nuclear del Estado que lidera Kim o la intervención de Moon lo que rompió la inercia hostil observada durante 2017 y abrió el camino a la distensión en un momento crítico de las relaciones regionales en el noreste de Asia. La respuesta a esta cuestión no está libre de sesgos teóricos, políticos y hasta emocionales, por lo que a continuación se plantearán algunas condicionantes históricas y políticas que podrían contribuir a formular una respuesta tentativa y neutral.

Relaciones intercoreanas: entre Estados Unidos y las dos Coreas

En este apartado no podemos revisar con detalle el proceso de liberación de la Península Coreana en 1945, su división y la guerra civil entre 1950 y 1953 (López Aymes *et al.*, 2009). Por ahora basta señalar que este gran trauma histórico sigue vigente y que muchos asuntos no resueltos determinan el sistema de seguridad actual, principalmente el hecho de que todavía hay dos Coreas y que hasta la entrega del presente capítulo técnicamente siguen en guerra. Un aspecto clave en esta condición es el armisticio firmado en 1953 y que detuvo la Guerra de Corea. Dicho armisticio fue suscrito por representantes de la ONU, Corea del Norte, China y Estados Unidos, pero no por los de Corea del Sur, entonces gobernada por Syngman Rhee (1948-1960), y el gobierno surcoreano sigue sin firmarlo. Ello en parte marca algunas de las limitaciones en la formalización de un tratado de paz, pues involucra necesariamente la participación de potencias que compiten por influencia en la región. Adicionalmente, un tratado de paz o de cualquier otra índole debe pasar por el Congreso estadounidense y dependerá del juego político interno para obtener el apoyo necesario para su aprobación; todo el proceso puede descarrilarse en ese último paso, como ocurrió con el Acuerdo Marco de 1994.

El proceso de paz en la Península Coreana tiene entonces varios obstáculos de carácter geopolítico que han dado lugar a una estructura de seguridad que, como se describió arriba, provee de estabilidad, pero impide el diálogo. Dicha estructura de alianzas militares y políticas bilaterales —fundada desde la posguerra— se acompaña de una colección de sanciones de organismos multilaterales acumuladas por años y casi en su totalidad dirigidas a castigar a Corea del Norte por su comportamiento hostil y peligroso para la paz.

El defecto de las sanciones es que no sólo carecen de efectividad para resolver los problemas de fondo, como la percepción de amenaza y la disponibilidad de recursos materiales y técnicos para uso civil y pacífico, sino que confirman los temores del régimen norcoreano y precisan el desvío de bienes escasos al desarrollo de mecanismos de defensa. Las sanciones, además, reducen la eficacia de los proyectos de cooperación económica y técnica, pues tienen que evitar transgredir las sanciones impuestas por el CSNU, haciendo todas las transacciones más complicadas —como en el caso del complejo industrial de Kaesong (Lim, 2007)—, lo cual se presta a fallas e inconsistencias (voluntarias o no) en la cumplimentación de reportes (O'Carroll, 2019, 23 de enero), pero también multiplica las oportunidades de corrupción (Kim, B., 2017; Lankov, 2015).

La alianza militar entre Corea del Sur y Estados Unidos es también un factor que coarta la cooperación en las relaciones intercoreanas hacia la reducción de tensiones y el diálogo. Esto es, los acuerdos para disminuir la amenaza entre el Norte y el Sur —que buscan eventualmente eliminar el potencial de un conflicto armado— pueden poner en entredicho la vigencia de la alianza y la necesidad de ejercicios conjuntos, lo que incluye la presencia de tropas estadounidenses y sus instrumentos de contraataque, como el THAAD. En parte por eso las políticas de acercamiento y apertura al diálogo con Corea del Norte suelen generar grietas entre Seúl y Washington.

Otro factor institucional de carácter interno que ha representado un obstáculo en la mejora de las relaciones intercoreanas es la Ley de Seguridad Nacional (LSN) de Corea del Sur. Se trata de una ley esencialmente anticomunista promulgada en 1948 y que se convirtió en un instrumento legal para justificar la violencia y movilizar la ideología anticomunista (Lim, 2006). Fue utilizada de manera abusiva por los gobiernos autoritarios desde su promulgación hasta casi finales de los años ochenta para apuntalar su poder y literalmente eliminar a la oposición. La LSN no sólo condenaba asociaciones que insinuaran motivaciones críticas al régimen, sino incluso sancionaba el pensamiento que se sospechara prodemocrático, pues se interpretaba como comunista y, por lo tanto, como un delito grave.[6] La observancia de la LSN llevó a la violenta opresión social, a miles de juicios aberrantes y cientos de ejecuciones arbitrarias, así como a un impedimento legal para hablar y discutir públicamente sobre Corea del Norte,

[6] La Constitución coreana vigente garantiza los derechos humanos de sus ciudadanos, incluyendo el derecho a la libertad de expresión y pensamiento y a la libre asociación, por lo que revisiones más recientes a la Ley de Seguridad Nacional han encontrado una inconsistencia constitucional y, por lo tanto, su invalidación como instrumento de control ideológico.

no se diga hacer contacto aunque fuera por motivos humanitarios. La ley ha sido objeto de resistencia social, por lo que se ha modificado en las diferentes administraciones y, aunque está prácticamente en desuso, no ha sido abolida.[7] Incluso el presidente Moon Jae-in manifestó en campaña electoral su inclinación por discutir su vigencia, especialmente en el contexto de su política de acercamiento hacia Corea del Norte. La incapacidad de eliminarla hace clara las profundas divisiones entre liberales y conservadores en la política surcoreana. Por lo tanto, la LSN sigue siendo un instrumento legal potencialmente dañino en las relaciones intercoreanas.

Sin duda, un aspecto central de las relaciones intercoreanas y de las dos Coreas con Estados Unidos, es el desarrollo de armas de destrucción masiva. Para la mayoría de los observadores de los asuntos de seguridad en el noreste de Asia, particularmente de la Península Coreana, es claro que el programa nuclear norcoreano obedece a una estrategia racional (Kim, 2005; Evans, 2017, 20 de marzo). Por ello, la comprensión de su naturaleza y objetivos es importante para resolver el "problema coreano".

Después de la muerte del *Querido Líder* Kim Jong-il, en 2011, su hijo y sucesor, Kim Jong-un, hizo del programa nuclear y de misiles su objetivo prioritario, para lo cual movilizó los recursos humanos y financieros disponibles y buscó hacerlo de la manera más autónoma posible. Para acelerar ambos programas y ampliar las posibilidades de éxito, Kim Jong-un se esmeró en nutrir la base científica autóctona y estimular la lealtad de los científicos que llevaban a cabo esas tareas con privilegios, incentivos materiales, sin competencia de otros institutos para la atracción de talento y sin amenaza de exterminarlos si hubiera fallas involuntarias derivadas de los experimentos (Braut-Hegghammer, 2017, 31 de octubre). Esto, aunado a la imposibilidad de comunicarse

[7] El intento más reciente de abolición de la ley ocurrió en 2004 por el Partido Uri, pero la iniciativa fue frenada por el Gran Partido Nacional de corte conservador y por entonces de oposición.

con el exterior o salir libremente del país, propició el empleo efectivo de esos recursos humanos.

El desarrollo del programa nuclear y el de misiles requiere de alta secrecía, aunque las pruebas deben recibir amplia difusión mediática para generar un impacto diplomático. Para el caso de Corea del Norte, independientemente de la efectividad y avance técnico, el programa nuclear y el de misiles han tenido éxito en el aspecto propagandístico, tanto dentro como fuera del país, con lo cual cumplen con sus efectos disuasorios y contribuyen a la legitimidad interna del régimen.

Es claro que el programa nuclear norcoreano no es una ocurrencia reciente, sino que se inició tan temprano como la fundación del régimen, en la segunda mitad de los años cuarenta, y más formalmente en los años cincuenta (Aragón, 2011; Mansourov, 1995). La ex Unión Soviética y China apoyaron la creación de un programa nuclear con objetivos civiles, principalmente para la generación de energía, brindando asistencia tecnológica y militar y promoviendo intercambios académicos y científicos para la formación de capacidades. Mientras la dinámica de la Guerra Fría dominaba la geopolítica regional, Corea del Norte pudo contar con la protección de China y la ex URSS, aunque ni Beijing ni Moscú querían que Pyongyang desarrollara otro tipo de capacidades, por lo que siguieron muy de cerca los progresos realizados por su "protegido". En ese contexto, el desarrollo de armas nucleares autóctonas no resultaba tan apremiante, aunque en el fondo la ambición del *Gran Líder*, Kim Il-sung, de desplegar la capacidad bélica nuclear con fines disuasorios y como carta de negociación nunca desapareció (Kim, 2005; Mansourov, 1995).

Con la normalización de las relaciones de Estados Unidos con China en los años setenta, la apertura económica de este último país desde los años ochenta y el final de la Guerra Fría a principios de la década de los noventa, la seguridad de Corea del Norte era palpablemente más frágil. Las intervenciones en el golfo Pérsico y las subsecuentes caídas de regímenes dictatoriales en otros lados imprimieron un sentido de urgencia para desarrollar mecanismos de defensa a fin de contrarrestar la vulnerabilidad de la autocracia norcoreana. Esa situación aceleró los programas nuclear y de misiles que habían sido desarrollados de manera intermitente durante décadas.

El programa nuclear se ha vuelto el principal ítem de la agenda de seguridad y las relaciones intercoreanas, aunque no tanto por la posibilidad de su empleo contra Corea del Sur, Japón o Estados Unidos. Si Corea del Norte hiciera válida su amenaza de convertir a Seúl, Tokio y Washington en "mares de fuego", implicaría un alto costo material; pero la inmediata respuesta estadounidense sería letal para el régimen. Beijing no podría hacer efectivo el Tratado de Amistad, Cooperación y Asistencia Mutua de 1961, si Pyongyang iniciara el ataque, lo que sin duda terminaría con la era de la familia Kim y, posiblemente, llevaría a la unificación, pero bajo la conducción de Seúl con el respaldo estadounidense. Desde luego, ése no es el escenario que pretende el régimen norcoreano, sino todo lo contrario, esto es: maximizar la seguridad nacional con un costo relativamente bajo y asegurar la legitimidad interna de su gobierno (Woo, 2015). Para las potencias nucleares tradicionales, el riesgo del programa nuclear radica más bien en la creación de un antecedente que dé luz verde a otros países que se sientan amenazados por cualquier razón y fomente su proliferación sobre todo entre regímenes antioccidentales más radicales, así como la venta ilegal de tecnología y parte de su arsenal a grupos terroristas. Cabría hacer notar que, aun cuando hay una gran dosis de hipocresía en el actual sistema de no proliferación de armas nucleares y otras armas de destrucción masiva, éste ha sido más o menos estable y ha propiciado cierto equilibrio.

Un punto interesante es que tanto el programa nuclear como el de misiles han progresado con independencia del gobierno surcoreano en turno, sea de línea conservadora o liberal. Resulta casi obvio que, además de los requisitos técnicos, el mayor número de pruebas de misiles y detonaciones subterráneas ha sido realizado en momentos políticamente sensibles durante los gobiernos conservadores de Lee Myung-bak (2008-2012) y Park Geun-hye (2012-2016),[8] con quienes hubo tensiones de principio a fin. Pero, como se recordará, la primera de seis pruebas nucleares ocurrió durante el gobierno progresista de Roh Moo-hyun (2003-2008), un año después de su reunión cumbre con Kim Jong-il y en franco quebrantamiento del tercer y cuarto principios consignados en la Declaración de Paz y Prosperidad (Roo y Kim, 2007, 4 de octubre), lo cual propinó un duro golpe a la política de acercamiento. El mismo Moon Jae-in fue testigo impotente de la última prueba nuclear realizada hasta ahora (septiembre de 2017) y de 13 lanzamientos de misiles de corto, mediano y largo alcance en sus primeros siete meses de gobierno; incluso durante el gobierno de Kim Dae-jung (1998-2003), impulsor de la Política del Sol Brillante (*Sunshine Policy*) y protagonista de la primera cumbre intercoreana en el año 2000, Corea del Norte efectuó el lanzamiento de su primer misil Unha-1, también conocido como Taepodong-1 (Nuclear Threat Initiative, 2018, 8 de mayo). Cabe recordar que los gobiernos progresistas de 1998 a 2008 se distinguieron por su condescendencia hacia Corea del Norte. Lo anterior indica que el partido, corriente o grupo político que gobierne Corea del Sur es irrelevante para el programa nuclear y de misiles norcoreano, lo cual corrobora la relativa marginalidad de la agencia individual y buenas intenciones de los líderes políticos de su vecino y que más bien obedece a otra lógica cuya racionalidad estaría fincada en la estructura de seguridad planteada arriba. En otras palabras, si fuera políticamente conveniente para sus fines de supervivencia, Corea del Norte podría llevar a cabo alguna prueba semejante aun durante el gobierno de Moon o de Trump.

[8] Una detonación nuclear (mayo de 2009) y tres lanzamientos de misiles durante el gobierno de Lee Myung-bak, más tres detonaciones (febrero de 2013, enero y septiembre de 2016) y 21 misiles en el de Park Geun-hye. Siete misiles más fueron lanzados en el interinato del primer ministro Hwang Kyo-ahn después de la destitución de la presidenta Park.

TRUMP Y LA POSTURA DE COREA DEL SUR EN LAS RELACIONES INTERCOREANAS

Al principio de su gobierno, el presidente Donald Trump mostró que su prioridad en aspectos de seguridad era Medio Oriente, notablemente la revisión del acuerdo nuclear con Irán negociado durante la administración de Barack Obama. Muchos observadores advirtieron que Trump inició su administración sin un plan consistente y viable para Asia, consecuencia quizá de sus problemas de liderazgo —causados por su estilo personal, lo cual se refleja en notorias divisiones internas en su gobierno—, del sesgo empresarial y de su pobre preparación diplomática —que se nota cuando trata a sus aliados como si fueran grandes corporaciones que deben invertir si quieren sobrevivir—. Una muestra de su aparente desinterés es la muy inusual falta de nombramiento de un embajador estadounidense en Seúl por más de un año,[9] especialmente cuando más se necesitaba, esto es, durante los episodios de gran tensión diplomática y militar de 2017. Aunado a eso, algunos asesores clave en los asuntos de la Península Coreana

[9] El embajador Harry Harris, previamente comandante del Comando del Pacífico de Estados Unidos, fue nominado por Trump el 23 de mayo de 2018 y confirmado por el Senado el 28 de junio (véase US Embassy in South Korea, 2018, 28 de junio). Antes de esta nominación, Victor Cha había sido seleccionado para ocupar el cargo, pero, después de haber pasado todos los filtros y aprobado los requisitos oficiales, su nombramiento fue cancelado en el último momento debido a su negativa a emplear la táctica de "nariz rota" (*bloody nose*) propuesta por Donald Trump. Como parte de la campaña de presión máxima, dicha táctica consistiría en un ataque militar preventivo lo suficientemente dañino para demostrar la capacidad estadounidense y hacer que Corea del Norte reconsiderara sus ambiciones nucleares, pero a una escala moderada para evitar represalias. Victor Cha expresó su preocupación sobre semejante propuesta, advirtiendo el potencial de escalamiento y el peligro de una respuesta mayor que se saliera de control y pusiera innecesariamente en peligro a militares y civiles estadounidenses en Corea del Sur (véase Cha, 2018, 30 de enero). La preocupación de Cha era compartida por otros altos funcionarios de la Casa Blanca y del Departamento de Estado, por lo que este acontecimiento reflejó desde entonces las divisiones al interior del gobierno de Trump.

renunciaron o se jubilaron, por lo que una fuente de información y orientación quedó vacía (Fifield, 2018, 27 de febrero). Adicionalmente, incluyó a su fiel aliado Corea del Sur en sus llamados a compartir los costos de defensa, dando la impresión de que el problema coreano lo tenía sin cuidado o que estaba más interesado en ahorrarse dinero.[10]

Una vez inaugurado el gobierno de Donald Trump, Corea del Norte llevó a cabo sus lanzamientos de misiles y pruebas nucleares que ocasionaron las reacciones acostumbradas: más condenas y sanciones internacionales. Las respuestas de Trump a las amenazas y provocaciones norcoreanas consistieron en réplicas estruendosas y coloridas, aunque superficiales, muchas de ellas tuits, insultos personales y expresiones célebres, como repeler las agresiones norcoreanas con "fuego y furia", todo lo cual francamente no ayudaba a reducir la tensión. Podría decirse incluso que tales acciones le daban más motivos a Corea del Norte de sentirse amenazada y acelerar su programa de defensa nuclear.

La capacidad de improvisación de Trump (Campbell, 2016, 17 de noviembre) y su aparente fastidio llegaron al grado de solicitar a Beijing que hiciera más por controlar a Pyongyang e intervenir para que cesara las provocaciones y desistiera de su programa nuclear, como si Corea del Norte fuera un satélite de China.[11] Obviamente China negó tener influencia alguna sobre la política interna y exterior de su protegido —lo cual es parcialmente cierto (Tzili-Apango, 2018; Zhang, 2018)— y le hizo ver que también su gobierno sentía cierta frustración. La respuesta común de Beijing es asumir una posición más moderada que apela a la calma y la "sensatez", llamar a evitar el uso de la fuerza y no presionar más de lo necesario. China es asertiva en su

[10] El debate continúa mientras se escribe este capítulo. Véase Chun (2019, 25 de enero).

[11] Esta posición puede leerse también como un intento de utilizar el caso de Corea del Norte como una carta de presión para China que puede tener implicaciones en la política de seguridad de la región, pero también en las relaciones comerciales entre China y Estados Unidos (Tzili-Apango, 2018).

rechazo al programa nuclear norcoreano, pero no deja de señalar que también deben tomarse en cuenta las razones que lo motivan. De hecho, en abril de 2017, China hizo una propuesta que se oponía al desarrollo del programa nuclear norcoreano, pero llamando al diálogo y la negociación con la fórmula "suspensión por suspensión".[12]

Trump tardó en reconocer que Corea del Norte no es satélite de China y que la presencia estadounidense en la Península Coreana no sólo tiene el objetivo de contener a Pyongyang, sino que históricamente ha significado un fiel de la balanza en el equilibrio de poder en el este de Asia.

Con la aparente falta de compromiso del Ejecutivo estadounidense y la postura china de no responder por su aliado, se generó un vacío de influencia temporal. Además, los primeros dos años del gobierno de Donald Trump fueron sumamente inestables en cuanto a posiciones clave en el Departamento de Estado, por lo que al quedar vacantes varios puestos, por retiro o renuncia, se multiplicó el número de voces externas y se dependió más de enviados diplomáticos surcoreanos. El gobierno surcoreano aprovechó este espacio para posicionarse como un actor relevante, pues no sería desplazado tan fácilmente para convertirse en mero observador, como casi siempre sucede; de esta manera, la administración del presidente Moon Jae-in ha optado por un compromiso diplomático y durante el bienio aquí considerado alcanzó cierta legitimidad como un interlocutor válido para Corea del Norte, un facilitador del diálogo y un mediador o intermediario entre Pyongyang y Washington (Kim, 2018, 23 de abril; Shin, 2018, 10 de junio).

[12] La fórmula "suspensión por suspensión" se refiere a proceder a la desnuclearización mediante un mecanismo de doble vía en el que Corea del Norte se comprometa a hacer alguna concesión en cuanto al programa nuclear y Estados Unidos reduzca parte de los ejercicios militares que regularmente lleva a cabo en la zona. En teoría, de esta manera se podría disminuir la tensión gradual y recíprocamente hasta construir un ambiente de confianza y paz en la región (véase Wang, 2017, 28 de abril).

Podemos en este caso dar cierto crédito a la acción como un factor que mantiene vivo el proceso de paz. Moon Jae-in ha sido juicioso al advertir los errores que llevaron a la *Sunshine Policy* al fracaso y también hábil al percibir la oportunidad que brinda un gobierno estadounidense distraído y necesitado de reconocimiento. Uno de los errores de sus antecesores liberales fue ofrecer concesiones antes de la celebración de las cumbres y permitir que éstas se llevaran a cabo en territorio norcoreano, en donde tenían poco control sobre muchos asuntos, incluyendo la cobertura mediática. Moon mantuvo la ayuda económica al mínimo y mediante organismos internacionales (como WFP y el Fondo de las Naciones Unidas para la Infancia, UNICEF), y las primeras dos cumbres intercoreanas, sostenidas en abril y mayo de 2018, tuvieron lugar en Panmunjom, una localidad neutral. Además, se trabajó arduamente para que el prospecto de acercamiento tuviera amplio apoyo nacional e internacional. El desprestigio de la oposición conservadora —tras los escándalos que llevaron a la destitución de la presidenta Park Geun-hye— fue favorable al mandatario para avanzar sin demasiados obstáculos en la promoción de su política de acercamiento,[13] lo que sumó a la alta popularidad de su primer año, especialmente impulsada por su desempeño diplomático y el manejo de las relaciones intercoreanas, así que contaba con amplio capital político (Support for South Korea's Moon Jae In hits record high after historic summit: Poll, 2017, 31 de octubre).

Moon Jae-in también dio muestras de una fortaleza que favoreció su posición e imagen ante los grupos conservadores de Corea y de Estados Unidos, quienes inicialmente desconfiaban de su capacidad para contener agresiones y provocaciones. Moon fue puesto a prueba por el régimen norcoreano con el lanzamiento de un misil a cuatro días de su toma de posesión como presidente,

[13] El desprestigio del grupo conservador no sólo afectó la validez de su política económica y las relaciones gobierno-empresas, sino también la política hacia Corea del Norte por causar más tensiones que respuestas al desarrollo del programa nuclear.

el 10 de mayo de 2017. Pocos días después dijo que "no toleraría las provocaciones y amagos de Corea del Norte, añadiendo que respondería rotundamente a ellos junto con la comunidad internacional", y solicitó al ejército que estuviera preparado para disuadir una guerra junto con las fuerzas de Estados Unidos, ante las amenazas nucleares y de misiles del régimen comunista (Moon dice que no tolerará las provocaciones y amenazas nucleares de Corea del Norte, 2017, 31 de octubre). A mediados de junio, el mandatario supervisó personalmente el ensayo de un proyectil balístico de alta precisión, capaz de alcanzar cualquier blanco en Corea del Norte. A eso le siguió otra prueba norcoreana el 4 de julio, esta vez de un misil balístico intercontinental (MBI), lo que fue respondido de manera conjunta con el lanzamiento de proyectiles para demostrar la capacidad de ataques de precisión. El 6 de julio Moon presentó la llamada "Iniciativa de Paz de Berlín", en la que expresó su decepción por la "decisión equivocada" de Pyongyang de soltar un MBI y consideró que se encontraba en la antesala de la escalada militar, por lo que era la "última oportunidad de hacer lo correcto" y desistir de su programa nuclear, pues éste "no le garantizaría su seguridad" (Cheonwadae, 2017). Tras el lanzamiento de otro MBI a finales de julio, el gobierno de Moon anunció la reanudación de los trabajos de instalación del THAAD. Para precisar su posición ante las amenazas y provocaciones, Moon expresó que, aun cuando eran "un creyente del diálogo, sabía que el diálogo es posible cuando se tiene una [capacidad de] defensa nacional fuerte" (Choe, 2017, 23 de junio), dejando en claro que no desconocía los riesgos imbricados en el típico dilema de seguridad en la península.

De esta manera, las declaraciones, iniciativas y acciones del gobierno surcoreano hacia Corea del Norte no parecerían desplantes incómodos que pudieran sugerir un distanciamiento absoluto de los intereses estadounidenses y pusieran en entredicho la solidez de la alianza bilateral, algo que el gobierno de Roh habría promovido *motu proprio*.

Otro error en el ámbito diplomático, particularmente de Roh Moo-hyun, fue haber antagonizado con Estados Unidos en cuanto a la forma de acercarse a Corea del Norte. Paralelamente a la demostración de su propia fuerza, el 29 y 30 de junio de 2017, Moon Jae-in realizó su primera visita como presidente a Washington para confirmar la fortaleza material, operativa y política de la alianza bilateral e intercambiar puntos de vista sobre la solución pacífica del problema nuclear con Corea del Norte. Públicamente apoyó la campaña de máxima presión, aseveró que ambos gobiernos comparten la misma meta de desnuclearización y reconoció la importancia del sistema de fuerzas combinadas actual para la seguridad en la península. Con lo anterior, Moon se ganó la simpatía de Donald Trump, quien dijo apoyar el papel central de Corea en el fomento de un ambiente positivo para la unificación pacífica de la península (Cheonwadae, 2017, 30 de junio). Algo importante para Moon en esta primera reunión fue incorporar directamente la voz e intereses de Corea del Sur "al coro de aquellas que tratan de influir en la política estadounidense hacia Corea del Norte" (Berlinger, 2017, 29 de junio).

En el contexto de dos gobiernos que recientemente iniciaban funciones, la cumbre revestía especial importancia porque las credenciales políticas de Moon generaban dudas sobre cuál sería su verdadera posición respecto de la alianza y la desnuclearización.[14] Ante posturas más radicales que demandan mayor autonomía sobre los asuntos de la península, representantes del gobierno surcoreano han matizado la decisión de apoyar la campaña de máxima presión al asegurar que, si bien Corea del Sur no requiere del permiso de Washington para retomar las iniciativas de acercamiento y diálogo intercoreano, cualquier acción se llevará a cabo en cooperación y consulta con su aliado. En el discurso de Berlín

[14] Por la cercana amistad y trabajo, se consideraba que la presidencia de Moon Jae-in sería una réplica de la de su antiguo jefe, Roh Moo-hyun. El gobierno de Roh inicialmente clamó por mayor independencia diplomática de Estados Unidos en asuntos de seguridad nacional y expresó la necesidad de acercarse a Corea del Norte para generar condiciones de paz, lo cual ocasionó tensiones significativas que le hicieron ver pronto los límites de la política exterior en general y de las relaciones intercoreanas en particular.

presentado pocos días después de la cumbre, Moon dijo que el gobierno estadounidense reconocía que mejorar las relaciones intercoreanas era vital para salir de la crisis y que Trump "apoya que Corea tome el papel de liderazgo en la creación de un ambiente que conduzca a la unificación pacífica de la Península Coreana, así como mi iniciativa de reabrir el diálogo intercoreano" (Cheonwadae, 2017).

Moon sostuvo tres reuniones con Trump en el transcurso de dos meses, además de ordenar varias misiones de altos funcionarios, como el jefe del Consejo de Seguridad Nacional, Chung Eui-yong, y el director del Servicio Nacional de Inteligencia, Suh Hoon. Con estas muestras de consideración y tacto diplomático, el presidente surcoreano pudo alinear la política de su país con el ego de Trump y dar cierto acomodo a la línea dura estadounidense; el resultado fue la disposición a considerar una posible cumbre entre Trump y Kim Jong-un. Desde la óptica de Moon, el diálogo entre Corea del Sur y Corea del Norte y entre Estados Unidos y Corea del Norte pueden ir en caminos paralelos y cada parte asumir un papel diferente pero complementario. Lo importante es incluir opciones de diálogo y mantenerlas abiertas (Waymouth, 2017, 20 de junio).

Moon Jae-in

El presidente Moon Jae-in nació en un campo de refugiados provenientes de Corea del Norte, en 1953, meses antes de la firma del armisticio que frenó la guerra civil. Antes de ser electo presidente en 2017, tras la destitución de Park Geun-hye, Moon había competido en 2012 por el puesto, precisamente con la hija del exdictador Park, considerado un ícono del despegue industrial surcoreano. Antes de eso, Moon fue asesor, secretario y jefe del personal del presidente Roh Moo-hyun y se le conocía como la "sombra de Roh". El expresidente Roh y Moon tuvieron una larga amistad y ambos trabajaron como abogados en casos de derechos humanos y civiles. Moon fue también fundador del periódico crítico y progresista *The Hankyoreh* y participó como asesor del grupo que ideó la *Sunshine Policy* entre 1998 y 2008.

El gobierno de Moon está compuesto y asesorado en buena medida por activistas del movimiento para la democratización iniciado en los años ochenta, quienes también abogaban por el diálogo con Corea del Norte. Varios de sus asesores y miembros del gabinete ampliado, como Lee Jong-seok, Suh Hoon y Moon Chung-in, fueron los autores intelectuales y operadores de la *Sunshine Policy*, por lo que muchos de sus principios y metas han sido incorporados en la versión "recalibrada" de la política de coexistencia pacífica, lo que por ahí alguien ha llamado *Moonlight Policy* (Fiori, 2018, 26 de abril). Esto es: se mantienen los principios de respeto a la integridad del régimen norcoreano y se sostiene que la persuasión es mejor que la fuerza y que el diálogo e intercambio económico y cultural traerá cambios en el Norte que propiciare la paz en la península y, eventualmente, la unificación. Sin embargo, también se fomenta una relación cercana y cooperativa con Estados Unidos, se observa el cumplimiento de las sanciones, se mantiene la capacidad militar, no se otorgan concesiones por anticipado y se concede importancia al multilateralismo, reconociendo el papel de China y otros actores en el proceso de paz y seguridad en la región.

El acercamiento del gobierno de Moon con Pyongyang ha sido más pragmático que ideológico en comparación con el gobierno de Roh Moo-hyun, pero todavía dentro de los límites aceptables para Washington. Esto es, el llamado a la desnuclearización figura de manera prominente, aunque no determinante para continuar el diálogo, lo mismo respecto al tema de derechos humanos* (lo cual lo distingue diametralmente de los gobiernos conservadores inmediatos anteriores).

* Paradójicamente, aun siendo Moon Jae-in un abogado especialista en derechos humanos y civiles, el pragmatismo de su acercamiento con Corea del Norte no ha sido condicionado por la negligencia para abordar el tema en las conversaciones intercoreanas. En consecuencia, grupos conservadores y organizaciones internacionales y coreanas vigilantes de los derechos humanos han criticado duramente el proceso actual. Sin embargo, la experiencia es que cada vez que el tema se incluye en la agenda, inevitablemente descarrila las conversaciones, como lo observó en una entrevista la ministra de Asuntos Exteriores Kang Kyung-wha (véase Hudson, 2018, 3 de octubre).

El asunto que causa más tensión es que ambos gobiernos buscan la desnuclearización, pero todavía hay discrepancias en cuanto a la metodología y la secuencia para lograrla. Desde la perspectiva de Moon, las relaciones intercoreanas se han enmarcado como un problema de confianza que impide la movilización de recursos financieros, tecnológicos y humanos hacia actividades económicas pacíficas. Se admite implícitamente que el programa bélico norcoreano tiene su origen en la supervivencia del régimen y, por lo tanto, no habrá cabida al desmantelamiento de la capacidad destructiva alcanzada mientras exista la percepción de amenaza. En este sentido, primero se debe mejorar el ambiente que propicie la construcción de confianza.

Para avanzar en su propósito, Moon Jae-in tuvo que enfrentar varios retos de carácter interno, uno de los cuales era revertir el deterioro de la relación con Corea del Norte heredado por sus antecesores inmediatos, Park Geun-hye y Lee Myung-bak. Para los observadores con sesgo liberal, estos gobiernos retrocedieron gravemente en el camino andado hacia el desarrollo de relaciones de confianza y cooperación intercoreana construidas durante un decenio por los gobiernos de Kim Dae-jung y Roh Moo-hyun. Parte del problema es que aun cuando ofrecían ayuda y concesiones económicas a cambio de la desnuclearización y la protección a los derechos humanos, los gobiernos conservadores, como el de Lee y Park e incluso el de Kim Young-sam (1993-1998), también apostaron por la reforma del régimen y su eventual desaparición, sea por su colapso económico o por derrocamiento. Este objetivo fue respondido con agresiones verbales, ataques y provocaciones por parte de Pyongyang, por lo que en lugar de reducir la tensión la aumentaron y contribuyeron a fortalecer y justificar internamente la necesidad de un sistema de defensa convencional y nuclear.

También podría decirse que Lee, Park y Kim no tenían muchas más opciones de políticas para elegir, pues la visión dominante del ala conservadora surcoreana y estadounidense con respecto a Corea del Norte es que se trata de un régimen peligroso, irracional, inhumano, mentiroso, oportunista e irresponsable en el que no se puede confiar y debe desaparecer. Desde esa perspectiva, continuar con la ayuda humanitaria y mantener los proyectos de cooperación económica, como el complejo industrial de Kaesong, contribuía a retardar las reformas al régimen, pues mantenía abiertas varias fuentes de financiamiento para sostener a la élite política y militar norcoreana y su programa de defensa (Lim, 2014).[15]

Desde la lógica del grupo conservador, los gobiernos de Lee y Park fueron consistentes en su posición de desnuclearizar Corea del Norte de manera incondicional. Esta postura era también consistente con la del gobierno estadounidense de George W. Bush (2001-2009), dominada entonces por la línea dura de Washington. Dado que Corea del Norte manifestó explícitamente desde inicios del siglo XXI su firme intención de avanzar en el desarrollo del programa nuclear y de misiles, era del conocimiento común que no tenía intención de clausurarlo prematuramente. A sabiendas de ello y de su importancia para la supervivencia del régimen, la demanda de desnuclearización siempre se incluyó en el mismo paquete de cualquier iniciativa de diálogo, ayuda o cooperación económica, lo que constituyó una opción imposible y, por ende, la automática supresión de oportunidades de acercamiento y distensión. A fin de cuentas, a pesar de que ambos gobiernos anunciaron sus intenciones de tener una política de acercamiento hacia el Norte, acompañada de incentivos para reducir la brecha económica, las posiciones sobre la desnuclearización eran irreductibles y ello llevó la relación invariablemente a un callejón sin salida.

En síntesis, las políticas conservadoras de "palo y zanahoria" hacia Corea del Norte fracasaron en parte porque el palo era mucho más grande que la zanahoria. Las políticas que supuestamente buscaban el acercamiento, en realidad querían terminar con el régimen y detener el programa armamentístico de destrucción masiva, pero fracasaron en ambos propósitos. Es más, el bloqueo unilateral y multilateral a Corea del Norte no

[15] No obstante, existen dudas sobre la contribución real del complejo industrial de Kaesong y, en su momento, el proyecto turístico del monte Kumgang como fuentes vitales de financiamiento de los programas militares. Las dudas se sustentan en parte porque el programa nuclear se inició mucho antes que cualquiera de los dos proyectos de cooperación y, aun cuando fueron cerrados, no se detuvo el progreso en los ensayos nucleares y de misiles (Lim, 2014).

desalentó el desarrollo de armas nucleares, sino al contrario: prolongó el *statu quo*, el incremento de tensiones y la multiplicación de oportunidades a Corea del Norte para provocar a los gobiernos surcoreanos.

Moon Jae-in empezó su gobierno con una visión opuesta a la de sus antecesores y a la de Washington descritas arriba. La premisa de Moon, como la de Kim Dae-jung y Roh Moo-hyun era que el comercio, la inversión y la cooperación entre las dos Coreas habrían de allanar el camino a las reformas en Corea del Norte y facilitar su restructuración industrial (Lim, 2014). Lo anterior no significaba que toleraría provocaciones o agresiones armadas o actividades ilícitas, como tampoco lo hacía la *Sunshine Policy* de Kim Dae-jung (Moon, 2012); la diferencia era que la agenda de cooperación económica no debía condicionarse a la agenda política y de seguridad. En otras palabras, aunque el gobierno de Corea del Sur reconocía que el programa nuclear representaba un problema sustancial para establecer un régimen de paz en el largo plazo, no lo colocó como condición de diálogo de manera absoluta.

Durante 2017 y 2018, Moon Jae-in enfrentó también el reto diplomático de construir un ambiente de confianza al tiempo que se llevaban a cabo ejercicios militares conjuntos y se mantenían las sanciones económicas. Si bien Trump lanzó una campaña diplomática —y mediática— para resolver el problema coreano durante 2018 y accedió a reunirse con Kim Jong-un, en realidad no se modificó de manera sustancial la postura de reciprocidad, según la cual, antes de relajar las sanciones, Corea del Norte debía dar pruebas tangibles e irreversibles de que destruiría su programa nuclear. En todo caso, la suspensión temporal y sin condiciones de ejercicios conjuntos en Corea del Sur propuesta al término de la cumbre de Singapur —que sorprendió a propios y extraños— (Smith y Stewart, 2018, 12 de junio) en general se interpreta como una ocurrencia de Trump que al parecer no fue consultada con sus propios comandos ni con sus aliados, lo cual exhibe el estilo impulsivo de su gobierno.

Lo anterior sugiere que, aun cuando Corea del Sur goza de una capacidad económica y diplomática sustancialmente más sólida que durante la Guerra Fría —lo cual justificaba la alianza militar con Estados Unidos—, la estructura de seguridad regional todavía no le permite tener mucho espacio para la acción independiente. Hay voces que abogan por una mayor autonomía en las operaciones militares y porque Seúl se haga más responsable de su defensa, pero todavía es una opción remota que, en realidad, depende más de los intereses estratégicos de Estados Unidos, los cuales están por encima de Trump o de cualquier otro presidente en turno y sus preferencias.[16] A pesar de ello, la agencia del gobierno surcoreano cuenta con ciertas ventajas, ya que su misma fuerza económica y comercial le brinda un estatus favorable en las negociaciones y, de hecho, no representa en sí misma una amenaza real para los intereses de las potencias regionales (Park, 2011). Ese tipo de resquicios en las relaciones son los que Moon y su gobierno han tratado de aprovechar.

La política surcoreana hacia Corea del Norte

En la llamada Iniciativa de Paz de Berlín presentada en Alemania el 6 de julio de 2017, Moon Jae-in delineó la dirección de la política que seguiría su administración para "desmantelar la estructura de la Guerra Fría y establecer la paz duradera en la Península de Corea" (Cheonwadae, 2017). Como se ha mencionado antes, un aspecto fundamental en el proceso de paz en el noreste de Asia que distingue al gobierno de Moon con respecto a sus antecesores es considerar que el diálogo y la desnuclearización son componentes que pueden ser tratados de manera simultánea en

[16] Hay quienes incluso sugieren que, en lugar de retirar tropas, se restructure y amplíe la fuerza estadounidense en la región para reaccionar más rápidamente a contingencias que pudieran presentarse (véase McCoy, 2019, 21 de enero).

vez de priorizarlos. Cuando se ha antepuesto uno en oposición del otro, el resultado ha sido la inhabilidad para construir confianza y abusos de todas las partes. De ahí la insistencia de anteponer la paz a cualquier otra meta.

La política del presidente Moon Jae-in hacia Corea del Norte identifica tres metas, cuatro estrategias, cinco principios y cinco tareas (MoU, 2017). Según el sitio oficial del Ministerio de Unificación, se trata de una política "comprensiva de largo plazo liderada por Corea para realizar la 'paz' y la 'prosperidad' en la Península Coreana, así como en el noreste de Asia junto con Corea del Norte, los vecinos regionales y la sociedad internacional". Las tres metas que se propone son: *1)* resolver el asunto nuclear de Corea del Norte y establecer la paz permanente, *2)* desarrollar relaciones intercoreanas sostenibles y *3)* formar una Nueva Comunidad Económica en la Península de Corea.

Para alcanzar tales metas, se establecieron cuatro estrategias: *1)* avanzar mediante un enfoque comprensivo y gradual consistente en un modelo de doble vía: sanciones/presión y diálogo; *2)* tratar y progresar en los temas de las relaciones intercoreanas y la amenaza nuclear norcoreana de manera simultánea; *3)* asegurar la sostenibilidad a través de la institucionalización, procurando formalizar los acuerdos intercoreanos y promulgar leyes internas con el mayor consenso nacional posible; *4)* fundamentar la unificación mediante cooperación mutuamente beneficiosa.

Los cinco principios que buscan guiar las estrategias y metas de la política surcoreana hacia Corea del Norte recuperan buena parte de los preceptos plasmados en acuerdos anteriores, como el Comunicado Conjunto Sur-Norte del 4 de julio, el Acuerdo Básico Intercoreano, la Declaración Conjunta Sur-Norte del 15 de junio (2000) y la Declaración del 4 de octubre (2007). Los principios de la actual política son: *1)* la iniciativa de reconciliación y cooperación debe ser conducida por Corea; *2)* mediante una posición de seguridad fuerte basada en la sólida alianza Corea del Sur-Estados Unidos se puede disuadir a Corea del Norte de llevar a cabo provocaciones y mantener la paz en la península;

3) el respeto recíproco y la declarada garantía de que Corea del Sur no busca el colapso de Corea del Norte ni la unificación por absorción o algún otro medio artificial; la unificación debe ser fruto de un proceso en el que las dos Coreas logren coexistir y prosperar mutuamente con un sentido de comunidad nacional; *4)* la paz y la prosperidad de la Península de Corea debe ser alcanzada con apertura a la cooperación internacional.

Por último, la política establece cinco tareas en diversas áreas de las relaciones intercoreanas, cada una con sus respectivas metas y mecanismos para su realización. La primera tarea es concretar la iniciativa del "Nuevo Mapa Económico" para la formación de un mercado común entre las dos Coreas que fomente la creación de redes y asociaciones público-privadas y restablezca proyectos de cooperación que habían quedado suspendidos. El plan consiste en la conformación de tres corredores económicos que entretejan varias regiones: un corredor para recursos energéticos en la costa este de la península, un corredor industrial-logístico y de transporte en la costa oeste y un corredor ecoturístico transversal a lo largo de la zona desmilitarizada (Ministry of Unification, s.f.). A este plan se agrega el restablecimiento de la línea ferroviaria que conecte la Península Coreana desde Busan hasta Pyongyang y construir líneas ferroviarias que una la península con Rusia y con Europa, entre otros proyectos de infraestructura para el sector energético. La segunda tarea es restaurar los canales de comunicación con Corea del Norte y llevar a cabo un amplio proceso de consultas entre actores políticos y una discusión pública hacia la institucionalización de la paz mediante un acuerdo básico entre Corea del Sur y Corea del Norte. Las discusiones y el diálogo deben servir para alcanzar mayor consenso en la redefinición de las relaciones intercoreanas y lograr el consentimiento y apoyo hacia los compromisos acordados.

La tercera tarea es resolver los asuntos humanitarios en Corea del Norte, incluyendo los derechos humanos, las reuniones de familias separadas y la integración de los desertores norcoreanos en las comunidades locales donde radican. La cuarta tarea es mejorar las relaciones intercoreanas mediante el intercambio en varios campos (deportivo, cultural, religioso, arqueológico, académico, etc.) y la cooperación, sin que situaciones políticas o militares interfieran o impidan su desarrollo. De esta manera, también podría construirse la paz como un proceso desde dentro. La quinta y última tarea consiste en ampliar el consenso público hacia la unificación e iniciar el Contrato para la Unificación Nacional. Para ello se propone fortalecer las capacidades con miras a la unificación mediante la integración de áreas de comunicación, participación y educación en zonas metropolitanas y con residentes locales.

En el mencionado discurso dictado en Berlín en 2017, el presidente Moon hizo ver que su política hacia Corea del Norte concibe la paz y la prosperidad como un proceso gradual y progresivo. Por ello sugirió empezar por lo más más fácil (o lo menos sensible posible) y urgente, lo cual es, desde su perspectiva, resolver los asuntos humanitarios, como organizar los reencuentros familiares y continuar con la asistencia humanitaria. Le sigue en importancia la construcción de una confianza que relaje las tensiones, para lo cual se pueden aprovechar los eventos deportivos en la región y así fomentar el compañerismo y la buena fe. Lo anterior debe dar pie al compromiso de suspender actos hostiles mutuos a lo largo de la Línea de Demarcación Militar y detener la escalada de tensiones; el diálogo significativo es lo que impedirá una nueva confrontación militar.

Durante los dos años que abarca este capítulo, podría decirse que la ejecución de la política hacia Corea del Norte ha sido consistente, se ha logrado cierta regularidad en el diálogo en diferentes niveles y se han emprendido acciones para reducir la tensión en la Península Coreana. El pronóstico es positivo, aunque todavía no irreversible, según la experiencia acumulada de varios años de tropiezos e interrupciones. Varios de estos obstáculos provienen de la misma dinámica política surcoreana. Para que la política de Corea del Sur pueda contribuir más en los ajustes al sistema de seguridad del noreste de Asia, requiere de un respaldo social interno amplio y sólido. Eso significa neutralizar las fuerzas extremas de grupos conservadores anticomunistas y ultradefensores de la alianza coreano-estadounidense, así como de grupos liberales antiestadounidenses y defensores de la autodeterminación. Lo anterior puede efectuarse mediante la promoción de políticas de cooperación intercoreanas pragmáticas y puntuales en asuntos política e ideológicamente neutrales.[17] Esto es particularmente importante porque Washington no suele alinearse ni escuchar las posiciones extremas de la política surcoreana.

2018: EL AÑO DE LA DISTENSIÓN ¿A PESAR DE TRUMP?

El año 2018 pasará a la historia como una fecha memorable y significativa en el proceso de construcción de la paz en la Península Coreana, no sólo por las reuniones cumbre entre los presidentes y líderes de los países en disputa, sino porque la altísima tensión exhibida el año previo más bien auguraba enfrentamientos bélicos en la región de escala imprevisible (Roldán, 2018: 141). Pese a la exacerbación de ánimos durante 2017, en el curso de 2018 no hubo más pruebas nucleares, ni lanzamientos de misiles, y los líderes de Corea del Norte y del Sur se entrevistaron tres veces y presenciamos una cumbre inédita entre Kim Jong-un y Donald Trump. Para dar sentido a las reuniones cumbre ocurridas en 2018 podríamos destacar dos eventos clave: por un lado, el anuncio doble de la conclusión del sistema de defensa nuclear de Corea del Norte y de su disposición al diálogo intercoreano, y, por otro, los Juegos Olímpicos de Invierno.

En el discurso de año nuevo de Kim Jong-un, el 1 de enero de 2018 (The National Committee on North Korea, 2018a), el *Gran Mariscal* declaró que Corea del Norte no requiere hacer

[17] Por ejemplo, coadyuvar en la protección y restauración del ecosistema natural mediante la reforestación de Corea del Norte hasta donde las sanciones permitan (Ministry of Unification, 2018, 23 de octubre).

más pruebas nucleares porque ya cuenta con las bombas y dispositivos para transportarlas y dirigirlas hacia donde decidan, proclamando un nuevo estatus como potencia política y militar. Independientemente de la credibilidad de tal revelación, el valor simbólico dentro y fuera de Corea del Norte puede calificarse de significativo. Es decir, una vez conseguido el anhelado objetivo se puede construir una imagen de autonomía y fortaleza política capaz no sólo de llamar la atención, alborotar a los vecinos y chantajear a las potencias, sino de influir en la formulación de la agenda de seguridad del noreste de Asia. Sería exagerado decir que la capacidad nuclear norcoreana le permite negociar en igualdad de condiciones con otras potencias, especialmente con Estados Unidos, China, Japón, Rusia o la Unión Europea, sobre todo porque su situación militar, económica y geopolítica es frágil y dependiente de China. Lo que parece razonable es que el régimen puede sobrevivir tiempo extra y enfocarse ahora en reformas económicas que pueda controlar y con la asistencia de Corea del Sur.

Ese nuevo estatus —ficticio o no— explica la segunda parte del mensaje de año nuevo: el llamado al gobierno surcoreano a trabajar juntos para atenuar la aguda tensión militar y crear un ambiente de reconciliación y paz mediante el diálogo, la promoción de contactos bilaterales, viajes, cooperación e intercambio económico en una escala amplia para disipar la mutua incomprensión y desconfianza. En el discurso también se aboga por considerar las relaciones intercoreanas como un asunto interno, por lo que debe "elevarse la bandera de la independencia nacional más alta que nunca". Hacia el final del discurso Kim anunció su disposición a enviar una delegación de atletas a los Juegos Olímpicos de Invierno.

En medio de la condena internacional hacia Pyongyang por las detonaciones nucleares subterráneas y el lanzamiento masivo de misiles de mediano y largo alcance, en 2017 el gobierno de Moon Jae-in acompañó su reprobación a las provocaciones con invitaciones para que Corea del Norte participara en las Olimpiadas de Invierno y utilizaran dicha fiesta como marco de encuentros pacíficos. Para disipar las suspicacias del gobierno norcoreano, Moon aseguró: "Nuestra máxima prioridad es mantener la paz en la Península de Corea. Por lo tanto, un conflicto armado debe evitarse en cualquier circunstancia. Ninguna acción militar debe llevarse a cabo sin el consentimiento previo de la República de Corea" (Cheonwadae, 2017, 1 de noviembre). Lo anterior se refería obviamente a impedir alguna imprudencia por parte de Estados Unidos, cuyos "halcones" presionaban a Trump para realizar un ataque preventivo, lo que después llamaron *bloody nose attack* (Cha, 2018, 30 de enero). Así, la invitación se mantuvo abierta hasta que Pyongyang la aceptó sin condiciones específicas, a lo cual siguió una avanzada diplomática de alto nivel que se conoció como una estrategia de "ofensiva de seducción" (o *charm offensive*), en claro contraste con los insultos y amenazas del año anterior.

Una gesta olímpica es siempre una oportunidad de atraer la atención mundial para promover cualquier asunto y generar un efecto catártico. Así que, llegado el célebre momento, se montaron escenas que pusieron a prueba las habilidades diplomáticas de sus protagonistas, claro, con sus respectivas dosis de dramatismo y circunstancias incómodas en las que todos lograron guardar la compostura que ameritaba la ocasión. La carga simbólica de las imágenes exhibidas por los medios internacionales de comunicación fue mayúscula y la posibilidad de encuentros cara a cara entre enemigos declarados puede leerse ahora como un indicio de que el tiempo era propicio para ir más allá de la nota y la foto. La posibilidad de entrevistas posteriores quedó abierta y Kim Jong-un podría sacar provecho de la mano extendida de Moon Jae-in y encaminarse a la mitigación de las sanciones económicas, al menos las impuestas por el gobierno surcoreano y, quizá, algunas del CSNU. Fue también en el contexto de las Olimpiadas de Invierno cuando Kim Yo-jong, hermana de Kim Jong-un, hizo entrega de una invitación formal para visitar Pyongyang y sostener pláticas entre ambos líderes.

Los asuntos que predominaron en los medios de comunicación internacionales después de las Olimpiadas fueron las cumbres entre los líderes de ambos países. Tanto dichas cumbres como las acciones de cooperación económica y militar acordadas en diferentes momentos revisten gran importancia en las relaciones intercoreanas, especialmente en cuanto a la construcción de confianza. Sin embargo, en un marco político e institucional dominado por las potencias, el papel del gobierno de Moon Jae-in en el desarrollo de los acontecimientos durante 2017 y 2018 recibió menos atención.

Con la "bendición" de Donald Trump, Moon asumió un papel de bróker político y durante un año y medio fue capaz de mantener el delicado equilibrio entre no parecer un títere de Washington y llevar a cabo acciones concretas para reducir la amenaza militar sin menoscabo de la estructura, esencia y motivaciones del sistema de seguridad coreano-estadounidense. Para generar confianza en las relaciones intercoreanas, en cumplimiento de la Declaración de Panmunjom de mayo de 2018 y la de Pyongyang de septiembre de ese año (The National Committee on North Korea, 2018b, 19 de septiembre), se efectuaron acciones tangibles, verificables y más o menos irreversibles para disminuir la tensión militar en la zona desmilitarizada, como la reapertura de un canal de comunicación directo entre Moon y Kim, la construcción de caminos y la vía férrea para la conexión terrestre, así como la demolición de puestos de vigilancia en ambos territorios (Ministry of Unification, 2018, 13 de diciembre), el retiro de minas personales y la conformación de nuevos protocolos para ejercicios militares en ambos lados de la frontera (The National Committee on North Korea, 2018b, 19 de septiembre), entre otras. Se ha propuesto también la eliminación del término "enemigo" en el libro blanco de defensa de Corea del Sur (Park, 2018, 27 de diciembre). Además, los gobiernos en cuestión han buscado establecer la regularidad de reuniones de familias separadas y reanudar la ayuda humanitaria. Pero lo más importante ha sido el énfasis en la cooperación económica, pues se considera que es por esa vía como mejor podrá avanzarse en la reintegración de Corea del Norte y, por supuesto, beneficiar los intereses de la economía surcoreana.

Cumbres como diplomacia de último recurso

El diálogo intercoreano ha existido desde hace décadas, con alcances variables y casi siempre con alguna potencia inmiscuida. Ciertamente, el problema de la división y las tensiones en la Península de Corea no sólo es un asunto entre las dos Coreas, sino de las alianzas políticas y militares que las acompañan desde la escisión, lo cual añade mayor complejidad al proceso de paz y unificación. Corea del Norte, por su parte, al no reconocer la legitimidad del gobierno de Corea del Sur, había buscado establecer un diálogo directo con Estados Unidos, sin conseguirlo hasta hace poco. La reticencia de Estados Unidos en buena parte se debe a la premisa de que una reunión con líderes norcoreanos significa su reconocimiento y, por ende, brinda legitimidad al régimen. Una fórmula diplomática generalmente efectiva en negociaciones sobre asuntos de seguridad y humanitarios ha sido la participación de figuras destacadas, como el expresidente Jimmy Carter en las negociaciones del Acuerdo Marco, en 1994, y Bill Clinton durante el gobierno de Barack Obama, en 2009, o funcionarios de alto rango como la entonces secretaria de Estado, Madelein Albright, en 2000, Bill Richardson, etc. (CNN, 2009, 5 de agosto; Perlez, 2018, 9 de marzo). Aun así, Estados Unidos tampoco había considerado favorable que los gobiernos de Corea del Sur entablaran el diálogo de manera autónoma o sin algún tipo de mediación por parte de Washington.

La primera reunión cumbre entre los máximos líderes de Corea del Norte y Corea del Sur ocurrió en julio de 2000, cuando Kim Jong-il y Kim Dae-jung se encontraron en Pyongyang, y la segunda tuvo lugar en octubre de 2007, entre Roh Moo-hyun y el líder norcoreano. Desde el 2000 se han llevado a cabo más de 50 reuniones militares intercoreanas.

Por obvias razones, las cumbres requieren de un extenso despliegue diplomático, máxime cuando tratan asuntos graves. Sin embargo, a pesar de todo el trabajo de negociación que existe detrás de un evento de este tipo, no siempre es posible concretar el proceso con compromisos creíbles de manera inmediata. Las cumbres con los líderes de Corea del Norte no son la excepción y, dada la expectativa de extraer compromisos sobre la desnuclearización como objetivo principal, difícilmente podrán alguna vez calificarse de exitosas. Lo anterior refuerza el escepticismo de las facciones duras en Corea del Sur y en Estados Unidos sobre la pertinencia de estos encuentros y el riesgo de ser partícipes de un juego de engaño y decepción.

Por ejemplo, en un ambiente mixto de esperanza, escepticismo y hasta morbo, la reunión entre Donald Trump y Kim Jong-un en Singapur, en junio de 2018, fue duramente criticada. A pesar de la insistencia por parte de la delegación estadounidense de que no aceptaría otra cosa que el compromiso de desnuclearización total, verificable e irreversible, la mediática campaña de presión máxima no quedó reflejada en la declaración final del histórico encuentro. De ahí entonces la percepción de que Trump regresó con las manos vacías y en condiciones de debilidad, aunque asegure que su posición fue sumamente firme, que no hubo concesiones y que las sanciones seguían en su lugar. La crítica estriba en que el suceso no sólo significó el reconocimiento del régimen norcoreano, sino que estableció un precedente de diálogo de un presidente estadounidense con el representante de un Estado nuclear considerado como paria y, hasta no hace mucho, promotor del terrorismo. Es decir, contrario a la idea de que la máxima presión logró doblegar al régimen de Pyongyang, Trump (*i. e.*, Estados Unidos) fue finalmente derrotado y obligado a sentarse a negociar bajo los términos de Kim Jong-un. Y, para cerrar la cumbre con las cejas levantadas, Trump anunció que detendría los ejercicios militares conjuntos en Corea del Sur, lo cual evidentemente fue recibido con sorpresa y preocupación (Smith y Stewart, 2018, 12 de junio).

Desde el punto de vista de Corea del Norte, la reunión en sí misma fue un gran éxito, tanto para sus propósitos propagandísticos internos de reforzar el liderazgo de Kim Jong-un como en su estatus internacional al sentarse en aparente igualdad con el representante de la mayor potencia mundial.

Cuatro meses después de la cumbre, Trump había cambiado completamente su discurso e incluso reconoció que tanto él como su homólogo quedaron "enamorados" tras su intercambio epistolar (*USAToday*, 2018, 30 de septiembre). Mientras se escribe este capítulo se negociaba la segunda cumbre a finales de febrero de 2019 y nuevamente se discute el riesgo de que concluya sin una agenda concreta de desnuclearización. La pregunta es si deben verse estas entrevistas como un acto de consumación o como un proceso (Tokola, 2019, 24 de enero).

El factor económico en el proceso de distensión

En la política de Corea del Sur hacia Corea del Norte, así como en los discursos oficiales, el presidente Moon Jae-in establece la prosperidad como la prioridad de su gobierno y las relaciones intercoreanas. Para la estrategia liberal del gobierno surcoreano la mejora en las condiciones económicas de Corea del Norte no necesariamente requiere el cambio inmediato de régimen, ya que las fuerzas del mercado se encargarán de ello a su debido tiempo. Se podría incluso considerar conveniente mantener cierto grado de control sobre el proceso de apertura por parte del Estado, lo cual contribuiría a dar mayor estabilidad a la integración económica de la península y, por ende, estabilidad geopolítica. Si el sistema económico y político de Corea del Norte colapsa, se augura que el vacío de poder traería caos social y migratorio, la precaria infraestructura empeoraría y el sistema de distribución productiva se volcaría a la rapiña y proliferarían mafias corruptas y violentas. El escenario de una transición controlada como la china es preferible a la rusa de los años noventa.

Por ello, en el periodo estudiado aquí, Moon Jae-in logró cierto balance político al no buscar la caída del régimen norcoreano ni antagonizar con los intereses de seguridad de Estados Unidos o de China. El separar su disposición al diálogo y la demanda de desnuclearización le permitió tener cierto margen de legitimidad tanto en la relación intercoreana como en el contexto regional, lo que le allanó el camino para la reunión cumbre en abril de 2018 (Song, 2018, 9 de mayo; Cho y Park, 2018, 16 de mayo).

La cuestión económica es, a fin de cuentas, el punto en que los intereses de ambas Coreas coinciden. Por supuesto, para Corea del Norte el objetivo inmediato es el levantamiento de las numerosas sanciones impuestas por la comunidad internacional, en especial ahora que puede abocarse más a la recuperación económica. Por su parte, Moon Jae-in ha dicho que "sea desnuclearización o paz [...], la meta última es la prosperidad mutua de Corea del Sur y de Corea del Norte" (Kim, 2018, 23 de abril). Muchos observadores coinciden en que la mejoría en las relaciones intercoreanas no sólo podría abrir la puerta a la paz, sino proporcionar un impulso inmediato a los esfuerzos de Moon para revitalizar el crecimiento de la economía de su país, lo cual es la verdadera medida de su éxito como presidente (Kim, 2018, 6 de noviembre). Visto de esta manera, la paz es un medio y no un fin en sí mismo.

De ahí que entre las propuestas más importantes de Moon se cuente la reapertura del complejo industrial de Kaesong, cerrado unilateral e intempestivamente por la expresidenta Park Geunhye, en enero de 2016, como represalia por el lanzamiento de un cohete y una prueba supuestamente termonuclear. Una cuestión evidente es que la reapertura del complejo industrial violaría las sanciones impuestas, pero el gobierno surcoreano con frecuencia ha mencionado que el objetivo de las sanciones es inhibir y detener el avance del programa nuclear y de misiles, y que según su interpretación la actividad económica de Kaesong no viola ese principio y no necesariamente significa una fuente de financiamiento al régimen. Por supuesto, la inferencia no está libre de controversia, pero demuestra la visión flexible y pragmática del acercamiento de Seúl.

Si bien Kim Jong-un priorizó el programa nuclear y de misiles desde el inicio de su mandato formal, puede presumirse también que éste tenía el doble objetivo de consolidar su estatus político-militar ante Estados Unidos —con el mismo efecto frente a China y Rusia— y, con un régimen más sólido, podría enfocarse en la reconstrucción económica de manera controlada. La autarquía construida desde la formulación de la doctrina *Juche* por Kim Il-sung tendría una reinterpretación en la cual cabrían la inversión foránea y el comercio con el exterior. En el discurso de año nuevo, en enero de 2019, Kim Jong-un declaró estar listo para reanudar las operaciones en el complejo industrial de Kaesong y el parque turístico del monte Kumgang sin precondiciones ni pedir nada a cambio (Ji, 2019, 2 de enero). Los intentos de crear zonas económicas especiales, aun cuando han sido parcial o totalmente fallidos (Kim, B., 2017; Lankov, 2015), demuestran también flexibilidad forzada del régimen en ese aspecto.

Desde hace al menos tres décadas Corea del Sur reconoce su vulnerabilidad económica y tecnológica con el ascenso de China y otros países de reciente industrialización. Así que, si bien el capital surcoreano ha logrado competir en el mercado global mediante la internacionalización de sus cadenas productivas para aprovechar ventajas de otros países y regiones, particularmente del sureste de Asia, Norteamérica y Europa, se tiene la percepción de que la cooperación y la apertura económica de Corea del Norte pueden contribuir a la restructuración del aparato industrial en el Sur y propiciar un nuevo despegue económico (Lim, 2007; Lim, 2014). De esta forma se habría de enfrentar la inexorable expansión económica y la asfixiante influencia china y quizá, en el largo plazo, asentar condiciones favorables para la unificación pacífica.

Sin embargo, aunque pueda existir una Península Coreana económicamente integrada y ésta se convierta en un actor económico más relevante aún que Japón, las consideraciones geopolíticas terminarán por impedir la eliminación de la presencia militar estadounidense en el corto y el mediano plazos. Por lo tanto, con independencia del fervor aparente en las intenciones de acercamiento surcoreano hacia "su otra mitad", cualquier iniciativa de integración y cooperación económica o política necesariamente pasa por el escrutinio, aprobación, censura o veto de Washington y Beijing (Park, 2011). Incluso la reapertura del complejo industrial de Kaesong dependerá del relajamiento de las sanciones internacionales aplicadas a Pyongyang, las cuales ya imponían serias dificultades desde su establecimiento (Lim, 2007: cap. 7).

Desde una perspectiva estructuralista podríamos decir que lo anterior es independiente de las personalidades que gobiernen Corea, Estados Unidos o China, ya que la dinámica de seguridad y la estabilidad en el noreste de Asia obedecen a factores sistémicos que no pueden ser cambiados con voluntad política y su efímera existencia, especialmente en regímenes democráticos en los que además existen agentes de veto en los congresos y otros grupos de presión. En ese sentido, los presidentes Donald Trump y Moon Jae-in no pueden garantizar la continuidad de las políticas y sus instrumentos de ejecución, y mucho menos la interpretación de las relaciones regionales.

Conclusiones: el papel de Corea del Sur en las relaciones intercoreanas y Trump

El gobierno de Moon Jae-in logró cierto consenso interno y externo sobre la necesidad de modificar las relaciones intercoreanas, y lo hizo desde los inicios de su administración. Ésa ha sido una ventaja con respecto a sus antecesores progresistas Kim Dae-jung y Roh Moo-hyun, entre otras diferencias en cuanto a su estrategia de acercamiento con Corea del Norte y su relación con Estados Unidos. Empero, otra diferencia importante es que la política hacia Corea del Norte se desarrolla en el contexto de un gobierno fuera de lo común como el de Donald Trump. En este capítulo se ha tratado de esbozar algunas condiciones estructurales del sistema de seguridad en el noreste de Asia, así como aspectos individuales de agentes en dicha estructura. Una cuestión planteada al inicio es si la acción del gobierno surcoreano y la política intercoreana pueden o no contribuir en algo más allá que establecer un ambiente de diálogo y cooperación indispensable para la paz, como modificar la estructura de seguridad regional.

El acercamiento y la cooperación en los márgenes de las sanciones, aunados a los gestos de conciliación y al cumplimiento de acuerdos para reducir y eliminar las hostilidades entre ambas Coreas, abonan el terreno para el diálogo en otras instancias extrapeninsulares. Podría argumentarse que lo ocurrido entre 2017, 2018 y parte de 2019 es una coyuntura en la que confluyeron factores cuya apariencia de novedad sugería el advenimiento de un gran cambio sistémico. Sin embargo, difícilmente esas acciones impedirán que Corea del Norte dé marcha atrás a su programa nuclear sencillamente porque éste no está destinado a Corea del Sur, sino a Estados Unidos. Por lo tanto, en ese aspecto es posible que el gobierno surcoreano no pueda ir más allá de lo que Moon Jae-in llamó "paz tentativa", formada durante 2018 (Ji, 2019, 2 de enero), aunque sin duda mantener la regularidad del diálogo no es poca cosa.

Al menos es claro para Seúl que el proceso puede ser más importante que una declaración triunfal pero vacía de contenido jurídicamente vinculante (Tokola, 2019, 24 de enero), la cual podría quebrantarse en cualquier momento y por cualquier razón. La política hacia Corea del Norte reconoce que el reto principal es mejorar las relaciones de cooperación intercoreanas hasta que se alcance un punto de no retorno, es decir, una integración económica y social tan amplia y profunda que se vuelva irreversible, mientras se hacen todos los esfuerzos para alcanzar la desnuclearización y establecer un régimen de paz en la Península de Corea junto con la comunidad internacional.

Aun cuando los presidentes de Estados Unidos, Corea del Sur y el líder norcoreano hayan protagonizado acontecimientos inéditos y creado expectativas optimistas, su impacto en la estructura de seguridad del noreste de Asia podría ser más bien moderado. El hecho es que la Península Coreana se encuentra atrapada entre la rivalidad de grandes potencias, y esta inescapable condición geopolítica confina las opciones y caminos para la paz. En consecuencia, y sin afán de minimizar la importancia de los sucesos de 2018, es improbable que veamos pronto el cambio de régimen norcoreano, la desnuclearización de la península o el retiro de tropas estadounidenses. Posiblemente pueda avanzarse en un acuerdo de paz que sustituya el armisticio de 1953, pero sin prescribir la presencia militar estadounidense y con salvaguardas condicionadas al uso de armas de destrucción masiva, como la regla de no ser el primero en utilizarlas (conocida como la política de *no-first-use*); entretanto se trabajará en la generación de confianza, la integración económica y la coordinación militar. La labor de los líderes en esta etapa del proceso, del cual no se conoce el cómo y cuándo de su desenlace, es propiciar y aprovechar las oportunidades de transformar fragmentos del régimen que se presentan de manera intermitente.

Lo anterior nos lleva a preguntarnos por la función del presidente Moon Jae-in en el contexto de la presidencia de Donald Trump. ¿Podríamos tipificar papel como mediador entre Washington y

Pyongyang? Ciertamente las señales de acercamiento y apertura al diálogo intercoreano afectaron en un inicio las relaciones con el gobierno estadounidense porque parecían contraponerse a la campaña de máxima presión, la cual requiere de una posición uniforme, en especial entre los países aliados (Chung, 2017, 18 de julio; *The Korea Herald*, 2017, 19 de julio).

A pesar de que las cumbres de 2018 parecieran demostrar la autonomía de las dos Coreas para la formación de un régimen de paz "estable y duradero" en la península, la dependencia de ambas partes en sus respectivas alianzas sigue siendo un factor que puede afectar los acuerdos establecidos.

En el discurso de año nuevo de 2018, Kim Jong-un declaró que ya no harían más pruebas nucleares ni de misiles, puesto que los programas habían concluido con éxito y el mundo podía tomar nota del arribo de una nueva potencia nuclear. Después de eso, Corea del Norte repentinamente estaba dispuesta al diálogo, ahora que había logrado alcanzar una posición de fuerza que antes no tenía. Si el programa nuclear y de misiles se concluyó o no conforme a lo que se había propuesto y con la capacidad de ataque y mínima autonomía, es poco relevante. Lo que importa es que las partes consideraron que había llegado el momento de darle una oportunidad al diálogo en la diplomacia, además de las sanciones. En repetidas ocasiones, desde la campaña presidencial y durante los primeros meses de su gobierno, Moon Jae-in afirmaba que estaba dispuesto a reunirse con Kim Jong-un, siempre y cuando las circunstancias fueran adecuadas. Curiosamente, quien al parecer estableció esas circunstancias fue Pyongyang. Por fortuna y por sensatez, el pragmatismo flexible demostrado por el presidente Moon permitió aprovechar la oportunidad para iniciar el proceso de diálogo y negociaciones a fin de reducir las tensiones y echar a andar el plan de reconciliación, paz y prosperidad.

La experiencia acumulada después de 30 años de intentar frenar el programa nuclear norcoreano es que esta operación debe hacerse con cuidado y entender las motivaciones del régimen. Por ejemplo, es un error hacer referencia al caso de Libia como modelo de desnuclearización, pues la interpretación siempre será negativa a la luz del resultado en la destrucción del régimen (Berlinger, 2018, 30 de abril; Saunders, 2018, 17 de mayo). Estados Unidos y Donald Trump podrían seguir navegando como hasta ahora, exigiendo la desnuclearización, pero ofreciendo concesiones a cambio de muestras relativamente pequeñas e incluso simbólicas de congelamiento del programa nuclear.

La reducción de tensiones en el noreste de Asia y la posibilidad de un tratado de paz en la Península Coreana conducirían a cuestionar la necesidad de mantener las tropas estadounidenses y el sistema THAAD estacionado en una provincia sureña de Corea del Sur. Por lo tanto, el *statu quo* —es decir, la división, el programa nuclear norcoreano y la idea de amenaza e inestabilidad en la región— podría justificar la presencia estadounidense como punto de contención de China. En otras palabras, el "problema coreano" es conveniente para que Estados Unidos cumpla su función de equilibrio en la estructura de seguridad de la región. Si ésta es la lectura correcta, entonces la acción individual de personajes como Donald Trump queda limitada a una reforma parcial de la alianza con Corea del Sur que admita un poco más de autonomía en el manejo de las relaciones intercoreanas, o a acelerar el restablecimiento de los programas de cooperación económica transfronteriza.

Ante esta situación estructural y vistos los límites de la capacidad de acción del presidente estadounidense —quien por supuesto busca dejar un legado histórico—, resulta entendible que se tolere al régimen norcoreano y que la exigencia de desnuclearización quede en palabras, sanciones y algún acuerdo en los bordes de las normas internacionales sobre armamento nuclear. El camino hacia la paz y la reunificación, sin embargo, podría seguir construyéndose con concesiones de ambas partes, en las que Corea del Norte estaría en condiciones de reducir las tensiones con gestos simbólicos y sustanciales de desarme, compromisos de *no uso* de armas nucleares (como sustituto temporal de desnuclearización) para mantener la presencia estadounidense. Eso puede ser un legado suficientemente aceptable para todos los agentes involucrados, tanto de aquellos que se retirarán al final de sus respectivos periodos de gobierno como de los que seguramente permanecerán por tiempo indefinido.

Si bien la acción tiene un papel moderado en la transición del régimen de seguridad hacia un régimen de paz en el noreste de Asia, también puede retrasar y reforzar las peores partes del régimen actual. Como argumenta Ulises Granados (2018: 24), para Washington y Beijing "la crisis norcoreana no sólo puede ser un eficaz instrumento para elevar sus respectivas capacidades de liderazgo global, sino que también tiene la capacidad de descarrilar el proceso, no sólo de desnuclearización, sino del apoyo económico a Pyongyang, de un tratado de paz y de una posible reunificación de la península". Para cerrar nuestro trabajo resaltamos una idea del presidente Moon Jae-in expuesta en su discurso de Berlín de 2007, cuando reconoció que "la situación no se resolverá en un solo intento. Sin embargo, es importante empezar" (Cheonwadae, 2017).

Referencias

Aragón, A. (2011). Corea del Norte: perspectivas del proceso de desarme nuclear. En J. F. López Aymes y Á. Licona Michel (eds.), *Desarrollo económico, geopolítica y cultura de Corea. Estudios para su comprensión en el mundo contemporáneo* (pp. 197-214). Colima: Universidad de Colima.

Archer, M. (1995). *Realist Social Theory: The Morphogenetic Approach*. Cambridge: Cambridge University Press.

Cheonwadae (2017). *Berlin Peace Initiative. Address at the Korber Foundation*. Alemania, en <http://english1.president.go.kr/BriefingSpeeches/Speeches/65>.

Choi, J. K. (2015). The Perils of Strategic Patience with North Korea. *The Washington Quarterly*, 38 (4): 57-72, <doi: 10.1080/0163660X.2015.1125829>.

Granados, U. (2018). La cumbre Kim-Trump y el acercamiento entre las dos Coreas: límites y expectativas. *México y la Cuenca del Pacífico*, 7 (21): 9-26.

Kim, B. (2017). *Unveiling the North Korean Economy: Collapse and Transition*. Cambridge: Cambridge University Press.

Kim, J. D. (2017). Empirical Study on South Korean Presidents' Understandings on North Korea: Comparing Operational Code Beliefs of Kim, Roh, Lee and Park (1998-2016). *Journal of Political Science*, 1 (1): 1-15.

Kim, K. (2005). North Korea's Nuclear Program: Its Rationale, Intentions, and Military-first Politics. *Korea Journal*, 45 (4): 41-66.

Lankov, An. (2015). *The Real North Korea. Life and Politics in the Failed Stalinist Utopia*. Nueva York: Oxford University Press.

Lim, C. (2006). The National Security Law and Anticommunist Ideology in Korean Society. *Korea Journal*, 43 (3): 80-102.

Lim, E. (2007). *Kaesong Industrial Complex: History, Pending Issues, and Outlook*. Seúl: Haenam Publishing Company.

Lim, W. (2014). Inter-Korean Economic Cooperation at a Crossroads. En K. Young Park (ed.), *Inter-Korean Relations: Family or Enemies?* (pp. 158-193). Seúl: Hollym.

López Aymes, J. F., A. Romero Castilla, A. Escalona Agüero y J. L. León-Manríquez (2009). El rompecabezas coreano de la posguerra: legado colonial, liberación, división y guerra (1945-1953). En J. L. León-Manríquez (ed.), *Historia mínima de Corea*. México: El Colegio de México.

Mansourov, A. Y. (1995). The Origins, Evolution, and the Current Politics of the North Korean Nuclear Program. *The Nonproliferation Review*, 2 (3): 25-38.

Martínez Legorreta, O. (1998). La ANSEA en su 30 aniversario: un éxito regional. En Programa de Estudios APEC (ed.), *Asia Pacífico 1998* (pp. 25-51). México: El Colegio de México.

Moon, C. I. (2012). *The Sunshine Policy: In Defense of Engagement as a Path to Peace in Korea*. Seúl: Yonsei University Press.

MoU (2017). *Moon Jae-in's Policy on the Korean Peninsula. Tasks and expectations*. Seúl: Government of the Republic of Korea, en <https://www.unikorea.go.kr/eng_unikorea/policylssues/policytask/vision/>.

Noland, M. (2013). The Elusive Nature of North Korean Reform. *Asia Pacific Issues* (108).

O, T. (2016). *The Collapse of North Korea Challenges, Planning and Geopolitics of Unification*. Londres: Palgrave Macmillan.

Park, K. Y. (2011). Sino-American Relations and the Unification of the Korean Peninsula. *Korea Journal*, 52 (2): 164-200.

Roldán, E. (2018). *Trump contra el mundo: el presidente de la discordia*. México: Asociación Mexicana de Estudios Internacionales.

Tzili-Apango, E. (2018). Tensiones entre China, Corea del Norte y Estados Unidos a inicios de la administración Trump. *Estudios de Asia y África*, 53 (2): 421-440.

Woo, J. (2015). Structural Impediments, Domestic Politics, and Nuclear Diplomacy in Post-Kim Il-sung North Korea. *Pacific Focus*, 30 (1): 59-77, <doi: 10.1111/pafo.12041>.

Yea, S. (2017). Demystifying the Survival of North Korea. *Journal of Asian Security and International Affairs*, 4 (1): 50-68, <doi: 10.1177/2347797016689208>.

Zhang, W. (2018). Neither friend nor big brother: China's Role in North Korean Foreign Policy Strategy. *Palgrave Communications*, 4 (1): 16, <doi: 10.1057/s41599-018-0071-2>.

Páginas electrónicas:

[Joint Statement between the United States of America and the Republic of Korea] (2017, 31 de octubre). Recuperado el 5 de septiembre de 2019, en <http://english1.president.go.kr/BriefingSpeeches/Briefings/39>.

[Moon dice que no tolerará las provocaciones y amenazas nucleares de Corea del Norte] (2017, 31 de octubre). Recuperado el 5 de septiembre de 2019, en <https://sp.yna.co.kr/view/ASP20170517003200883?section=search>.

[Support for South Korea's Moon Jae In hits record high after historic summit: Poll] (2017, 31 de octubre). Recuperado el 5 de septiembre de 2019, en <https://www.straitstimes.com/asia/east-asia/support-for-south-koreas-moon-jae-in-hits-record-high-after-historic-summit-poll>.

[US Embassy in South Korea] (2018, 28 de junio). Recuperado el 5 de septiembre de 2019, en <https://kr.usembassy.gov/embassy-consulate/seoul/ambassador/>.

Belam, M. (2017, 31 de octubre). [Dotard or Rocket Man – who said what in the Trump v Kim Jong-un war of words?]. Recuperado el 5 de septiembre de 2019, en <https://www.theguardian.com/world/2017/sep/22/rocket-man-or-dotard-who-said-what-in-the-trump-v-kim-jong-un-war-of-words>.

Berlinger, J. (2017, 29 de junio). North Korea casts shadow as Trump and Moon meet for first time. Recuperado el 5 de septiembre de 2019, en <https://edition.cnn.com/2017/06/28/asia/south-korea-moon-jae-in-donald-trump-meeting/index.html>.

———— (2018, 30 de abril). Bolton says US considering Libya model for North Korean denuclearization. Recuperado el 5 de septiembre de 2019, en <https://edition.cnn.com/2018/04/30/asia/north-korea-bolton-libya-intl/index.html>.

Braut-Hegghammer, M. (2017, 31 de octubre). Why North Korea succeeded at getting nuclear weapons — when Iraq and Libya failed. Recuperado el 5 de septiembre de 2019, en <https://www.washingtonpost.com/news/monkey-cage/wp/2018/01/02/why-north-korea-succeeded-at-getting-nuclear-weapons-when-iraq-and-libya-failed/?noredirect=on&utm_term=.8b6e19c50e16>.

Brookings Institution (2018, 19 de octubre). Around the halls: Can President Trump claim credit for progress on North Korea? Recuperado el 5 de septiembre de 2019, en <https://www.brookings.edu/blog/order-from-chaos/2018/10/19/around-the-halls-can-president-trump-claim-credit-for-progress-on-north-korea/>.

Campbell, C. (2016, 17 de noviembre). [Donald Trump Doesn't Seem to Have a North Korea Plan. That's Extremely Worrying]. Recuperado el 5 de septiembre de 2019, en <http://time.com/4574302/donald-trump-north-korea-kim-jong-un-nuclear-weapons/>.

Cha, V. (2018, 30 de enero). [Giving North Korea a 'bloody nose' carries a huge risk to Americans]. Recuperado el 5 de septiembre de 2019, en <https://www.washingtonpost.com/opinions/victor-cha-giving-north-korea-a-bloody-nose-carries-a-huge-risk-to-americans/2018/01/30/43981c94-05f7-11e8-8777-2a059f168dd2_story.html>.

Cheonwadae (2017, 24 de junio). Congratulatory Remarks by President Moon Jae-in at the 23rd World Taekwondo Championship in Muju. Recuperado el 25 de enero de 2019, en <http://english1.president.go.kr/BriefingSpeeches/Speeches/6>.

______ (2017, 30 de junio). Joint Statement between the United States of America and the Republic of Korea, en <https://www.washingtonpost.com/outlook/south-koreas-president-trump-and-i-have-a-common-goal-in-dismantling-north-koreas-nuclear-program/2017/06/20/cd422e08-55bc-11e7-a204-ad706461fa4f_story.html?utm_term=.6a1682e63ffe>.

______ (2017, 1 de noviembre). Address by President Moon Jae-in at the National Assembly Proposing the Government's Budget Plan for FY 2018 and Plans for Fiscal Operations, en <http://english1.president.go.kr/BriefingSpeeches/Speeches/19>.

Cho, I., y S. Park (2018, 16 de mayo). South Korea has reason to be skeptical – and optimistic – about dialogue with North Korea, en <https://www.washingtonpost.com/news/monkey-cage/wp/2018/05/16/south-korea-has-reason-to-be-both-skeptical-and-optimistic-about-dialogue-with-north-korea/?utm_term=.16b2ad334233>.

Choe, S. (2017, 23 de junio). South Korea Tests Missile Capable of Striking Any Part of the North, en <https://www.nytimes.com/2017/06/23/world/asia/south-korea-missile-ballistic.html>.

Chun, I. (2019, 25 de enero). What the military cost-sharing dispute could mean for the U. S.-ROK alliance, en <https://www.nknews.org/2019/01/what-the-military-cost-sharing-dispute-could-mean-for-the-u-s-rok-alliance/?fbclid=IwAR3f7j4cZFHVaN1KigB8TtQY0uejXtGFSQJP1q1ebuDbYgNUQuBFTgub9CU>.

Chung, C. (2017, 18 de julio). S. Korea sees no gap with US over conditions for talks with NK, en <http://www.koreaherald.com/view.php?ud=20170718000692>.

CNN (2009, 5 de agosto). The story behind Clinton's trip to North Korea. Recuperado el 5 de septiembre de 2019, en <http://edition.cnn.com/2009/US/08/05/nkorea.journalists.background/>.

Declaration on the Advancement of South-North Korean Relations Peace and Prosperity (2017, 31 de octubre). Recuperado el 5 de septiembre de 2019, en <https://peacemaker.un.org/node/1659>.

Evans, S. (2017, 20 de marzo). ¿Es Kim Jong-un, el polémico líder de Corea del Norte, tan "irracional" como dicen algunos? Recuperado el 5 de septiembre de 2019, en <https://www.bbc.com/mundo/noticias-internacional-39318482>.

Fifield, A. (2018, 27 de febrero). State Department point man on North Korea, Joseph Yun, to retire Friday. Recuperado el 5 de septiembre de 2019, en <https://www.washingtonpost.com/world/state-department-point-man-on-north-korea-joe-yun-to-retire-friday/2018/02/26/9a201136-1b62-11e8-8a2c-1a6665f59e95_story.html?utm_term=.80858b8b64e5>.

Fiori, A. (2018, 26 de abril). [The Third Inter-Korean Meeting: Is the "Moonshine Policy" Beginning?]. Recuperado el 5 de septiembre de 2019, en <https://www.ispionline.it/it/pubblicazione/third-inter-korean-meeting-moonshine-policy-beginning-20322>.

Hudson, J. (2018, 3 de octubre). South Korea reveals plan to break stalemate in U. S.-North Korea talks. Recuperado el 5 de septiembre de 2019, en <https://www.washingtonpost.

com/world/national-security/south-korea-reveals-plan-to-break-stalemate-in-us-north-korea-talks/2018/10/03/6302d2ff-859b-479e-8071-001b18c8af2c_story.html?noredirect=on&utm_term=.927accba62d8>.

Hyon-hee, S. (2017, 31 de octubre). [Vindication: Architects of South Korea's 'Sunshine' policy on North say it's paying off]. Recuperado el 5 de septiembre de 2019 en <https://www.reuters.com/article/us-northkorea-usa-sunshinepolicy/vindication-architects-of-south-koreas-sunshine-policy-on-north-say-its-paying-off-idUSKBN1J60PP>.

Inbum, C. (2017, 31 de octubre). [What the military cost-sharing dispute could mean for the U. S.-ROK alliance]. Recuperado el 5 de septiembre de 2019, en <https://www.nknews.org/2019/01/what-the-military-cost-sharing-dispute-could-mean-for-the-u-s-rok-alliance/?fbclid=IwAR3f7j4cZFHVaN1KigB8TtQY0uejXtGFSQJP1q1ebuDbYgNUQuBFTgub9CU>.

Jae-in, M. (2017, 31 de octubre). Congratulatory Remarks by President Moon Jae-in at the 23rd World Taekwondo Championships in Muju. Recuperado el 5 de septiembre de 2019, en <http://english1.president.go.kr/BriefingSpeeches/Speeches/6>.

Ji, D. (2019, 2 de enero). Moon pledges to move beyond 'tentative peace' in New Year's speech. South Korean President says joint prosperity will follow 'complete denuclearization'. Recuperado el 5 de septiembre de 2019, en <https://www.nknews.org/2019/01/moon-pledges-to-move-beyond-tentative-peace-in-new-years-speech/>.

Kim, J. (2018, 6 de julio). 'No Nukes, No thaad': South Korean town calls for missile defense withdrawal. Recuperado el 5 de septiembre de 2019, en <https://www.tasnimnews.com/en/news/2018/07/06/1769371/no-nukes-no-thaad-south-korean-town-calls-for-missile-defense-withdrawal>.

______ (2018, 6 de noviembre). Despite Summit Boosts, Moon's Approval Rating Continues to Decline. Recuperado el 5 de septiembre de 2019, en <http://blog.keia.org/2018/ 11/despite-summit-boosts-moons-approval-rating-continues-decline/>.

Kim, S. (2018, 23 de abril). Moon Jae In: The man who brought Donald Trump and Kim Jong-un to the table. Recuperado el 5 de septiembre de 2019, en <https://www.bloomberg.com/news/articles/2018-04-23/the-man-who-brought-donald-trump-and-kim-jong-un-to-the-table>.

McCoy, R. E. (2019, 21 de enero). Why it's time for South Korea to take more responsibility for its defense. Recuperado el 5 de septiembre de 2019, en <https://www.nknews.org/2019/01/why-its-time-for-south-korea-to-take-more-responsibility-for-its-own-defense/?fbclid=IwAR0etatma3lZnFISvLwP_IGWkjKgnhU-s-15iDMC1LjeRSwa7-l_dQuIVVQ>.

Ministry of Unification (s. f.). Realizing the "New Economic Map" Initiative and economic unification of the Korean Peninsula, en <https://www.unikorea.go.kr/eng_unikorea/policylssues/policytask/tasks/task1/>.

——— (2018, 23 de octubre). Joint Press Release of Sectoral Meeting on Inter-Korean Forestry Cooperation. Recuperado el 5 de septiembre de 2019, en <https://www.unikorea.go.kr/eng_unikorea/news/releases/?boardId=bbs_0000000000000034&mode=view&cntId=54196&category=&pageIdx=>.

——— (2018, 13 de diciembre). South and North Korea complete field verification of the withdrawal of GPs, en <https://www.uniedu.go.kr/uniedu/home/brd/bbsatcl/news/view.do?id=33693&mid=SM00000510&limit=10&eqViewYn=true&page=20&odr=hits&eqDiv=>.

Nagai, O., y S. Suzuki (2017, 1 de noviembre). Beijing looks to Seoul for ally on North Korea. Recuperado el 5 de septiembre de 2019, en <https://asia.nikkei.com/Politics/Beijing-looks-to-Seoul-for-ally-on-North-Korea>.

Nuclear Threat Initiative (2018, 8 de mayo). The CNS North Korea Missile Test Database, en <https://www.nti.org/analysis/articles/cns-north-korea-missile-test-database/>.

O'Carroll, C. (2019, 23 de enero). South Korea, breaching UN rules, failed to report oil shipments to North Korea. Recuperado el 5 de septiembre de 2019, en <https://www.nknews.org/2019/01/ south-korea-breaching-un-rules-failed-to-report-oil-shipments-to-north-korea/?fbclid=IwAR3oJ9vgxAX-oaM6KHHUade846MptX2kn5IqBr3JWWJR-1jB64jiSyfZIWo>.

Park, J. (2018, 27 de diciembre). Seoul to stop calling North Korea 'enemy' in defense paper, en <http://www.koreatimes.co.kr/www/nation/2018/12/356_261000.html?fbclid=IwAR1cU6dh-hgIe4kem8xDhW-tnoBu8oEMcByXT4SahD2d4_XHtlvfe5tkmMQ>.

Perlez, J. (2018, 9 de marzo). Kim Dynasty Sat Down With a U. S. Leader Before, With Few Results. Recuperado el 5 de septiembre de 2019, en <https://www.nytimes.com/2018/03/09/world/asia/kim-jong-un-trump-madeleine-albright.html>.

Roo, M., y J. Kim (2007, 4 de octubre). Declaration on the Advancement of South-North Korean Relations Peace and Prosperity. Recuperado el 5 de septiembre de 2019, en <https://peacemaker.un.org/node/1659>.

Saunders, E. N. (2018, 17 de mayo). This is why North Korea reacted so strongly to Bolton's mention of the 'Libya model'. Recuperado el 5 de septiembre de 2019, en <https://www.washingtonpost.com/news/monkey-cage/wp/2018/05/17/this-is-why-north-korea-reacted-so-strongly-to-boltons-mention-of-the-libya-model/?noredirect=on&utm_term=.44794bb28254>.

Smith, J., y P. Stewart (2018, 12 de junio). Trump surprises with pledge to end military exercises in South Korea. Recuperado el 5 de septiembre de 2019, en <https://www.reuters.com/article/us-northkorea-usa-military/trump-surprises-with-pledge-to-end-military-exercises-in-south-korea-idUSKBN1J812W>.

Song, S. (2018, 9 de mayo). One year on, Moon's peace drive gathers steam. Recuperado el 5 de septiembre de 2019, en <https://en.yna.co.kr/view/AEN20180508011400315?section=search>.

The Korea Herald (2017, 19 de julio). Conditions for talks. Recuperado el 5 de septiembre de 2019, en <http://www.koreaherald.com/view.php?ud=20170719000612&ACE_SEARCH=1>.

The National Committee on North Korea (2018a, 1 de enero). Kim Jong-un's 2018 New Year's Address, en <https://www.ncnk.org/node/1427>.

_______ (2018b, 19 de septiembre). Pyongyang Joint Declaration of September 2018, en <https://www.ncnk.org/node/1633>.

_______ (2018c, 19 de septiembre). Agreement on the Implementation of the Historic Panmunjom Declaration in the Military Domain, en <https://www.ncnk.org/resources/publications/agreement-implementation-historic-panmunjom-declaration-military-domain.pdf>.

Tokola, M. (2019, 24 de enero). The Second Trump-Kim Summit: Look for a Process, Not a Deal. Recuperado el 5 de septiembre de 2019, en <http://blog.keia.org/2019/01/ second-trump-kim-summit-look-process-not-deal/?fbclid=IwAR1Sf7G1m7tLopVW9nBdWDzuq-St3QlwC-yBLEuZgQJZP_ipLsWCrWuk9Do>.

USA Today (2018, 30 de septiembre). President Donald Trump said he and North Korean leader Kim Jong-un 'fell in love' because of Kim's 'beautiful letters'. Recuperado el 5 de septiembre de 2019, en <https://www.usatoday.com/story/news/politics/2018/09/30/trump-north-koreas-kim-love-beautiful-letters/1478834002/>.

Wang, Y. (2017, 28 de abril). [Stay Committed to the Goal of Denuclearization Uphold Peace and Stability on the Peninsula]. Recuperado el 5 de septiembre de 2019, en <https://www.fmprc.gov.cn/mfa_eng/zxxx_662805/t1458508.shtml>.

Waymouth, L. (2017, 20 de junio). [South Korea's new president: 'Trump and I have a common goal']. Recuperado el 5 de septiembre de 2019, en <https://www.washingtonpost.com/outlook/south-koreas-president-trump-and-i-have-a-common-goal-in-dismantling-north-koreas-nuclear-program/2017/06/20/cd422e08-55bc-11e7-a204-ad706461fa4f_story.html>.

III. LOS MOVIMIENTOS EN EL MERCADO DE ARMAMENTO DURANTE LA CRISIS DE LA PENÍNSULA COREANA, 2016-2018

JUAN JOSÉ RAMÍREZ BONILLA[1]
LEONEL MURILLO MUÑOZ[2]

*L'histoire des luttes pour le pouvoir, donc des conditions réelles de son exercice et de son maintien, reste presque entièrement immergée. Le savoir n'y touche pas: ça ne doit pas être su.**

Michelle Foucault

A partir de 2003 las negociaciones para garantizar la estabilidad en la Península Coreana, en general, y desnuclearizar Corea del Norte, en particular, fueron desarrolladas en el marco de un mecanismo multilateral denominado "Negociaciones a seis bandas" (*Six Parties Talks*) y conformado por los gobiernos interesados: Corea del Sur y Corea del Norte, en primer término; Japón y Rusia como vecinos inmediatos de Corea del Norte, la nueva potencia nuclear; China, en calidad de vecina, pero sobre todo de aliada política, económica y militar de Corea del Norte; Estados Unidos como potencia hegemónica global, y protector de Japón y Corea del Sur.

Ahora bien, a finales de 2008, la crisis reciente de la Península Coreana empezó a gestarse cuando el gobierno de la República

[1] Centro de Estudios de Asia y África, El Colegio de México.

[2] Universidad del Valle de México.

* "La historia de las luchas por el poder, y por ende las condiciones reales de su ejercicio y conservación, permanece casi enteramente soterrada. El saber no la toca: no debe ser conocida".

Popular Democrática de Corea (también Corea del Norte) decidió terminar las negociaciones a seis bandas, al negar el ingreso a inspectores internacionales para supervisar sus instalaciones nucleares; y a principios del siguiente año anunció las intenciones de reactivar su programa nuclear. De ahí en adelante, el gobierno norcoreano puso en práctica una estrategia de política exterior agresiva, buscando ser reconocida por la comunidad internacional como potencia nuclear. A principios de 2016 realizó con éxito un ensayo nuclear en el Pacífico, con lo que captó la atención internacional.

En reacción, los gobiernos estadounidense y surcoreano acordaron la instalación de un sistema antimisiles en el territorio de Corea del Sur, para salvaguardar la seguridad y la estabilidad en Asia del Pacífico. Con esto, quedó sentado un precedente político que habría de ser aprovechado posteriormente por la administración Trump para extender la bilateralización de la política económica internacional a otros dominios de la política exterior estadounidense, en el entendido de que la bilateralización permite imponer los intereses estadounidenses sobre sus contrapartes, debido a que la asimetría de cualquier relación bilateral siempre favorece al gobierno estadounidense, sobre todo cuando la contraparte mantiene alguna(s) forma(s) de vínculos de dependencia estructural en relación con Estados Unidos.

En el caso que nos ocupa, la bilateralización de las relaciones intergubernamentales implicó excluir a los gobiernos de Rusia y China del desarrollo y la desactivación de la crisis de la Península Coreana, para concentrarse en la relación bilateral con Corea del Norte, en un contexto favorable, basado en el acercamiento político-estratégico bilateral de Estados Unidos con Japón, por un lado, y, por el otro, con Corea del Sur. Nuestro trabajo, por lo tanto, está abocado al análisis de estos temas, para mostrar que la relación Estados Unidos-Corea del Sur estuvo marcada por un *quid pro quo* según el cual Estados Unidos seguiría garantizando la estabilidad regional a costa de una mayor participación de los aliados regionales en el gasto de su propia defensa. En ese sentido, destacamos dos tendencias que refuerzan la autonomía militar del gobierno surcoreano: por un lado, la adquisición creciente de armas en un mercado internacional (dominado por Estados Unidos y sus aliados occidentales) y, por el otro, el incremento de la producción local de armas por parte de empresas coreanas.

Para los fines de nuestro trabajo, seleccionamos como periodo de análisis el que va de julio de 2016, cuando fue anunciada la instalación del sistema antimisiles THAAD,[3] a julio de 2018, después de la cumbre entre los jefes de Estado de Corea del Sur y Corea del Norte y de la histórica reunión entre Donald Trump y Kim Jong-un; durante dicho periodo, estudiamos el ejercicio de las políticas exteriores de los actores involucrados en la crisis, utilizando la "escala de Goldstein" (Goldstein, 1992). Así, distinguimos los diferentes actores implicados y las relaciones entre ellos, concentrando nuestra atención principalmente en el vínculo entre los gobiernos de Estados Unidos y Corea del Sur, así como en sus interacciones con los demás actores,[4] estableciendo un indicador mensual según el ejercicio de sus políticas exteriores y las interacciones entre los actores en el conflicto.[5]

En este sentido, definimos dos modalidades del ejercicio de la política exterior del gobierno de Estados Unidos: en primer término, el ejercicio real, a cargo de la administración Obama y, en segundo, las declaraciones de Donald Trump como candidato y posteriormente como presidente electo.[6] En cuanto al ejercicio de la política exterior del gobierno de Corea del Sur, destacamos las

[3] Terminal High-Altitude Area Defense.

[4] Corea del Sur-Corea del Norte, Corea del Sur-Japón, Corea del Sur-China y Estados Unidos-Corea del Norte, Estados Unidos-Japón, Estados Unidos-China.

[5] Véase cuadro 6, pp. 146-149 de este libro.

[6] Debemos tomar las declaraciones de Donald Trump durante el último semestre de 2016 como un ejercicio de política exterior "real", debido a las repercusiones en el ejercicio de las políticas exteriores de los países inmiscuidos en el conflicto de la Península de Corea. Dichas declaraciones son congruentes con las acciones llevadas a cabo al iniciar su mandato; por esas circunstancias, la política exterior de la administración Trump en la crisis nuclear comenzó desde su candidatura a la presidencia de los Estados Unidos.

formas de tratar el tema antes y después del cambio de gobierno de 2017, así como durante el periodo de transición entre una y otra administraciones. En efecto, durante la primera parte de la crisis, Park Geun-hye era la jefa de Estado, pero fue destituida por un escándalo de corrupción el 9 de diciembre de 2016. Hwang Kyo-ahn la sucedió como titular de la rama ejecutiva del gobierno de Corea del Sur, del 9 de diciembre de 2016 al 10 de mayo de 2017. En esta fecha Moon Jae-in ascendió al cargo de presidente de la República de Corea, como ganador de las elecciones extraordinarias (Ramírez, 2018).

Las fluctuaciones en la Península Coreana: una herencia de Barack Obama y Park Geun-hye

El 19 de julio de 2016 Donald Trump fue nombrado por el Partido Republicano como su candidato oficial a la presidencia de Estados Unidos, perfilándose como uno de los principales contendientes al puesto (RT, 2016). Unos días antes, la administración Obama anunciaba, en cooperación con el gobierno de Corea del Sur, el establecimiento del nuevo sistema antimisiles THAAD, como respuesta al lanzamiento de un misil de largo alcance, por el gobierno norcoreano, en febrero del 2016 (*BBC News*, 2016; *The Guardian*, 2016).

Las tensiones aumentaron drásticamente tras el establecimiento del sistema antimisiles; por esa razón, consideramos julio de 2016 como el inicio de una nueva etapa de la crisis en la Península Coreana. Participaron, como actores principales, los gobiernos de la República de Corea y de Estados Unidos; los gobiernos de la República Popular China (también China), la República Popular Democrática de Corea (también Corea del Norte) y Japón estuvieron involucrados como actores secundarios.

Debido a las alianzas estratégicas entre Estados Unidos y Corea del Sur, por un lado, y, por el otro, entre Estados Unidos y Japón, los tres gobiernos adoptaron una posición común contra el régimen norcoreano durante el segundo semestre de 2016. El gobierno surcoreano, ignorando el artículo 4 de su Constitución,[7] declaró tener un plan para asesinar a Kim Jong-un y llevó a cabo un ejercicio militar conjunto con el gobierno estadounidense (Mills, 2017). El gobierno japonés se pronunció siempre en favor de las políticas norteamericanas en materia de seguridad.

El gobierno de Corea del Norte reaccionó agresivamente al despliegue del sistema antimisiles cerca de su territorio (CNN, 2016; Netto, 2016) y respondió con regularidad a los ejercicios de cooperación en materia de defensa entre Estados Unidos, Corea del Sur y Japón. El escenario de conflicto era poco conveniente para China, pues un aumento en las tensiones de la península implicaba mayor presencia militar estadounidense en la región del Pacífico. Por ello, el gobierno chino intentó disuadir a los gobiernos de Corea del Sur y de Estados Unidos de realizar el despliegue del sistema antimisiles (Min-sik, 2016), cuya presencia provocaba las respuestas agresivas del gobierno norcoreano.

Las tensiones en la Península Coreana se encontraban en uno de los puntos más álgidos de los últimos años; la administración Obama había dado un último golpe a la estabilidad regional, poniendo fin a la política de "paciencia estratégica" en torno a Corea del Norte.

La transición hacia la administración Trump

La transición de poder entre el presidente saliente y el presidente entrante de un Estado tiene una característica particular: el mandatario en funciones comienza a disminuir su presencia en los

[7] Artículo 4 "The Republic of Korea shall seek unification and shall formulate and carry out a policy of peaceful unification, based on the principles of freedom and democracy" (La República de Corea debe buscar la unificación, así como formular e instrumentar una política de unificación pacífica, basada en los principios de la libertad y la democracia).

medios y pierde de manera paulatina su capacidad real de ejercer el poder conforme se acerca la entronización de su sucesor en la jefatura de gobierno; mientras tanto, el presidente electo comienza a adquirir mayor capacidad para ejercer el poder real del Estado y las declaraciones realizadas durante su campaña son tomadas con seriedad, pues será el jefe de Estado en funciones.

En Estados Unidos, la última alternancia de gobierno supuso el cambio de una administración demócrata a una republicana; el presidente Barack Obama cedió la investidura presidencial de Estados Unidos a Donald Trump, cuya candidatura captó la atención pública por sus polémicas declaraciones respecto a la crisis en la Península de Corea. Trump aporreó verbalmente a cada uno de los actores: calificó a Kim Jong-un de "loco con armamento nuclear" y subordinado de la República Popular China (*CBC News*, 2016); amenazó a los gobiernos de Corea del Sur y Japón con retirar el apoyo de tropas estadounidenses si no mostraban su disposición a compartir los gastos en materia de defensa (Jae-soon, 2016). Dicho sea de paso, Corea del Sur y Japón, con 25 000 y 45 000 soldados respectivamente, ocupan los primeros puestos en la lista de países anfitriones de tropas estadounidenses activas (*Arirang News*, 2016), razón por la cual, podemos afirmar que existe una fuerte dependencia en materia de seguridad en relación con los Estados Unidos.

Durante los siguientes meses y hasta la victoria de Donald Trump, las relaciones entre Corea del Sur y Estados Unidos se desarrollaron en dos tenores diferentes: el primero era una cooperación en materia de seguridad entre ambos gobiernos, cuyo punto central consistía en mantener la presencia militar de Estados Unidos en Asia del Pacífico; el segundo fueron las polémicas declaraciones del candidato republicano a la presidencia de Estados Unidos, sobre temas económicos (Jae-soon, 2016). Las declaraciones de Trump terminaron con un inesperado silencio cuando fue electo como el presidente número 45 de los Estados Unidos, con lo que los gobiernos de Japón y Corea del Sur quedaron en la incertidumbre.

En consecuencia, la relación entre Estados Unidos y Corea del Sur tuvo un cierre de año marcado por el silencio y la duda. Por un lado, Estados Unidos experimentaba un periodo de transición, la administración Obama dejaba las tensiones en la península en un estado crítico y la nueva administración no emitió declaraciones oficiales hasta principios de 2017; por el otro, Corea del Sur dio comienzo a un proceso de destitución de la presidenta Park Geun-hye por un escándalo de corrupción. Ambos factores mantuvieron las relaciones entre dichos países en un punto muerto.

La cooperación en el ámbito de la seguridad entre los gobiernos de Estados Unidos y Corea del Sur había traído problemas para ambos en sus relaciones bilaterales con China y con Corea del Norte (Reuters, 2016; Panda, 2016; AFPBB, 2016). La respuesta de Corea del Sur fue clara: debido al silencio de la futura administración y gracias a las declaraciones sobre la retirada de las tropas estadounidenses de la región, decidió emprender con Japón el reforzamiento de los lazos en materia de seguridad, intercambiando datos de inteligencia sobre la crisis nuclear (Reuters, 2016). El aumento en la cooperación entre los gobiernos japonés y surcoreano, como reacción a las amenazas de Corea del Norte, incomodó al gobierno de China (Reuters, 2016; Ju-min Park, 2016); a pesar de eso, a finales de 2016 Beijing aceptó la invitación de los gobiernos surcoreano y japonés para entablar conversaciones sobre la crisis en la Península Coreana (Reuters Staff, 2016).

Los últimos meses de 2016 y el primer semestre de 2017 estuvieron marcados por las transiciones de gobierno tanto en Corea del Sur como en Estados Unidos; ambos procesos ocurrieron casi de manera simultánea. Dicho escenario permitió a los dos gobiernos replantear su estrategia en torno a la crisis en la Península Coreana. La administración provisional de Corea del Sur trató de disminuir las tensiones con China y con Corea del Norte en el periodo de distanciamiento con el gobierno estadounidense; sin embargo, este distanciamiento fue muy breve.

LA ADMINISTRACIÓN TRUMP Y EL NUEVO GOBIERNO DE COREA DEL SUR

Los primeros días de 2017 estuvieron marcados por nuevas tensiones regionales. La administración Trump reanudó la cooperación militar con los gobiernos surcoreano y japonés, ejerciendo una política exterior agresiva contra Corea del Norte y respondiendo a las amenazas de Kim Jong-un (Sang-Hun, 2017) de atacar el territorio estadounidense. De igual manera, invitó a los países aliados en la región a mantener la unidad ante los constantes amagos de Corea del Norte (Sanger, 2017). Por su parte, el gobierno surcoreano comenzó el año con una política exterior violenta y polémica, pues afirmaba tener preparada una unidad para "decapitar" a Kim Jong-un (Mills, 2017).

El ejercicio de la política exterior de ambos Estados significaba la reactivación de la cooperación en materia de seguridad entre Corea del Sur y Estados Unidos. Esto puede ser entendido en dos sentidos: en primer lugar, aseguraba la cooperación en el ámbito de la seguridad para Corea del Sur; en segundo término, suponía un problema, pues, durante su campaña electoral, Donald Trump se refirió al Acuerdo de Libre Comercio Estados Unidos-Corea del Sur (ALC EU-Corea) como "el horrible acuerdo pactado por Hilary" y prometió renegociarlo con el fin de eliminar el déficit comercial de la economía estadounidense en relación con la coreana. Dicho escenario representaba entonces la oportunidad para la administración Trump de replantear el acuerdo bilateral según sus términos e intereses (en el cuarto capítulo del presente libro colectivo se analiza en detalle este tema, pp. 161 y ss.).

En este punto de la crisis, los bandos estaban definidos: por un lado, Corea del Sur, Japón y Estados Unidos[8] (Lockie, 2017; Tamkin, 2017; *The Japan Times*, 2017); por el otro, Corea del

[8] Es importante mencionar la intervención intermitente del Reino Unido en el conflicto; más adelante podremos observar su participación "indirecta" como distribuidor y productor de armamento de Corea del Sur.

Norte, que buscaba su reconocimiento como una potencia nuclear por la comunidad internacional (ABC *News*, 2017; Rich, 2017); en el margen, China y Rusia, más como espectadores que como mediadores del conflicto (Kubo, 2017; McCurry, Phillips y Borger, 2017). Con esto, comenzaba a perfilarse la bilateralización de las relaciones entre los actores centrales, para enfrentar la crisis, incluyendo tanto a Corea del Norte como a los aliados de Estados Unidos y excluyendo los competidores políticos regionales. La administración Trump terminó enterrando las negociaciones a seis bandas en la cepa abierta por el gobierno norcoreano en 2008.

Las relaciones entre Corea del Sur y Estados Unidos en materia de seguridad modulan el ejercicio de las políticas exteriores de ambos gobiernos con los demás actores involucrados en temas de seguridad. Así, la política exterior surcoreana se desarrolló en tres campos distintos pero complementarios: primero, en la relación bilateral con China, su socio comercial más importante desde hace algunos años, el gobierno surcoreano se esforzó por reducir las tensiones (CNBC, 2017); segundo, en el campo de la política de seguridad, ante las amenazas norcoreanas, el gobierno surcoreano refrendó su alianza estratégica con Estados Unidos y consolidó las relaciones de cooperación con Japón; tercero, como veremos en el cuarto capítulo de la presente obra —en el plano comercial bilateral Estados Unidos-Corea del Sur—, las diferencias fueron saldadas mediante la tercera negociación del acuerdo EU-Corea, ampliamente favorable para Estados Unidos.

El ejercicio de la política exterior estadounidense estuvo marcado, en primer término, por la agresividad durante la renegociación del acuerdo comercial con el gobierno surcoreano. Los representantes estadounidenses antepusieron sus intereses económicos, condicionando el apoyo en materia de seguridad para obtener mayores beneficios en el replanteamiento del acuerdo. En segundo lugar la relación con Corea del Norte estuvo signada por el intercambio constante de ofensivas declaraciones entre los jefes de Estado (Trump, 2018; Mullen, 2017; Samuelson, 2017).

En medio de la disputa, el gobierno chino, presionado por Estados Unidos y las Naciones Unidas para sumarse a los demás países en la aplicación de sanciones contra Corea del Norte (Prieto, 2017; Pardo, 2017), focalizaba el ejercicio de su política exterior en disminuir las tensiones y acercar ambas partes a un diálogo; para él, resultaba inconveniente el incremento de la presencia militar y el aumento en las ventas de armamento de Estados Unidos a Corea del Sur y Japón (Shelbourne, 2017).

Durante el mes de noviembre, el presidente de los Estados Unidos realizó una gira por Asia del Pacífico, ofreciendo apoyo a sus aliados en la región y buscando reducir las tensiones con China. La gira del mandatario comenzó en el país del Sol Naciente, reforzando los acuerdos bilaterales en materia de seguridad y ofreciendo armamento a Japón[9] (Davis, 2017), una medida que beneficiaría a las dos partes: Estados Unidos conseguiría un aumento en las ventas de armamento y Japón estaría un paso más cerca de la consolidación de un ejército. La gira del mandatario lo llevó también a Corea para supervisar los temas trascendentales en las relaciones bilaterales de ambos países: *1)* la renegociación del Acuerdo de Libre Comercio y *2)* la cooperación en materia de seguridad frente a la amenaza nuclear. Durante su estancia, dijo observar "cierto movimiento" en la política exterior de Corea del Norte, encaminado a una posible negociación con Estados Unidos (*BBC Mundo*, 2017; *El Mundo*, 2017).

La distensión en las relaciones coreano-estadounidenses

El ejercicio de las políticas exteriores de los jefes de Estado de Corea del Sur y Estados Unidos cambió a principios de 2018,

[9] Según datos de TradeMap.com, durante el cuarto trimestre del 2017 las importaciones de "vehículos de uso militar" alcanzaron 97% respecto del total de importaciones del sector 8710.

cuando ambos gobiernos manifestaron su disposición para entablar diálogos con su homólogo norcoreano (*Expansión*, 2018; Choe, 2018). Los representantes de los gobiernos coreanos se reunieron en la frontera y, según los informes de los medios, acordaron los términos para dialogar acerca de una posible desnuclearización de la Península Coreana. Esta situación debe ser entendida como una estrategia para reducir tensiones durante los Juegos de Invierno en PyeongChang, donde los gobiernos de las dos Coreas estrecharon lazos en un emotivo desfile, izando la bandera de la unificación y acordando la participación de un equipo de hockey sobre hielo femenino, formado por jugadoras de ambas Coreas (Griffiths, 2018).

A raíz de este acontecimiento y de la presencia de Kim Yo-jong, hermana menor de Kim Jong-un, en los Juegos Olímpicos (*BBC News*, 2018), el presidente norcoreano expresó su interés por entablar un diálogo con el gobierno surcoreano, con la finalidad de "calentar el clima de reconciliación y diálogo entre las dos Coreas" (Brunnstrom, 2018; *BBC News*, 2018).

El ejercicio de la política exterior de Corea del Sur y Estados Unidos estuvo marcado por un desacuerdo en torno a la política con Corea del Norte. Por un lado, el presidente surcoreano, Moon Jae-in, expresó su interés por llevar a cabo una reunión con su homólogo norcoreano; por otro el vicepresidente de los Estados Unidos, Mike Pence, reiteró la postura de Estados Unidos en torno a la desnuclearización de la península y reafirmó la presión hacia Corea del Norte (Rogin, 2018).

Los Juegos Olímpicos de Invierno de PyeongChang crearon un ambiente afable en la región y, después de la ceremonia de clausura, el jefe de la representación diplomática de Corea del Norte hizo públicas las intenciones de Pyongyang de abrir las negociaciones sobre la desnuclearización y normalizar las relaciones con Corea del Sur (Fifield, 2018). Sin embargo, Estados Unidos mantenía su política de presión, aplicando sanciones unilaterales al gobierno norcoreano (Chung, 2018) y condicionando la posibilidad de entablar el diálogo sobre la desnuclearización.

Después de la reunión de Kim Jong-un con los jefes diplomáticos de Corea del Sur en Pyongyang, las tensiones entre el Norte y el Sur llegaron a un punto de inflexión, pues ambas partes buscaban alcanzar un acuerdo que beneficiara a los dos países (Berlinger, 2018). A partir de esta reunión y de varias negociaciones, comenzaron a tomar forma los encuentros entre los jefes de Estado; la primera cumbre "histórica" entre Kim Jong-un y Moon Jae-in tuvo lugar en la "casa azul", ubicada en la zona desmilitarizada de la frontera entre ambas Coreas, el 27 de abril de 2018 (*Europa Press*, 2018). De igual manera, las representaciones diplomáticas norcoreana y estadounidense acordaron celebrar una entrevista entre los mandatarios de Corea del Norte y Estados Unidos, con el fin de dialogar sobre la desnuclearización de la península (Torres, 2018) y, aunque hubo ciertos imprevistos (Faus, 2018), la reunión tuvo lugar el 12 de junio de 2018 en Singapur.

Las grandes apuestas: los acuerdos entre los jefes de Estado

La cumbre intercoreana y la cumbre norcoreana-estadounidense tuvieron como resultado la firma de acuerdos bilaterales, en un clima de reconciliación y cooperación. La primera reunión dio como resultado un aumento en las comunicaciones diplomáticas entre ambos países en diferentes niveles de gobierno, con el fin de agilizar los intercambios entre los dos Estados. También se acordó realizar esfuerzos conjuntos para disminuir las tensiones militares con la finalidad de prevenir una guerra en la Península Coreana y establecer cooperación directa entre los jefes de Estado, incluyendo al de los Estados Unidos, para establecer un régimen de paz sólido en la península (*Yonhap News*, 2018).

De manera análoga, el encuentro de los jefes de Estado de Corea del Norte y Estados Unidos tuvo como objetivo instrumentar mecanismos de cooperación entre ambas naciones para continuar con las distensiones en la región. Los mandatarios acordaron establecer nuevos parámetros en sus relaciones, trabajar conjuntamente para la construcción de un régimen estable en la Península Coreana, continuar con los esfuerzos de la cumbre intercoreana hacia una desnuclearización de la península y colaborar para repatriar los restos de los prisioneros de guerra ya identificados (Williams, 2018).

Acorde con las declaraciones anteriores, el panorama en la península estaba en un punto de distensión crucial y parecía indicar el inicio de una nueva etapa en las relaciones intercoreanas y norcoreano-estadounidenses; sin embargo, negociar con el gobierno norcoreano ha sido durante mucho tiempo, tanto para los Estados Unidos como para Corea del Sur, una apuesta arriesgada. Los periódicos han presentado este hecho histórico como si no tuviera precedentes; no obstante, los acercamientos han ocurrido antes y sus resultados, en el largo plazo, han sido insuficientes para la reunificación de las dos Coreas o para garantizar la estabilidad regional.

Para emitir juicios sobre la situación venidera en la península, queda, pues, observar el panorama y el cumplimiento de los puntos acordados en las cumbres entre los jefes de Estado. Mientras tanto, es imposible afirmar si los actores políticos cumplirán sus objetivos, ya que, por el momento, tenemos dos fenómenos incompatibles: por un lado, hay una distensión política en la región; pero, por el otro, el mercado de armamento atraviesa por una fase de doble auge. Durante el segundo trimestre de 2018, Estados Unidos intensificó su participación en las importaciones totales de Corea del Sur y la producción interna de armamento en ese país aumentó casi el triple en ocho años (SIPRI, 2016). Dicho lo anterior, es necesario enfocar la atención en la evolución de la industria de armamento, los intercambios de armas entre Corea del Sur y Estados Unidos y la producción armamentista surcoreana durante 2016-2018.

El mercado de la industria de armamento

En otro plano analítico, Heidegger (1973) consideraba al artista y la obra de arte como correspondientes ontológicamente en dos direcciones: el artista está en el origen de la obra de arte y la obra de arte está en el origen del artista. En un sentido análogo, podemos afirmar que el mercado de armamento está en el origen de los conflictos y que los conflictos están en el origen del mercado de armamento; ambos mantienen la misma relación dialéctica, pues son ontológicamente correspondientes: los conflictos requieren armamento y el armamento requiere conflictos. El armamento es el origen del conflicto. El conflicto es el origen del armamento. Ninguno es sin el otro.

Así, contradiciendo los pronósticos establecidos al final de la Guerra Fría, los conflictos internacionales continuaron, normalizándose en el escenario global y en la vida cotidiana de los individuos. Se trata, sin duda, de un contexto provechoso para la industria armamentista, cuyas ventas alcanzaron 1 238 841 millones de dólares (MDls) en 2016 (SIPRI, 2016).[10] En la actualidad, las principales empresas de la industria armamentista están concentradas en países industrializados, como podemos observar en el cuadro 1. A escala mundial, Estados Unidos ocupa el primer

GRÁFICA 1. *Ventas totales del SIPRI TOP, 100 empresas productoras de armamento, 2002-2016, en millones de dólares*

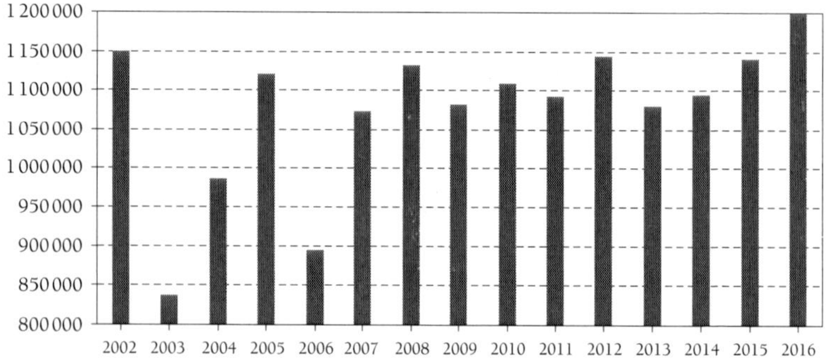

Fuente: Elaboración propia con datos de *SIPRI Data Base Top 100 arms-producing and military services.*

[10] Stockholm International Peace Research Institute.

lugar, con 44 empresas, seguido por Rusia, con 13 empresas (SIPRI, 2016).

Como observamos en los cuadros 2 y 3, la hegemonía de Estados Unidos en el sector es clara, tanto por el número de empresas como por el porcentaje de ventas totales y exportaciones de armas; ocupa el primer puesto en todos los rubros, y deja muy detrás a los segundos lugares. Por el origen de las exportaciones, podemos observar una concentración de la industria armamentista en los miembros permanentes del Consejo de Seguridad de las Naciones Unidas.

Las exportaciones nos indican tanto los principales abastecedores de armamento del mundo como las ganancias de las empresas en mercados externos y la movilidad del armamento. La industria armamentista es una fuente importante de ganancias para las potencias; en consecuencia, es lógico observar la participación constante de todas ellas en los conflictos internacionales.

CUADRO 1. *Distribución por continente y por país de las 100 empresas más grandes productoras de armamento, 2016*

Europa	Número de empresas	Asia	Número de empresas	América	Número de empresas
Reino Unido	8	Rusia	13	Canadá	1
Francia	6	India	4	Brasil	1
España	1	Japón	5	Estados Unidos	44
Noruega	1	Corea del Sur	8		
Transeuropea	2	Australia	3		
Suiza	1	Turquía	2		
Italia	2	Israel	3		
Alemania	3	Singapur	1		
Ucrania	1				
Europa	25	**Asia**	39	**América**	46

Fuente: Elaboración propia con base en SIPRI *Arms Industry Database* (consultado en diciembre de 2017).

CUADRO 2. *Estructura de las exportaciones totales del Top 100 SIPRI de empresas productoras de armamento según los países de procedencia, en millones de dólares*

	2002	Porcentaje	2009	Porcentaje	2016	Porcentaje	2017	Porcentaje
Estados Unidos	4967.00	27.73	6912.00	28.52	10304.00	31.94	12394.00	39.84
Rusia	5734.00	32.01	4969.00	20.50	6937.00	21.50	6148.00	19.76
Alemania	902.00	5.04	2521.00	10.40	2535.00	7.86	1653.00	5.31
Francia	1474.00	8.23	1929.00	7.96	2278.00	7.06	2162.00	6.95
Reino Unido	1090.00	6.08	1050.00	4.33	1365.00	4.23	1214.00	3.90
China	478.00	2.94	512.00	4.70	670.00	6.79	660.00	3.64
Israel	526.00	3.20	1140.00	3.04	2192.00	4.44	1131.00	4.06
Italia	574.00	2.67	737.00	2.11	1433.00	2.08	1263.00	2.12
España	16.00	0.09	951.00	3.92	507.00	1.57	814.00	2.62
Países Bajos	233.00	1.30	495.00	2.04	471.00	1.46	1167.00	3.75
Ucrania	310.00	1.73	414.00	1.71	535.00	1.66	240.00	0.77
Otros	**1607.00**	**8.97**	**2604.00**	**10.75**	**3036.00**	**9.41**	**2260.00**	**7.27**

Fuente: Elaboración propia con datos de SIPRI, 2016.

CUADRO 3. *Estructura de las ventas totales del Top 100 SIPRI de empresas productoras de armamento, según su procedencia, en millones de dólares*

	2002	Porcentaje	2009	Porcentaje	2016	Porcentaje
Estados Unidos	623680	54.13	823768	62.29	555228	44.82
Europa	362801	31.49	324956	24.57	264991	21.39
Japón	148186	12.86	118102	8.93	47626	3.84
Rusia	2407	0.21	18644	1.41	171160	13.82
Corea del Sur	1928	0.17	2827	0.21	8370	0.68
Total	**1139002**	**98.86**	**1288297**	**97.41**	**1047390**	**84.55**

Fuente: Elaboración propia con datos de SIPRI, 2016.

Estados Unidos tuvo una participación directa e indirecta en la crisis de la Península de Corea. Hasta ahora, a partir de los encabezados de la prensa internacional, hemos observado el comportamiento de los Estados en torno a la crisis nuclear, pruebas nucleares, ejercicios militares, agresiones verbales. De aquí en adelante, nuestro objeto de interés es el mercado de armas en la región asiática del Pacífico, fenómeno eclipsado por los grandes titulares.

Asia del Pacífico concentró la atención de la prensa internacional debido a las pruebas nucleares llevadas a cabo por el gobierno de Corea del Norte; el aumento en las tensiones regionales condujo al endurecimiento de las políticas de defensa de Corea del Sur y Japón, cuyos gobiernos trabajaron de la mano con el de Estados Unidos y propiciaron las condiciones necesarias para impulsar las ventas de armamento.

En este sentido, como veremos más adelante, la constancia de las importaciones de armamento de 2016 a 2018 contrasta con los problemas internos en Corea del Sur y las tensiones en la relación surcoreano-estadounidense durante el segundo semestre de 2016. Corea miraba con incertidumbre la continuidad de la cooperación militar con la llegada de Donald Trump a la presidencia de los Estados Unidos, pues durante su campaña Trump habló en varias ocasiones de retirar las tropas estadounidenses del territorio surcoreano y renegociar los términos del ALC EU-Corea del Sur (Ramírez, 2018).

Intercambio comercial Corea del Sur-Estados Unidos en el mercado de armas

Las tensiones nucleares y las declaraciones despectivas de los actores involucrados en la crisis de la Península Coreana fueron magnificadas por la prensa internacional mediante encabezados fantasiosos sobre una posible guerra nuclear; sin embargo, jamás se mencionaron las cuantiosas ganancias de las empresas de armamento más grandes del mundo, generadas por la crisis. En las gráficas 2 y 3 podemos observar la composición de las importaciones de armamento de Corea del Sur en dos sectores importantes: el "9300. Armas, municiones, y sus partes y accesorios" y el "8710. Tanques y demás vehículos blindados de combate, incluido su armamento; sus partes, n.c.o.p.", de la clasificación internacional Harmonised System (HS). Estados Unidos y Europa (destacando la participación del Reino Unido y Alemania), son los principales países exportadores de armamento destinado a la República de Corea.

Por el lado de las importaciones coreanas destacan armas de gran calibre, motores para fragatas, motores de cazabombarderos, misiles, sistemas antibuques y demás armamento pesado. Los ganadores directos de la crisis fueron las empresas productoras de armas y los gobiernos de los países donde éstas se localizan, las cuales fueron beneficiados en razón de que ese armamento también es usado por sus respectivos ejércitos.

Los cuadros 5a y 5b (pp. 144-145) muestran el origen de las importaciones coreanas en los sectores más importantes de la industria armamentista, durante el último periodo de la crisis. En primera instancia, observamos el aumento de la participación de Estados Unidos a partir de la administración Trump y la relevancia de Alemania en las importaciones de armamento de Corea del Sur.

Por otra parte, el comportamiento de las importaciones de armamento de Corea del Sur es constante, exceptuando dos momentos importantes en el desarrollo de este periodo. En el primero, registrado en el primer trimestre de 2017, hubo un aumento considerable de las importaciones de armamento alemán (misiles Taurus KEPD-350, misiles de largo alcance aire-aire, utilizados principalmente en aviones de combate), lo que coincide con la prueba nuclear llevada a cabo por el gobierno norcoreano.

El segundo momento importante corresponde al cuarto trimestre de 2017; el incremento en la participación de Estados Unidos coincide con la gira del presidente Donald Trump por

GRÁFICA 2. *Corea del Sur: origen de las importaciones del sector 9300. Armamento*

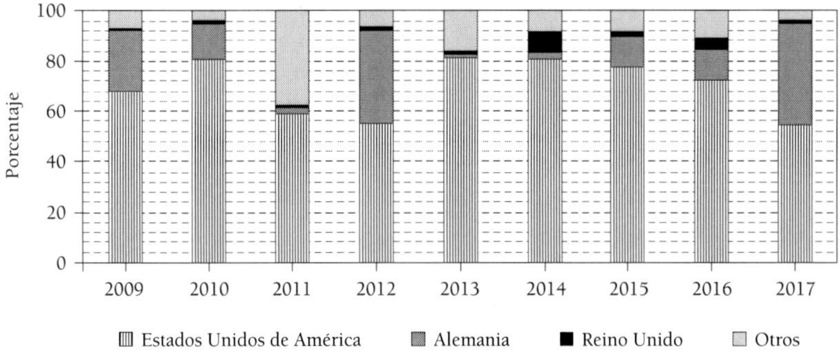

Fuente: Elaboración propia con datos de *TradeMap*.

GRÁFICA 3. *Corea del Sur: origen de las importaciones del sector 8710. Tanques y demás vehículos automóviles blindados de combate; incluye su armamento y sus refacciones*

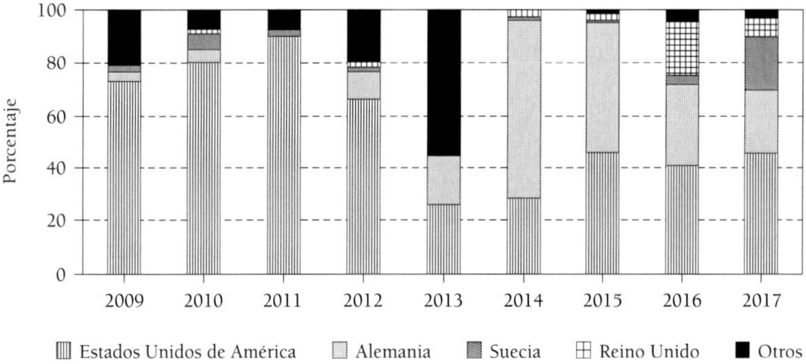

Fuente: Elaboración propia con datos de *TradeMap*.

Asia del Pacífico. A simple vista, este comportamiento podría revelar una relación entre "el aumento de las tensiones y el aumento de las importaciones de armamento provenientes de los Estados Unidos".

Sin embargo, si analizamos la evolución de las interacciones entre los Estados involucrados en la crisis y las tendencias del mercado armamentista, podemos llegar a una conclusión diferente. En este sentido, el cuadro 4 contiene la cuantificación de las interacciones interestatales; para construirla, partimos de la necesidad de "establecer parámetros de medición y, de esta manera, cuantificar las interacciones entre los actores de la crisis; para dicho ejercicio, es necesario crear un método, abarcando los diferentes tipos de interacción entre los Estados y englobándolas en una escala". Para la medición, en consecuencia, utilizamos "la escala de Goldstein", pues permite "convertir eventos individuales en series de tiempo" (Goldstein, 1992), cuantificando las interacciones de los Estados en una escala de –10 (máximo de conflicto) a 8.3 (máximo de cooperación). La escala otorga un valor a cada acción realizada por un Estado y a sus interacciones con otros;[11] así, entre el negro (la confrontación directa entre los actores, expresada por el valor –10) y el blanco (el establecimiento de mecanismos para la cooperación militar, representado por el valor 8.3), tenemos una gama de grises como representación de una amplia variedad de acciones.

En ese sentido, el cuadro 4 muestra las interacciones en los ejercicios de la política exterior de Corea del Sur y Estados Unidos y sus interacciones con los Estados involucrados en la crisis. En primer lugar, destacamos la cooperación casi ininterrumpida en materia de defensa surcoreano-estadounidense, la cual sólo fue afectada por el periodo de transición entre la administración

[11] Las declaraciones de los jefes de Estado y de sus respectivas secretarías de Asuntos Exteriores, las acciones a nombre del Estado, como ejercicios militares, el despliegue de tropas, las sanciones económicas, todas éstas son acciones de política exterior de los Estados.

CUADRO 4. *Interacción de los ejercicios de las políticas exteriores de los principales actores involucrados en la crisis de la Península Coreana*

	KS-US	KS-CHN	US-CHN	US-JP	KS-JP	KS-KN	US-KN*
2016							
Julio	8.3	–2.2	–2.2	8.3	7.4	–7.6	–7.6
Agosto	8.3	–1	–1	8.3	8.3	–7.6	–7.6
Septiembre	8.3	–2.2	–4.9	8.3	8.3	–7.6	–7.6
Octubre	8.3	–2.4	1	8.3	8.3	–3.4	–2.4
Noviembre	0	–2.4	0	0	8.3	–8.3	–2.4
Diciembre	0	0	0	0	8.3	–5.2	–1
2017							
Enero	8.3	–4.9	–4.4	8.3	8.3	–7	–7
Febrero	8.3	–4.9	–8.3	8.3	8.3	–8.3	–8.3
Marzo	8.3	1.5	1.5	8.3	8.3	–8.3	–8.3
Abril	8.3	3	1.5	8.3	8.3	–8.3	–8.3
Mayo	8.3	0	–5.2	8.3	4.5	–8.3	–8.3
Junio	8.3	1.5	–7.6	8.3	8.3	–7.6	–7.6
Julio	8.3	–2.4	–2.4	8.3	8.3	–7.6	–7.6
Agosto	8.3	1.5	1.5	8.3	8.3	–7.6	–7.6
Septiembre	8.3	–4	–4	8.3	8.3	–7.6	–7.6
Octubre	8.3	3	0	8.3	8.3	–7.6	–7.6
Noviembre	8.3	3	0	8.3	8.3	–7.6	–7.6
Diciembre	8.3	–1.9	–1.9	8.3	8.3	–7.6	–7.6
2018							
Enero	8.3	3	–4.1	8.3	8.3	2.8	1
Febrero	8.3	3	–4.1	8.3	8.3	2.8	1
Marzo	8.3	3	–4.1	8.3	8.3	2.5	1.5
Abril	8.3	3	–2.4	8.3	8.3	3	2.5
Mayo	8.3	3	1.5	8.3	8.3	3	1.5
Junio	8.3	3	–4.1	8.3	8.3	3	3
Julio	8.3	3	–4.1	8.3	8.3	3	3

* Abreviaturas de los países: KS–Corea del Sur, KN–Corea del Norte, JP–Japón, US–Estados Unidos, CHN–China.

Fuente: Elaboración propia con base en la escala Goldsteind de medición para conflictos internacionales y el seguimiento de las noticias de julio de 2016 a julio de 2018.

Obama y la administración Trump. El distanciamiento ocasionado por el cambio de administración es multifactorial; subrayamos la renegociación del ACR entre ambos países, las declaraciones de Donald Trump de retirar las tropas y reducir el apoyo económico para el despliegue del sistema antimisiles en territorio surcoreano.

En segundo lugar, destacamos cómo afecta el ejercicio de la política exterior de Estados Unidos con los demás actores en las relaciones bilaterales de Corea del Sur con los mismos. Por ejemplo, el endurecimiento de las políticas exteriores de Estados Unidos hacia Corea del Norte provoca un distanciamiento en las relaciones bilaterales entre ambas Coreas y, a la vez, el aumento en la cooperación con Japón en materia de seguridad provoca un acercamiento en las relaciones surcoreano-japonesas.

Por último, señalamos que el acercamiento de Corea del Sur y Estados Unidos en materia de seguridad afecta las relaciones bilaterales de Corea del Sur con Corea del Norte y China. En este aspecto, el ejemplo más claro lo encontramos, en el inicio de la nueva etapa de la crisis, en el segundo trimestre de 2016, pues el anuncio de la instalación del sistema antimisiles THAAD ocasionó un aumento en las tensiones entre el gobierno surcoreano y sus contrapartes china y norcoreana.

Así, si comparamos el cuadro 4 con los cuadros 5a y 5b durante el segundo trimestre de 2018, observamos nuevamente un aumento en los porcentajes de importaciones de armamento proveniente de los Estados Unidos, mientras los jefes de Estado surcoreano y estadounidense entablaban negociaciones para reducir las tensiones de la crisis y firmaban acuerdos encaminados a una posible desnuclearización de la Península Coreana.

Con base en lo anterior, podemos afirmar que, el mercado de armamento se desenvuelve independientemente de la crisis: mientras ésta tiene altibajos, el mercado mantiene una continuidad que le es propia. Sin embargo, debemos recalcar la concordancia entre ambos, pues sin crisis no habría razón para aumentar las importaciones de armamento ni la producción interna surcoreana.

En cuanto a las importaciones de armamento, los cuadros 5a y 5b muestran la autonomía del sector armamentista, el cual, aunque está estrechamente relacionado con el conflicto en la península, actúa con independencia de las tensiones de la crisis. A continuación, podemos observar la estructura de las importaciones de Corea del Sur por trimestre, de 2016 a 2018.

Durante la etapa de la crisis, hubo una diversificación de las importaciones coreanas de armamento; se incrementaron las participaciones de Alemania, Reino Unido y Estados Unidos. También observamos la incorporación de nuevas empresas exportadoras de Francia, España, Suecia e Israel. Los productos importados por Corea del Sur son, en su mayoría, motores para vehículos militares.

Los cuadros 5a y 5b indican únicamente la procedencia de las importaciones realizadas por Corea del Sur durante el periodo de crisis estudiado; en contraste, el cuadro 6, pp. 146-149 proporciona la procedencia real del armamento, pues detalla dónde es producido, de qué tipo es y cuáles son las empresas beneficiadas por la crisis en la Península Coreana. Entre las empresas productoras del armamento importado por Corea del Sur, destacan las estadounidenses,[12] con un total de 13; el resto de las importaciones mantiene un origen diversificado entre Europa e Israel.

Debido a las restricciones del sector armamentista, es difícil saber con certeza el número de productos importados. El cuadro 6 muestra únicamente el tipo de armamento según los registros de importaciones, pero no indica la cantidad de productos que ingresaron. Por ejemplo, estamos al tanto del ingreso de los misiles FIM-92 *Stinger* producidos por la empresa estadounidense Raytehon, pero no sabemos cuántos entraron en territorio surcoreano.

[12] La mayoría de ellas también se encuentra en el Top 100 de las empresas productoras de armamento en el mundo (SIPRI, 2016).

CUADRO 5a. *Estructura de las importaciones de Corea del Sur del sector (8710) "Tanques y vehículos de uso militar" por país, 2016-T1 - 2018-T2, en porcentajes*

	2016				2017				2018	
Exportadores	T1	T2	T3	T4	T1	T2	T3	T4	T1	T2
Estados Unidos de América	62.37	31.95	31.10	42.21	78.55	68.23	22.79	68.45	31.65	61.15
Alemania	37.50	20.93	37.69	36.88	4.37	18.84	35.49	11.64	33.09	24.72
Reino Unido	0.00	38.27	24.21	9.97	16.35	7.14	3.82	9.61	3.87	8.04
Otros	**0.13**	**8.85**	**7.00**	**10.90**	**0.74**	**5.82**	**37.90**	**10.28**	**31.38**	**6.09**

Fuente: Elaboración propia con datos de *TradeMap*.

CUADRO 5b. *Estructura de las importaciones de Corea del Sur del sector (9300) "Armamento" por país, 2016-T1 - 2018-T2, en porcentajes*

	2016				2017				2018	
Exportadores	**T1**	**T2**	**T3**	**T4**	**T1**	**T2**	**T3**	**T4**	**T1**	**T2**
Estados Unidos de América	72.14	57.45	88.70	65.98	23.88	59.37	53.66	70.67	62.32	38.59
Alemania	4.71	12.50	7.38	19.65	71.56	32.46	43.26	27.28	34.85	50.69
Francia	0.00	3.97	0.78	0.00	0.02	0.18	0.80	0.11	0.15	4.28
Israel	20.75	23.71	0.00	0.45	1.83	1.68	0.03	0.16	0.04	2.29
Otros	**2.41**	**2.37**	**3.14**	**13.93**	**2.72**	**6.31**	**2.26**	**1.77**	**2.65**	**4.16**

Fuente: Elaboración propia con datos de *TradeMap*.

CUADRO 6. *Estructura de las importaciones de Corea del Sur, por tipo de armamento y empresa productora, 2016-2017*

América		
Estados Unidos		
Empresas	**Tipo**	**Descripción**
GE Aviation	LM-500	Turbina de gas industrial y marina
	LM-2500	Turbina de gas de uso industrial y marítimo
	F404	Familia de motores de aviación para 60 FA-50 *combat aircraft*
	T-700	Familia de motores de aviación de tipo turboeje y turbohélice de la clase 1 500-3 000 CV
	F414	Motor turbofán de poscombustión de la categoría de empuje
BAE Systems	Mk-45 127 mm	Sistema de artillería naval
	Mk-48 GMVLS	Sistema de lanzamiento vertical usado a bordo de submarinos y buques de superficie
Boeing	RGM-84L *Harpoon*-2	Misil antibuque todo tiempo
	GBU-39 SDB	Bomba de planeo guiada por precisión de 250 lb (110 kg), destinada a proporcionar a las aeronaves la capacidad de transportar un mayor número de bombas más precisas
LHTEC	T-800	Motor de turboeje para aplicaciones de ala giratoria
Northrop Grumman	RQ-4A *Global Hawk*	Vehículo aéreo no tripulado
	APG-78 *Longbow*	Control de radar para helicópteros
	APG-83 SABR	Radar de control de fuego de alto rendimiento para el halcón de combate General Dynamics F-16 y otros aviones
Lockheed Martin	AAQ-33 Sniper	For F-16C and F-15K *combat aircraft*
	AGM-114K *Hellfire*	Misil antitanques

CUADRO 6. *(Continuación)*

Empresas	Tipo	Descripción
	SPY-1D	Sistema de radar naval
	F-35A JSF	Avión de combate polivalente de quinta generación, monoplaza y con capacidad furtiva
Hughes Helicopters / McDonnell / Boeing	AH-64E *Apache*	Helicóptero de combate
Nammo, Raytheon Company, Ford Aerospace	AIM-9X *Sidewinder*	Misil aire-aire de corto alcance guiado por infrarrojos, montado principalmente en aviones de caza
Raytheon	RIM-162 ESSM	Misil RIM-7 *Sea Sparrow* utilizado para proteger a los barcos de ataques de aviones y misiles
	AGM-65 *Maverick*	Misil aire-superficie táctico concebido para el apoyo aéreo cercano
	AIM-120C AMRAAM	Misil aire-aire moderno de medio-largo alcance, "más allá del alcance visual", con capacidad operativa todo tiempo
	FIM-92 *Stinger*	Misil tierra-aire rastreador infrarrojo
	MIM-104C PAC-2	Misiles tierra-aire de largo alcance
	Mk-15 *Phalanx*	Sistema de armamento de proximidad
	Standard Missile-2MR	Misil de medio alcance tierra-aire
	MIM-104C PAC-2	Misiles tierra-aire de largo alcance
	Mk-15 *Phalanx*	Sistema de armamento de proximidad (más conocido como CIWS por sus siglas en inglés)
	Patriot PAC-3	Misiles tierra-aire de largo alcance
Textron Defense Systems	CBU-97 SFW	Unidad de bomba de racimo
Caterpillar	C32	Motor de combustión interna diésel V12

CUADRO 6. *(Continuación)*

	Europa	
	Suecia	
Empresas	**Tipo**	**Descripción**
Saab	CEROS-200	Director de control de fuego de seguimiento de radar y optrónica
	Reino Unido	
Rolls Royce	MT-30	Turbina de gas marina
	Trent-700	Motor aeronáutico turbofán de alto índice de derivación
AgustaWestland y Leonardo	AW-159 Wildcat	Helicóptero utilitario
	Alemania	
MTU Friedrichshafen	MTU-1163	Motor de combustión interna para vehículos pesados (tanques)
	MTU-883	Motor de diésel
	MTU-881	Motor de diésel
Taurus Systems Gmbh	Taurus kepd-350	Misil de largo alcance para aviones de combate F-50
MAN Truck & Bus Company	MAN-12V28	Motor para buque de desembarco anfibio
Howaldtswerke-Deutsche Werft	Type-214	Submarino de propulsión diésel-eléctrica
	España	
Airbus Defence	A-330 MRTT	Avión cisterna de reabastecimiento en vuelo
	Francia	
Airbus Helicopters	EC155	Helicóptero
Dassault Aviation	Falcon-2000	Avión
ASW	Flash	Sonar

CUADRO 6. *(Conclusión)*

Asia		
Israel		
Empresas	**Tipo**	**Descripción**
Industrias aeroespaciales de Israel (האתיריה לישראל החעשייה)	EL/M-2032	Radar Doppler de pulso avanzado, radar de control de tiro planar multimodo diseñado para aviones de combate multifuncionales
	Heron	UAV
	EL/M-2080 *Green Pine*	Radar israelí de defensa antimisiles terrestre
Rafael Advanced Defense Systems	Spike-NLOS	Misil antitanque de cuarta generación

Tomando como referencia el establecimiento del THAAD en territorio surcoreano, durante el periodo 2016-2018 las importaciones de armamento de Corea del Sur estuvieron acompañadas por un crecimiento exponencial de la producción interna de armamento. Ahora bien, algunos productos importados por Corea del Sur durante 2016 y 2017 —mostrados en el cuadro anterior— están incluidos en una partida distinta del HS, usado para definir el tipo de producto exportado. La partida 8710 se refiere a los vehículos de uso militar, y la partida 9300, a todo tipo de armamento. Los motores de vehículos pesados consignados en el cuadro se ubican en una partida diferente; por ello no fueron incluidos en las gráficas 2 y 3. Pero resultaría infructuoso importar motores para vehículos pesados sin tener vehículos pesados donde instalarlos; por lo cual, inferimos, hay un aumento en la producción interna del sector armamentista, pues, según la gráfica 3, las importaciones de vehículos de uso militar han disminuido.

El cuadro 7 muestra las empresas coreanas dentro del *ranking* de las 100 empresas con mayor producción de armamento a nivel mundial, desde 2009, cuando se inicio la nueva etapa de la crisis en la península, con la reactivación del programa nuclear de

CUADRO 7. *Crecimiento de la industria militar nacional de Corea del Sur, en millones de dólares*

	2009		2010		2011		2012		2013		2014		2015		2016	
Empresas	**Rango**	**Ventas ($)**	**Rango**	**Ventas ($)**	**Rango**	**Ventas ($)**	**Rango**	**Ventas ($)**	**Rango**	**Ventas ($)**	**Rango**	**Ventas ($)**	**Rango**	**Ventas ($)**	**Rango**	**Ventas ($)**
Samsung Techwin	71	930	73	1 010	73	1 100	70	1 080	80	960	77	1 030				
LIG Nex1	89	750	83	820	98	820	90	850	69	1 100	64	1 330	54	1 680	55	1 600
Korea Aerospace Industries			93	740	86	890	72	1 030	62	1 400	73	1 160	56	1 650	48	1 760
Doosan DST					S	810										
Hanwha Corp.									84	930	84	950	74	980	70	1 190
Hanwha Techwin													67	1 080	71	1 190
DSME													70	1 000	73	1 190
Hanwha Group															95	740
Poongsan Corp.															100	700
Producción	**Total**	**1 680**	**Total**	**2 570**	**Total**	**3 620**	**Total**	**2 960**	**Total**	**4 390**	**Total**	**4 470**	**Total**	**6 390**	**Total**	**8 370**

Fuente: Elaboración propia con información de SIPRI *Data Base*.

Corea del Norte, hasta 2016, último año de información disponible. En primer lugar, el número de empresas aumentó de dos a siete y la producción total se quintuplicó en menos de 10 años.

Para 2016, la empresa Korea Aerospace Industry (KAI) estaba dentro de las 50 mayores empresas productoras a nivel mundial; fue creada en 1999, a partir de Samsung Aerospace, Daewoo Heavy Industries y Hyundai Space and Aircraft Company, obteniendo contratos con los gobiernos surcoreano y estadounidense para la fabricación de aviones y helicópteros de combate (Korea Aerospace Industries, 2018). En 2016, KAI tenía el mayor volumen de ventas y había comenzado a desarrollar sus propios vehículos, aviones y buques de uso militar como el KAI KF-X;[13] también tenía convenios con los gobiernos de Indonesia y Perú para proveer vehículos militares a sus respectivas fuerzas armadas (Korea Aerospace Industries, 2018; SIPRI, 2016).

Conclusiones

Después de observar y analizar la relación entre Estados Unidos y Corea del Sur y los ejercicios de las políticas exteriores de los países involucrados en la crisis durante el periodo 2016-2018, podemos afirmar que la distensión en las relaciones norcoreano-estadounidenses e intercoreanas es una apuesta arriesgada y que el acercamiento entre los actores ha tenido precedentes históricos similares. Por ello, en el futuro próximo será necesario observar si los acuerdos firmados son puestos en práctica, pues, conforme a las experiencias pasadas, las relaciones tienden a retensarse de manera paulatina.

Con respecto al sector productor de armas a nivel mundial, podemos evaluar la hegemonía de Estados Unidos. En la estrecha relación entre la industria armamentista y los conflictos, los

[13] El Korea Aerospace Industries KF-X es un programa de Corea del Sur para desarrollar un caza polivalente avanzado.

principales países exportadores de armas poseen un desarrollo tecnológico avanzado y, en su mayoría, pertenecen al Consejo de Seguridad de las Naciones Unidas y/o son miembros de la OTAN; dicho de otra manera, la mayoría de los principales países productores de armamento carecen de conflictos internos, pero están presentes en la mayor parte de los conflictos internacionales. En el sector productor de armas, a partir del nuevo milenio comenzamos a observar una diversificación del mercado, pues en los últimos años han surgido empresas productoras de armamento en diferentes latitudes.

La producción nacional de armamento en Corea del Sur ha logrado importantes avances en el desarrollo e innovación en el sector; esto se debe, en gran medida, a la constante inversión en gastos militares del gobierno surcoreano, que desde 1985 dedica más de 10% de su PIB a ese rubro. Las importaciones de armas, de 2016 y 2017, también reflejan la evolución del sector interno, pues en los últimos años se ha prescindido de la importación de vehículos completos para sólo importar motores y turbinas para vehículos, aviones y buques militares.

La capacidad de las empresas para fabricar sus propias unidades se desarrolló gracias a la consolidación de industrias productoras surcoreanas; en el caso particular de Korea Aerospace Industries ha tenido en los últimos años un crecimiento exponencial, merced a los acuerdos firmados con los gobiernos estadounidense y surcoreano, así como a la firma de convenios con Indonesia y Perú para el abastecimiento de vehículos de uso militar (Korea Aerospace Industries, 2018).

Desde la división de Corea, en 1953, los gobiernos de Corea del Sur dependían en buena medida de la cooperación bilateral, en materia de seguridad y defensa con Estados Unidos; por lo cual, la consolidación de la producción interna de armamento en Corea del Sur tiene diferentes implicaciones en las relaciones bilaterales con Estados Unidos. Primeramente, el aumento en la producción nacional reduce la necesidad de Corea del Sur de importar grandes cantidades de armamento, para comenzar a importar únicamente materiales estratégicos para la producción y/o ciertos componentes específicos. En este sentido, dando continuidad a las declaraciones de Donald Trump, Estados Unidos también saldría beneficiado, pues disminuirían los gastos militares en la Península Coreana. Por otro lado, la disminución de las importaciones surcoreanas podría representar una disminución considerable en las ventas de las empresas estadounidenses así como en la dependencia en materia de seguridad de Corea del Sur, lo cual implicaría a su vez un menor grado de influencia estadounidense en la región de Asia del Pacífico.

REFERENCIAS

ABC *News* (2017, 6 de marzo). North Korea warns joint US-South Korea military exercises are pushing region to 'nuclear disaster'. ABC *News*, en <https://www.abc.net.au/news/2017-03-07/nkorea-us-skorea-exercises-leading-to-nuclear-disaster/8330554>.

AFPBB (2016, septiembre). 北朝鮮の豊渓里で揺れ、「核実験の可能性高い」と韓国政府．国際ニュース，en <http://www.afpbb.com/articles/-/3100302>.

Arirang News (2016, 1 de noviembre). U. S. saving money, not losing it, by keeping troops in S. Korea: report. Seúl, Corea del Sur, en <https://www.youtube.com/watch?v=haYovUqHjX8>.

BBC *Mundo* (2017, 5 de noviembre). Lo que busca Donald Trump en la gira más larga por Asia de un presidente de Estados Unidos en un cuarto de siglo, en <https://www.bbc.com/mundo/noticias-internacional-41869571>.

BBC *News* (2016, 7 de febrero). North Korea fires long-range rocket despite warnings. BBC *News*, en <https://www.bbc.com/news/world-asia-35515207>.

_______ (2018, 7 de febrero). North Korea leader's sister to make landmark visit to South for Olympics. BBC *News*, en <https://www.bbc.com/news/world-asia-42972216>.

_______ (2018, 11 de febrero). North Korea: US says 'no daylight' between allies despite warmer ties. *BBC News*, en <https://www.bbc.com/news/world-asia-43020476>.

Berlinger, J. (2018, 1 de marzo). Kim Jong-un wants to 'write new history' on South Korea reunification. CNN.

Brunnstrom, C. K. (2018, 12 de febrero). North Korea warms to South after visit, volume down on border propaganda. Reuters, en <https://www.reuters.com/article/us-olympics-2018-northkorea-dialogue/north-korea-warms-to-south-korea-after-visit-volume-down-on-border-propaganda-idUSKBN1FW2KT>.

CBC News (2016, 10 de febrero). Donald Trump on assassinating North Korean leader: "I've heard of worse things". Nueva York, en <https://www.youtube.com/watch?v=NuIClGGj758>.

Choe, S.-H. (2018, 10 de enero). South Korea's Leader Credits Trump for North Korea Talks. *The New York Times*, en <https://www.nytimes.com/2018/01/10/world/asia/moon-jae-in-trump-north-korea.html>.

Chung, L. (2018, 25 de febrero). China angered by US President Donald Trump's unilateral sanctions on North Korea. *South China Morning Post*.

CNBC (2017, 30 de octubre). South Korea, China agree to normalize relations after THAAD fallout. CNBC, en <https://www.cnbc.com/2017/10/30/south-korea-china-agree-to-normalize-relations-after-thaad-fallout.html>.

CNN (2008, diciembre). Talks over North Korea's nuclear program restart. CNN, en <http://edition.cnn.com/2008/WORLD/asiapcf/12/08/north.korea.talks/index.html?iref=nextin>.

_______ (2016, 11 de julio). North Korea closes only communication channel with U. S., en <https://edition.cnn.com/2016/07/11/asia/north-korea-us-contact/index.html>.

Davis, M. L. (2017, 6 de noviembre). Trump Tells Japan It Can Protect Itself by Buying U. S. Arms. *The New York Times*, en <https://www.nytimes.com/2017/11/06/world/asia/trump-japan-shinzo-abe.html>.

El Mundo (2017, 7 de noviembre). Donald Trump dice en Seúl que ve "movimientos" hacia las negociaciones con Corea del Norte, en <https://www.elmundo.es/internacional/2017/11/07/5a0171ad22601d270f8b45b2.html>.

Europa Press (2018, 6 de marzo). Kim Jong-un y Moon Jae In celebrarán una cumbre bilateral a finales de abril. *Europa Press*.

Expansión (2018, 10 de enero). Trump ofrece a mandatario surcoreano dialogar con Corea del Norte. *Expansión*, en <https://expansion.mx/mundo/2018/01/10/trump-ofrece-a-mandatario-surcoreano-dialogar-con-corea-del-norte>.

Faus, J. (2018, 25 de mayo). Trump cancela la cumbre con Kim Jong-un en Singapur. *El País*, en <https://elpais.com/internacional/2018/05/24/actualidad/1527169769_201598.html>.

Fifield, A. (2018, 25 de febrero). As Winter Games close, North Korea says it is willing to talk to the U. S., according to Seoul. *The Washington Post*, en <https://www.washingtonpost.com/world/as-winter-games-close-olympics-chief-lauds-diplomatic-thaw-between-the-koreas/2018/02/25/9eedf22a-18d1-11e8-930c-45838ad0d77a_story.html?utm_term=.7a6fab675abe>.

Goldstein, J. S. (1992, junio). A Conflict-Cooperation Scale for WEIS Events Data. *The Journal of Conflict Resolution*, 36 (2): 369-385, en <https://www.jstor.org/stable/174480?newaccount=true&read-now=1&seq=2#metadata_info_tab_contents>.

Griffiths, S. J. (2018, 18 de enero). North, South Korea to march together under one flag at Winter Olympics. CNN *News*, en <https://edition.cnn.com/2018/01/17/asia/north-south-korea-olympics-flag-intl/index.html>.

Heidegger, M. (1973). *Arte y poesía*. México: Fondo de Cultura Económica, en <https://es.scribd.com/doc/30044384/Heidegger-Martin-Arte-y-poesia>.

Hu, E. (2016, 10 de noviembre). Japan and South Korea Rattled by Trump's Talk of Closing U. S. Bases. NPR, en <https://www.npr.org/sections/parallels/2016/11/10/501531166/japan-and-south-korea-rattled-by-trumps-talk-of-closing-u-s-bases>.

Jae-soon, C. (2016, 21 de julio). Trump says he's ready to tell allies, 'Congratulations, you will be defending yourself', en <http://english.yonhapnews.co.kr/news/2016/07/22/0200000000AEN20160722000200315.html>.

Ju-min Park, K. K. (2016, 1 de diciembre). South Korea, Japan impose new unilateral sanctions on North Korea. Reuters, en <https://www.reuters.com/article/us-northkorea-nuclear/south-korea-japan-impose-new-unilateral-sanctions-on-north-korea-idUSKBN13R04V>.

Korea Aerospace Industries (2018, 15 de octubre). Korea Aerospace Industries, en <http://www.koreaaero.com/english/>.

Kubo, J.-m. P. (2017, 10 de abril). China and South Korea are discussing North Korea's increasingly defiant weapons program – as Trump flexes his muscles. Reuters, en <https://www.businessinsider.com/r-chinas-nuclear-envoy-in-south-korea-amid-talk-of-trump-action-against-north-korea-2017-4>.

Lockie, A. (2017, febrero). The US military is sending the big guns to South Korea after Kim Jong-un's latest stunts, en <https://www.businessinsider.com/f-22-nuclear-submarine-to-south-korea-2017-2>.

McClelland, C. (s. f.). Goldstein Scale for WEIS Data, en <http://web.pdx.edu/~kinsella/jgscale.html>.

McCurry, J., T. Phillips y J. Borger (2017, 14 de abril). China urges North Korea and US to step back from brink of war, en <https://www.theguardian.com/world/2017/apr/14/north-korea-blames-donald-trumps-aggression-amid-nuclear-test-crisis>.

Mills, C. (2017, 5 de enero). South Korea Assembling 'Decapitation Unit' Against North Korea. *US News*.

Min-sik, Y. (2016, 10 de julio). S. Korea hit by THAAD backlash. *The Korea Herald*, en <http://www.koreaherald.com/view.php?ud=20160710000260>.

Mullen, J. (2017, 23 de septiembre). Trump gives 'final warning' on North Korea trade. What comes next? CNN, en <https://money.cnn.com/2017/09/22/news/economy/north-korea-trump-china-trade-sanctions/index.html>.

NBC *News* (2017, 1 de enero). North Korea's Leader Hints at Long-Range Missile Test Launch, en <https://www.nbcnews.com/news/world/north-korea-s-leader-hints-long-range-missile-test-launch-n702036>.

Netto, K. K. (2016, 9 de julio). North Korea fires submarine-based ballistic missile: South Korea. CNN, en <https://edition.cnn.com/2016/07/09/asia/north-korea-submarine-missile/index.html>.

Panda, A. (2016, 22 de diciembre). China Brings More Economic Retaliation for THAAD Against South Korea. *The Diplomat*, en <https://thediplomat.com/2016/12/china-brings-more-economic-retaliation-for-thaad-against-south-korea/>.

Pardo, P. (2017, 5 de septiembre). China y Estados Unidos chocan en la ONU por Corea del Norte. *El Mundo*, en <https://www.elmundo.es/internacional/2017/09/05/59ada947268e3 eef5b 8b4889.html>.

Prieto, M. G. (2017, 1 de diciembre). Guerra de reproches entre China y Estados Unidos por Corea del Norte, en <https://www.elmundo.es/internacional/2017/12/01/5a2039e2ca 4741fd328b4664.html>.

Reuters (2016, 30 de septiembre). China paper says U. S., South Korea will 'pay the price' for planned missile system. Reuters, en <https://www.reuters.com/article/us-southkorea-usa-china-idUSKCN1212XH>.

——— (2016, 22 de noviembre). South Korea, Japan agree intelligence-sharing on North Korea threat. Reuters, en <https://www.reuters.com/article/us-southkorea-japan-military/south-korea-japan-agree-intelligence-sharing-on-north-korea- threat-idUSKBN13I068>.

Reuters Staff (2016, noviembre). China military says it's seriously concerned by Japan-South Korea pact. Reuters, en <https://www.reuters.com/article/us-china-southkorea-japan-id USKBN13P0ZH>.

Rich, M. (2017, 7 de junio). North Korea Fires More Missiles as Seoul Puts Off U. S. Defense System. *The New York Times*, en

<https://www.nytimes.com/2017/06/07/world/asia/south-korea-thaad-missile-defense-us.html>.

Rogin, J. (2018, 11 de febrero). The United States and South Korea now openly disagree on North Korea. *The Whashington Post*, en <https://www.washingtonpost.com/news/josh-rogin/wp/2018/02/08/the-united-states-and-south-korea-now-openly-disagree-on-north-korea/?utm_term=.d72e74cd6af2>.

RT (2016, 19 de julio). Trump es elegido formalmente candidato del Partido Republicano a la presidencia de EE.UU. RT, en <https://actualidad.rt.com/ultima_hora/213671-trump-candidato-oficial-partido-republicano>.

Samuelson, K. (2017, 22 de septiembre). Here Are All the Times Kim Jong-un and Donald Trump Insulted Each Other. *TIME*, en <http://time.com/4953283/kim-jong-un-donald-trump-insults/>.

Sanger, M. H. (2017, 3 de enero). 'It Won't Happen,' Donald Trump Says of North Korean Missile Test. *The New York Times*, en <https://www.nytimes.com/2017/01/02/world/asia/trump-twitter-north-korea-missiles-china.html>.

Sang-Hun, C. (2017, 30 de enero). Trump Tells South Korea That Alliance With U. S. Is 'Ironclad'. *The New York Times*, en <https://www.nytimes.com/2017/01/30/world/asia/trump-north-korea-south.html>.

Shelbourne, M. (2017, 5 de septiembre). Trump offers to sell Japan, S. Korea more 'sophisticated military equipment'. *The Hill*, en <https://thehill.com/policy/defense/349179-trump-us-will-sell-military-equipment-to-japan-and-south-korea>.

Shim, E. (2016, 21 de julio). North Korea submarine movement detected at disputed border. UPI, en <https://www.upi.com/Top_News/World-News/2016/07/21/North-Korea-submarine-movement-detected-at-disputed-border/9171469107619/>.

SIPRI (Stockholm International Peace Research Institute) (2016).

Tamkin, E. (2017, 14 de marzo). Japan, South Korea, and U. S. Begin Drills off North Korea, en <https://foreignpolicy.com/ 2017/03/14/japan-south-korea-and-u-s-begin-drills-off-north-korea/>.

The Guardian (2016, 8 de julio). South Korea, and U. S. agree to deploy THAAD missile defence system. *The Guardian*, en <https://bit.ly/29msZab>.

——— (2016, 30 de julio). US-South Korea military drills to proceed despite North Korea's warning. *The Guardian*, en <https://www.theguardian.com/world/2016/jul/30/us-south-korea-military-drills-north-korea-warning>.

The Japan Times (2017, 6 de julio). Japan, U. S., South Korea vow 'maximum pressure' on North Korea. *The Japan Times*.

TIME (2016, 1 de agosto). Here's What Donald Trump Has Said About Nuclear Weapons, en <http://time.com/4437089/donald-trump-nuclear-weapons-nukes/>.

Torres, M. (2018, 9 de marzo). Trump y Kim Jong-un se reunirán en mayo para abordar la desnuclearización de Corea del Norte. *El Mundo*, en <https://www.elmundo.es/internacional/2018/03/09/5aa1d649ca4741dc0b8b45ab.html>.

Trump, D. (2018, 20 de agosto). Tweets RealDonaldTrump, en <https://twitter.com/search?l=&q=Kim%20from%3ArealDonaldTrump%20since%3A2017-01-01%20until%3A2017-12-31&src=typd>.

Williams, J. (2018, 12 de junio). Read: full text of Trump-Kim agreement, en <https://www.vox.com/2018/6/12/17452532/trump-kim-document-agreement-full-text-denuclearization-read>.

Yonhap News (2018, 27 de abril). Full text of joint declaration issued at inter-Korean summit. *Yonhap News*, en <http://english.yonhapnews.co.kr/news/2018/04/27/0200000000AEN20180427013900315.html>.

IV. EL TERCER ACUERDO COMERCIAL ESTADOS UNIDOS DE AMÉRICA-REPÚBLICA DE COREA Y EL PROTECCIONISMO COERCITIVO

JUAN JOSÉ RAMÍREZ BONILLA[1]

Antes de concluir la Segunda Guerra Mundial, en 1945, el gobierno estadounidense comenzó a sentar las bases de su política exterior, basada en el multilateralismo y utilizada como mecanismo privilegiado para detener el avance del comunismo. Así, en julio de 1944, en Bretton Woods, New Hampshire, impulsó la creación del Fondo Monetario Internacional (FMI) y del Banco Mundial (BM); el 24 de octubre de 1945, promovió la institucionalización de la Organización de las Naciones Unidas (ONU), y del General Agreement on Tariffs and Trade, en San Francisco, California; en noviembre de 1947 concertó la firma del GATT en La Habana.[2]

Durante el tránsito de los años 1970 a la década de 1980, la intervención en Afganistán puso en evidencia las dificultades estructurales del sistema soviético, y el gobierno estadounidense comenzó a desentenderse del multilateralismo económico. Sin desechar por completo el GATT, la administración Reagan marcó un giro hacia una política económica internacional favorable a la participación en iniciativas de integración regional, basadas en reglas proteccionistas consensuadas por los participantes de cada acuerdo comercial regional (ACR) y en detrimento tanto de los

[1] Centro de Estudios de Asia y África, El Colegio de México.

[2] El 1 de enero de 1995 el GATT fue sustituido por la Organización Mundial del Comercio (OMC).

excluidos de los acuerdos como de los mecanismos multilaterales de regulación económica. Esa reorientación cristalizó en la firma de los Acuerdos de Libre Comercio (ALC) Estados Unidos-Israel, en abril de 1985, y EU-Canadá, en enero de 1988, por parte de la administración Reagan. En los medios académicos resonaron voces de alarma provocadas por el giro de la política económica internacional estadounidense favorable al regionalismo (Bhagwati, 1992). Sin embargo, hubo que esperar hasta 1992 para que el sistema económico internacional fuera encauzado en una nueva dirección por dos decisiones políticas trascendentales: el 7 de febrero se firmó el Tratado de Maastricht para establecer la Unión Europea (UE) y sentar las bases de la unión monetaria; el 17 de diciembre se firmó el ALC de América del Norte (ALCAN), por los gobiernos de Canadá, Estados Unidos y México.

Los proyectos del ALCAN y de la UE desencadenaron fuerzas centrífugas que modificaron la lógica de la economía global: los gobiernos excluidos de una y otra iniciativas reaccionaron rápidamente, buscando establecer acuerdos con los miembros de la UE y/o del ALCAN, así como entre ellos mismos, a fin de mitigar los efectos de la exclusión. Para 1992, la base de datos de la OMC registra 30 acuerdos comerciales regionales en vigor, notificados al GATT; en noviembre de 2018, la cifra había aumentado hasta 465 ACR. Durante el periodo 1992-2018, la política económica internacional del gobierno estadounidense fue ambigua: de acuerdo con las circunstancias favorecía el sistema económico multilateral o bien ponía de realce la práctica del regionalismo basado en el proteccionismo consensuado. La proliferación de ACR, en la práctica, terminó por minar la posición económica de Estados Unidos en la economía global e inhabilitar a la OMC como mecanismo multilateral de concertación y regulación económica.

La tercera negociación del Acuerdo Comercial Estados Unidos-República de Corea (o Corea del Sur), concluida el 24 de septiembre de 2018, puso fin a esa ambigüedad de la política económica internacional estadounidense. Hasta entonces, el lema de la administración Trump, *America First*, había sido interpretado como expresión de un proteccionismo nacionalista y aislacionista; sin embargo, el nuevo acuerdo EU-Corea del Sur evidenció una práctica diferente del regionalismo, marcada por: *a)* una relación bilateral asimétrica entre la principal potencia global y un gobierno subordinado estratégicamente a ella; *b)* el uso de la subordinación estratégica como mecanismo para imponer el interés económico de la potencia a través de las regulaciones del comercio bilateral; *c)* la cancelación del uso soberano de instrumentos de política económica por la contraparte subordinada; *d)* un desentendimiento de las regulaciones establecidas por la OMC. En las negociaciones EU-México y EU-Canadá esas cuatro características del nuevo regionalismo estadounidense volvieron a aflorar; incluso, la cancelación del uso soberano de instrumentos de política económica fue extendida para prohibir acuerdos comerciales con gobiernos de países cuyas economías no se consideran acordes con los principios de mercado.[3]

Nuestra principal conclusión es que el nuevo regionalismo estadounidense está marcado por un proteccionismo coercitivo, y esta idea constituye el hilo conductor de este trabajo, abocado a analizar la evolución del marco bilateral que regula los intercambios comerciales. Comenzamos, en la primera parte, destacando las diferencias entre los regionalismos practicados por los gobiernos de Corea y Estados Unidos, para mostrar sus características más distintivas, pues mientras el primero tiende a vincular la economía coreana con los principales procesos económicos globales, el segundo privilegia las relaciones comerciales con socios estratégicos en sus zonas de influencia más importantes (América Latina y Medio Oriente).

[3] En el ámbito multilateral de la ONU, la administración Trump tampoco ha tenido reparos en retirarse de la Organización de las Naciones Unidas para la Educación, la Ciencia y la Cultura (UNESCO); así, en octubre de 2017, la vocera del Departamento de Estado anunció que esa decisión "no se tomó a la ligera, y refleja[ba] las preocupaciones de EU con los rezagos cada vez mayores en la UNESCO, la necesidad de una reforma fundamental de la organización y el continuo sesgo contra Israel". También confirmó que la decisión sería efectiva a partir del 31 de diciembre de 2018 (Nauert, 2017).

En la segunda parte analizamos, a la luz de la noción de "proteccionismo consensuado", los principales rasgos de los acuerdos comerciales resultantes de la primera y segunda negociaciones bilaterales entre Estados Unidos y Corea del Sur. El proteccionismo de los mal denominados "acuerdos de libre comercio" suele estar basado en el consenso, en la medida en que las regulaciones de los flujos de bienes, servicios, capitales y/o personas en un acuerdo comercial regional específico son establecidas mediante negociaciones en las cuales cada gobierno trata de preservar sus intereses primordiales, haciendo concesiones a su(s) contraparte(s) en áreas secundarias. Ese consenso, a su vez, es proteccionista en la medida en que beneficia a las economías integradas en un mercado supranacional, en detrimento de todas las excluidas.

Finalmente, en la tercera parte ponemos de realce el nuevo regionalismo practicado por la administración Trump. Con ese fin, analizamos la tercera negociación del marco regulatorio de la relación bilateral Estados Unidos-Corea del Sur, recurriendo al concepto de "proteccionismo coercitivo", en el cual el adjetivo "coercitivo" traduce la posición de fuerza de una de las partes negociadoras respecto a la otra, derivada de la dependencia estructural en uno o más campos específicos de la segunda respecto a la primera.

LAS ESTRATEGIAS REGIONALISTAS ESTADOUNIDENSE Y COREANA

Más allá de la aceptación del proteccionismo consensuado propio de los ACR sancionados por la OMC mediante el artículo XXIV del GATT, las prácticas regionalistas de los gobiernos de Estados Unidos y de la República de Corea difieren en múltiples aspectos. La primera diferencia es temporal. Como señalamos, la firma del ACR Estados Unidos-Israel, en abril de 1985, marcó el inicio del regionalismo estadounidense; en contraste, el gobierno de Corea del Sur, como la mayor parte de los gobiernos del Pacífico asiático, se mantuvo apegado al multilateralismo hasta febrero de 2003, cuando firmó el primer ACR con Chile.

La segunda diferencia estriba en el tipo de ACR, en función del número de contrapartes. Así, en el caso de Estados Unidos, los acuerdos bilaterales (13) predominan sobre los multilaterales (ALCAN, ALC con América Central-República Dominicana y Trans Pacific Parthnership Agreement o TPP; véase cuadro 1). La red estadounidense de ACR incluiría 32 contrapartes con las cuales fueron firmados convenios comerciales; sin embargo, dada la decisión de la administración Trump de retirarse del TPP, el número de contrapartes se reduce a 21 economías. En contraste, el gobierno coreano mantiene un mayor balance entre 12 ACR bilaterales y siete multilaterales; estos últimos permiten la asociación, en diferentes modalidades, con 103 economías, a las cuales se suman los 12 socios de los acuerdos bilaterales, para arrojar un total de 125 contrapartes. En consecuencia, la proyección geográfica de Estados Unidos es más reducida que la de Corea del Sur.

La tercera diferencia está relacionada con la proyección comercial y tiene una dimensión cualitativa. El gobierno estadounidense tendió a privilegiar los nexos comerciales con aliados del continente americano y de Medio Oriente; los vínculos transpacíficos ocupan un tercer lugar y fueron mantenidos mediante los ACR con Singapur y Corea del Sur. En contraste, el regionalismo practicado por el gobierno surcoreano tiene una connotación más global, en la medida en que mantiene vínculos económicos con economías desarrolladas y en desarrollo de América, Asia y Europa. Cierto, África está ausente en los acuerdos bilaterales, pero tiene cierta importancia a través de los acuerdos multilaterales. En todo caso, el mayor contraste lo podemos encontrar entre una política económica internacional estadounidense practicada como extensión de la política exterior tendiente a privilegiar América y Medio Oriente, así como a descuidar las relaciones con Asia del Pacífico, y una política económica internacional coreana con alcance global que tiende a privilegiar los nexos transpacíficos.

CUADRO 1. *Participación de Estados Unidos en ACR*

Contraparte	Firma	En vigor	Lapso[a]	Administración EU
Israel	22-abr-85	19-ago-85	4 m	Ronald Reagan[b]
Canadá	02-ene-88	09-sep-88	8 m	
ALCAN	17-dic-92	01-ene-94	12 m	George Bush Sr.[b]
Jordania	24-oct-00	17-dic-01	1 a 2 m	William Clinton[c]
Singapur	06-may-03	01-ene-04	8 m	George Bush Jr.[b]
Chile	06-jun-03	01-ene-04	7 m	
Australia	18-may-04	01-ene-05	7 m	
Marruecos	15-jun-04	01-ene-06	1 a 7 m	
CAFTA-DR	05-ago-04	01-mar-06	1 a 7 m	
Baréin	13-sep-04	01-ago-06	1 a 11 m	
Omán	19-ene-06	01-ene-09	2 a 11 m	
Perú	12-abr-06	01-feb-09	2 a 8 m	
Colombia	22-nov-06	15-may-12	5 a 6 m	
Panamá	28-jun-07	31-oct-12	5 a 4 m	
Corea	30-jun-07			
1ª renegociación ALC Corea-EU	dic-10	15-mar-12	4 a 9 m	Barack Obama[c]
TPP	04-feb-16			
2ª renegociación ALC Corea-EU	24-sep-18			Donald Trump[b]
México-Canadá	30-sep-18			

[a] a = año(s), m = mes(es).
[b] Partido Republicano.
[c] Partido Demócrata.

Fuente: Elaboración propia con información de Office of the United States Trade Representantive, Free Trade Agreements, en <https://ustr.gov/trade-agreements>.

CUADRO 2. *La red coreana de* ACR

Bilaterales		Multilaterales			
Contraparte	Fecha firma	Contraparte	Fecha firma	Presidente	Ejercicio
		Protocol on Trade Negotiations[a]	09-dic-71		
		Asia Pacific Trade Agreement (APTA)[b]	31-jul-75		
		Global System of Trade Preferences among Developing Countries[c]	11-jun-89		
Chile	15-feb-03			Kim Dae-jung	1998-2003
Vietnam	15-sep-03			Roh Moo-hyun	2003-2008
Singapur	04-ago-05	European Free Trade Association[d]	15-dic-05		
		ANSEA-bienes	24-ago-06		
Estados Unidos	30-jun-07	ANSEA-servicios	21-nov-07		
China	07-sep-07				
India	07-ago-09	Unión Europea[e]	15-oct-09	Lee Myung-bak	2008-2013
Perú	21-mar-11	APTA-Accession of China	nov-11		
Colombia	25-jun-12				
Turquía	01-ago-12				
Canadá	11-mar-14			Park Geun-hye	2013-2017
Australia	08-abr-14				
Nueva Zelanda	23-mar-15				

[a] Creado en 1971 por Bangladesh, Brasil, Chile, Egipto, Israel, Corea del Sur, México, Pakistán, Paraguay, Perú, Filipinas, Serbia, Túnez, Turquía, Uruguay.

[b] Creado en 1975 por Bangladesh, India, Corea, Laos y Sri Lanka; China se adhirió en 2001 y Mongolia en 2011.

[c] Integrado por Bangladesh, Cuba, Ghana, India, Nigeria, Singapur, Sri Lanka, Tanzania, Zimbabue, Argelia, Argentina, Benín, Bolivia, Brasil, Camerún, Chile, Colombia, Ecuador, Egipto, Macedonia, Guinea, Guyana, Indonesia, Irán, Irak, Corea del Norte, Corea del Sur, Libia, Malasia, México, Marruecos, Mozambique, Birmania, Nicaragua, Pakistán, Perú, Filipinas, Sudán, Tailandia, Trinidad y Tobago, Túnez, Venezuela, Vietnam y Mercosur.

[d] Creado en 1970 por Austria, Dinamarca, Reino Unido, Noruega, Portugal, Suecia y Suiza.

[e] Incluye Alemania, Austria, Bélgica, Bulgaria, Chipre, Croacia, Dinamarca, Eslovaquia, Eslovenia, España, Estonia, Finlandia, Francia, Grecia, Hungría, Irlanda, Italia, Letonia, Lituania, Luxemburgo, Malta, Países Bajos, Polonia, Portugal, Reino Unido, República Checa, Rumanía y Suecia.

Fuente: Elaboración propia con información de World Trade Organization, Regional Trade Agreements Information System, en < http://rtais.wto.org/UI/PublicMaintainRTAHome.aspx>.

La cuarta diferencia, finalmente, es determinada por los actores políticos promotores de las prácticas regionalistas. En efecto, en Estados Unidos, de 19 acuerdos negociados, 16 fueron obra de administraciones republicanas, destacando la de George Bush Jr., con 11 ACR negociados. En el activo de la administración Trump, por ahora, entran la tercera negociación del ALC EU-Corea del Sur y la renegociación del ALCAN resultante en el nuevo Acuerdo Estados Unidos-México-Canadá (USMCA, por sus siglas en inglés).[4] La influencia de las administraciones republicanas es todavía más marcada si tenemos en cuenta que la administración Obama se limitó, por un lado, a negociar por segunda vez el ALC EU-Corea del Sur y a realizar el trámite para su ratificación por el Congreso y, por el otro, a recuperar la iniciativa del TPP emprendida por la segunda administración Bush Jr. En este contexto, la segunda administración Clinton es la única demócrata en haber iniciado y culminado la negociación de un ACR: el ALC EU-Jordania.

En el caso del gobierno coreano, el sistema político de la sexta república (iniciada en 1988) se ha caracterizado por la inestabilidad de los partidos políticos, que han necesitado recurrir a alianzas para gobernar. El Partido Democrático, ganador de la elección presidencial de 2017, es la excepción y, desde entonces, gobierna solo. Lo importante es que la práctica regionalista ha sido aplicada sistemáticamente por los cuatro últimos gobiernos, sin importar la orientación política del partido dominante en las alianzas gubernamentales. Con ello, el regionalismo coreano puede ser considerado como una política de Estado, mientras que el estadounidense ha sido una política republicana; en consecuencia,

[4] El USMCA, dicho sea de paso, debe ser considerado más bien como dos acuerdos bilaterales de Estados Unidos con sus contrapartes de América del Norte. En efecto, en la página electrónica de la Office of the United States Trade Representative, el texto del acuerdo aparece con el siguiente título: *Agreement between the United States of America, the Mexican United States and Canada Text*; el uso erróneo de la preposición *between* es evidente y deja entrever que, para la administración Trump, las negociaciones fueron bilaterales, lo mismo que sus resultados (US Trade Representative, 30 de noviembre de 2018).

es coherente que la administración Trump cierre el ciclo inaugurado por la administración Reagan, abriendo una fase marcada por el regionalismo basado en reglas proteccionistas coercitivas.

EL ALC ESTADOS UNIDOS-COREA DEL SUR Y EL PROTECCIONISMO CONSENSUADO

La ratificación y las dos negociaciones del ALC EU-Corea se inscriben en la tendencia del Congreso estadounidense hacia el cuestionamiento del regionalismo basado en el proteccionismo consensuado. En efecto, en el cuadro 1 es posible apreciar que el periodo transcurrido entre la firma y la entrada en vigor de un ACR tiende a ampliarse. Además, si consideramos que el lapso promedio entre la firma y la entrada en vigor de cada ACR es de dos años y un mes, podemos establecer un punto de inflexión en la tendencia: a partir de 2006, el lapso se extiende de dos años y ocho meses (ALC EU-Perú) a cinco años y seis meses (ALC EU-Colombia). Tal ampliación refleja las reticencias tanto del titular del Ejecutivo para presentar un ACR para su ratificación por parte del Congreso, como del mismo Congreso para aceptar un ACR tal como fue negociado por el Ejecutivo.

En ese sentido, las desavenencias crecientes entre las ramas del Ejecutivo y Legislativo del gobierno estadounidense explican por qué los ACR de EU con Colombia, Panamá y Corea del Sur, habiendo sido negociados por la segunda administración Bush Jr., no se ratificaron sino hasta la primera administración Obama. La influencia del presidente demócrata, además, pesó para convencer a los demócratas opositores a la política regionalista de la pertinencia de ratificar los ACR con Colombia y Panamá, pero dejando de lado el acuerdo con Corea del Sur.

En efecto, para lograr la ratificación del acuerdo con Corea, la administración Obama debió renegociarlo durante noviembre de 2010; las revisiones del acuerdo original fueron firmadas por ambos gobiernos en diciembre de ese año; en octubre y noviembre de 2011, los Congresos estadounidense y coreano ratificaron respectivamente el acuerdo revisado; finalmente, la fecha oficial de entrada en vigor fue el 15 de marzo de 2012, cuatro años y nueve meses después de haber sido firmado el primer acuerdo bilateral.

Más tarde, durante la campaña electoral de 2016, Donald Trump afirmó que:

> Hillary Clinton desató una guerra comercial contra los trabajadores estadounidenses, cuando apoyó un acuerdo terrible tras otro, desde el ALCAN hasta los de China y Corea del Sur. No importa a dónde haya ido, los trabajadores estadounidenses resultaron heridos y volverán a sufrir más daños que nunca si ella se convierte en presidenta de Estados Unidos (Trump, 2016).

Las imprecisiones son flagrantes: primero, la negociación y firma del ALCAN fueron obra de la administración George Bush; la ratificación y entrada en vigor del acuerdo correspondieron a la primera administración Clinton, en la cual Hillary no tuvo ninguna responsabilidad oficial. Cierto, las negociaciones bilaterales para otorgar el visto bueno a la entrada de la República Popular China a la OMC fueron esencialmente llevadas a cabo por la segunda administración Clinton, pero la señora Clinton tampoco tenía responsabilidades oficiales en el gabinete de su marido, y, cabe señalar, el ingreso de China a la OMC se produjo durante la primera administración Bush Jr. y ésta jamás manifestó una objeción al respecto. En relación con el acuerdo EU-Corea del Sur, ya hemos señalado que fue originalmente negociado por la administración Bush Jr. y que la primera administración Obama fue responsable de su primera renegociación, de su ratificación y de su entrada en vigor durante el periodo noviembre 2010-septiembre 2012. Cierto que ese lapso coincide plenamente con las funciones de Hillary Clinton como secretaria de Estado (21 de enero de 2009-1 de febrero de 2013, Wikipedia, 2018a), debemos tener en cuenta que la política comercial no entra en las funciones directas de ese cargo, pues, más bien es facultad del US Trade Representative y, durante el periodo 18 de marzo de 2009-15 de marzo de 2013 (Wikipedia, 2018b), Ron Kirk ocupó ese puesto.

Es comprensible que, siendo la señora Clinton la principal contrincante en la competencia por la presidencia, Donald Trump le haya achacado responsabilidades fuera de su incumbencia. En todo caso, las imprecisiones repetidas continuamente devinieron en verdades aceptadas de forma acrítica y han servido de marco político para revisar el ALC EU-Corea del Sur y el ALCAN.

La segunda revisión del ALC EU-Corea del Sur tuvo como antecedentes dos rondas de consultas: en Seúl, en agosto de 2017, y en Washington, en octubre de 2017. A partir de ahí, la revisión fue realizada de manera expedita, mediante tres rondas: en Washington, el 5 de enero de 2018; en Seúl, los días 31 de enero-1 de marzo, y en Washington, el 27 de marzo. Se trató del primer acuerdo renegociado por la administración Trump, cuya meta explícita era reducir el déficit comercial estadounidense y cuyos fines implícitos fueron, por un lado, imponer el interés estadounidense sobre el de sus contrapartes y, por el otro, crear un vacío comercial en torno a China.

El proteccionismo consensuado en la negociación original y en la segunda negociación del ALC EU-Corea

Después de la entrada en vigor del ALC EU-Corea del Sur, un conocido *think tank* del Congreso estadounidense estableció un balance de la primera renegociación y del desempeño del comercio bilateral. El informe comenzaba formulando un juicio general sobre las ventajas otorgadas mutuamente por los gobiernos estadounidense y coreano:

> Bajo las disposiciones agrícolas del ALC EU-Corea, Corea del Sur otorgó inmediatamente el estatus de libre de impuestos a casi dos tercios de las exportaciones agrícolas actuales de los Estados Unidos.

> Los aranceles y las cuotas de importación de la mayoría de los demás productos agrícolas se eliminarían gradualmente en un plazo de 10 años, y algunos productos básicos y productos alimenticios estarían sujetos a disposiciones que eliminarían esa protección en el año 23. Sin embargo, debido a su sensibilidad, el acceso libre de impuestos para varios productos de Estados Unidos se expandiría lentamente a perpetuidad, pero seguirán sujetos a las cuotas de importación de Corea del Sur (Williams *et al.*, 2014).

Sobre todo, destaca el carácter consensuado de las dos ventajas otorgadas por los negociadores estadounidenses a sus contrapartes de Corea; a saber: *a)* plazos diferenciados para la supresión de las tarifas aplicadas a los bienes agrícolas de origen estadounidense, de acuerdo con su "sensibilidad" para el gobierno coreano; *b)* mantenimiento de cuotas crecientes y disminución perpetua de aranceles para productos excluidos de la liberalización.

Entre las reglas de origen de los productos manufacturados destacaban las del sector automotriz: el contenido local oscilaba entre 35% y 55%, según se recurriera al método de acumulación o de reducción para calcularlo.[5] Cada gobierno garantizaba a su contraparte la posibilidad de incorporar insumos de origen extrarregional en una proporción análoga a la permitida mediante otros ACR entre gobiernos de la región del Pacífico; con ello, permitían la participación de sus economías en otros procesos de integración regional y podrían ser considerados, hasta cierto punto, como *building blocks*.

Los opositores estadounidenses a la apertura comercial bilateral ejercieron presión para que el acuerdo fuese revisado, con miras a suprimir algunas de las ventajas otorgadas a la contraparte coreana. En relación con los bienes agrícolas, destacan las siguientes medidas:

[5] *Fuente*: Texto final del KORUS FTA, capítulo 6. Reglas y procedimientos de origen, anexo 6-A: Reglas específicas de origen (US Trade Representative, 30 de junio de 2007).

- El mercado coreano del arroz fue excluido de la liberalización. No obstante, el gobierno coreano, en el marco de las negociaciones de 2004, en la OMC, estableció una cuota de importación de 205 000 toneladas métricas de arroz, la cual aumentaría anualmente en 20 347 toneladas métricas (TM) y estaría sujeta a una tarifa de 5%. El 24% de la cuota estuvo asignada a cuatro países exportadores de arroz (entre los cuales figuraba Estados Unidos); el restante 76% quedó abierto a todos los países (incluido Estados Unidos), bajo el principio *first arrived, first served* (Williams *et al.*, 2014).
- La leche descremada, la leche en polvo, la leche evaporada, las naranjas de temporada, las papas para consumo humano, la miel y la soya en conserva para uso alimentario fueron sujetas a cuotas de importación y éstas serían expandidas lentamente de manera perpetua.

  Mención aparte merecen las naranjas, pues en el marco de las negociaciones en la OMC, el gobierno coreano estableció una tarifa de 50% sobre todas las importaciones de esta fruta. La renegociación del acuerdo bilateral permitió:

  - Establecer una cuota de 2 500 TM libres de impuestos para las naranjas navel producidas en Estados Unidos e introducidas en el mercado coreano del 1 de septiembre al último día de febrero; la cuota sería incrementada perpetuamente en 3% cada año. Las importaciones por encima de la cuota anual estarían sujetas a 50% de tarifa.
  - Durante el primer año del ALC EU-Corea, la tarifa de 50% sería reducida a 30% para las importaciones fuera del periodo señalado en el párrafo anterior, y disminuiría progresivamente hasta cero en el séptimo año del ALC en vigor.
  - La tarifa de 144% sobre otros tipos de naranjas y mandarinas sería eliminada progresivamente en un plazo de 15 años (Williams *et al.*, 2014).

- En las importaciones de carne de cerdo, los resultados también fueron diferenciados:

  - Las importaciones coreanas de carne de cerdo congelada estarían sujetas a una tarifa de 25%, la cual habría de ser suprimida el 1 de enero de 2016, beneficiando a cerca de 75% de todas las exportaciones estadounidenses de cerdo. Las tarifas que afectaban el resto de la carne congelada importada serían suprimidas el 1 de enero de 2014.
  - La tarifa de 22.5% sobre la carne de cerdo fresca o refrigerada habría de ser suprimida, progresivamente, en un lapso de 10 años (Williams *et al.*, 2014).

- Las exportaciones estadounidenses de carne bovina fueron objeto de una negociación cerrada, debido a que la epizootia de la vaca loca registrada en 2003 en Estados Unidos llevó a la suspensión de las importaciones de origen estadounidense, primero, y, luego, a aplicar una tarifa de 40% a las mismas. En el cuadro 3 podemos apreciar la caída drástica —en términos tanto del valor absoluto como de la proporción con respecto al valor de las importaciones totales del ramo— de las importaciones coreanas de origen estadounidense en 2004. En 2005 y 2006 la carne y las vísceras frescas o refrigeradas dejaron de ser importadas; en 2006 las importaciones de carne y vísceras congeladas (diferentes al hígado y a la lengua) también fueron canceladas y, en el caso de las vísceras, la cancelación se extendió hasta 2007. Para la administración Obama era una cuestión de prestigio comercial reanudar las exportaciones de carne bovina hacia Corea:

Corea del Sur accedió a eliminar su tarifa de 40% sobre las carnes bovinas importadas desde Estados Unidos, en un plazo de 15 años. Sin embargo,

CUADRO 3. *Corea: importaciones de carne y vísceras de bovino provenientes de Estados Unidos*

	2001	2002	2003	2004	2005	2006	2007	2008	2009	2010	2011	2012	2013	2014	2015	2016	2017
Carne congelada																	
Total[a]	**463**	**786**	**951**	**466**	**534**	**594**	**691**	**727**	**615**	**809**	**1 160**	**943**	**1 066**	**1 272**	**1 364**	**1 544**	**1 543**
Estados Unidos[b]	65.51	70.31	76.54	20.24	0.70	0.00	11.59	25.54	40.00	42.47	45.28	43.19	42.41	46.78	43.99	48.61	50.85
Carne fresca o refrigerada																	
Total[a]	**24**	**62**	**120**	**78**	**136**	**199**	**248**	**233**	**182**	**272**	**362**	**317**	**330**	**402**	**452**	**547**	**720**
Estados Unidos[b]	69.10	62.58	71.04	1.05	0.00	0.00	5.62	3.46	14.97	18.97	20.41	20.29	23.34	27.76	33.00	39.53	54.52
Vísceras frescas o refrigeradas																	
Total[a]	**1**	**1**	**4**	**1**	**2**	**6**	**5**	**6**	**2**	**4**	**9**	**13**	**15**	**24**	**30**	**33**	**39**
Estados Unidos[b]	94.07	92.09	96.79	4.34	0.00	0.00	0.00	0.37	9.23	30.88	49.00	60.69	47.08	46.24	54.96	54.49	68.52
Lenguas congeladas																	
Total[a]	**0**	**1**	**1**	**0**	**0**	**0**	**0**	**0**	**0**	**0**	**0**	**0**	**0**	**0**	**0**	**0**	**0**
Estados Unidos[b]	0	0	0	0	0	0	0	0	0	0	0	0	0	0	0	0	0
Hígados congelados																	
Total[a]	**0**	**0**	**0**	**0**	**0**	**0**	**0**	**0**	**0**	**0**	**0**	**0**	**0**	**0**	**0**	**0**	**0**
Estados Unidos[b]	0	0	0	0	0	0	0	0	0	0	0	0	0	0	0	0	0
Otras vísceras congeladas																	
Total[a]	**67**	**97**	**100**	**55**	**62**	**80**	**91**	**84**	**62**	**100**	**145**	**135**	**130**	**148**	**159**	**157**	**157**
Estados Unidos[b]	60.75	65.33	69.04	14.21	0.28	0.00	0.00	4.07	19.33	25.23	34.07	31.59	32.08	31.78	22.85	31.98	33.11

[a] Millones de dólares.
[b] Porcentaje del total del valor de las importaciones coreanas del sector.
Fuente: Elaboración propia con información de International Trade Center, en <https://trademap.org/>.

> los negociadores no alcanzaron un acuerdo al final de las discusiones sobre el tema separado, pero paralelo, referente a la solución de diferencias sobre los términos de acceso para toda la carne bovina [y sus derivados] estadounidense[s] sobre la base de las preocupaciones en torno a la salud humana en Corea (Williams *et al.*, 2014: 2).

En la renegociación del ALC EU-Corea, los representantes coreanos se comprometieron a eliminar la tarifa de 40% en un plazo de 15 años, a partir de la entrada en vigor del acuerdo. Como contraparte, obtuvieron los siguientes derechos:

- Establecer una cuota de 270 000 TM de carne bovina, la cual sería incrementada 2% anualmente, durante los primeros 15 años; en el año 15 la cuota sería de 354 000 TM. Las importaciones excedentarias pagarían el arancel correspondiente al año de importación. A partir del año 16 este mecanismo sería suprimido.
- Los aranceles de 18% (sobre las importaciones de vísceras) y otros que varían entre 22.5% y 72% (sobre otros productos bovinos) también serían eliminados en un plazo de 15 años, después de la entrada en vigor del acuerdo.

En el campo de las manufacturas, el comercio bilateral de vehículos automotores y de autopartes fue el centro de atención de las discusiones. La razón era clara: en 2007, cuando fue negociado el ALC EU-Corea, Estados Unidos mantenía un déficit comercial de 14 617 millones de dólares (MDls) y 60% del mismo correspondía al sector automotriz (International Trade Center). Por esa razón, "cuando se firmó el TLC en 2007, muchas de las partes interesadas de la industria automotriz de los EU, incluidas Ford, Chrysler y el sindicato United Automobile Workers (UAW), se opusieron enérgicamente" (Kim, 2011). En términos temporales más amplios, podemos señalar la situación contrastada del comercio bilateral sectorial.

Para Estados Unidos, cuando el acuerdo fue negociado y firmado por primera vez, la expansión de las importaciones sectoriales de origen coreano estaba en pleno auge, como podemos ver mediante la evolución de los valores absolutos de las importaciones estadounidenses durante 2001-2007 (véase gráfica 1).

Para Corea, su sector automotriz tendía hacia un desacoplamiento por el lado de las importaciones y en relación con la economía estadounidense, en la medida en que, de 2001 a 2007, las importaciones sectoriales provenientes de Estados Unidos descendieron de 18.79% a 10.29% del valor total de las importaciones sectoriales de Corea (y todavía decrecieron hasta el mínimo de 7.61% en 2009; véase gráfica 1).

Entre los acuerdos sectoriales destaca, en primer término, el programa para la supresión progresiva de las tarifas existentes. Así, mediante el cuadro 4 podemos apreciar que, antes de la renegociación del acuerdo bilateral, con excepción de las tarifas aplicadas a las exportaciones coreanas de vehículos comerciales para

GRÁFICA 1. *Comercio bilateral EU-Corea, sector automotriz*

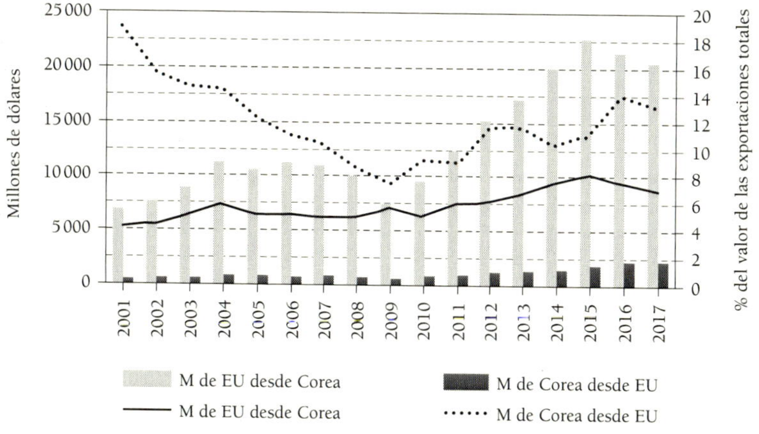

Fuente: Elaboración propia con información de International Trade Center, *TradeMap*, en <https://trademap.org/>.

acceder al mercado estadounidense, para el resto de los ítems las tarifas de acceso al mercado coreano superaban ampliamente las tarifas de acceso al mercado estadounidense. Después de la renegociación, las condiciones de acceso a uno y otro mercados fueron más equitativas: las tarifas fueron o bien eliminadas de inmediato, o bien programadas para ser suprimidas en el quinto año de operación del acuerdo bilateral.

La excepción fue la eliminación, en un plazo de 10 años, de la tarifa de 25% aplicada a los vehículos comerciales coreanos introducidos al mercado estadounidense. La razón, sin duda, fue la protección de las empresas estadounidenses que empezaban a especializarse en la producción de vehículos automotores comerciales para el transporte de pasajeros o mercancías.

CUADRO 4. *Condiciones de acceso a los mercados de Corea y de Estados Unidos antes y después del* ALC *EU-Corea*

	Tarifas	
	Antes ALC	**Después** ALC
Condiciones de acceso a Corea		
Vehículos de pasajeros	8%	4% inmediato
		0% año 5
Vehículos comerciales	10%	0% inmediato
Vehículos eléctricos	8%	4% inmediato
		0% año 5
Autopartes	8%	0% inmediato
Condiciones acceso a EU		
Vehículos de pasajeros	2.5%	0% año 5
Vehículos comerciales	25%	Sin cambio
		0% año 10
Vehículos eléctricos	2.5%	0% año 5
Autopartes	0 a 4.2%	0% inmediato

Fuente: Young-min Kim, *The Impact of* KORUS *(Korea-US)* FTA *in the Auto Industry*, Frost & Sullivan Market Insight, 28 de octubre de 2011, en <http://www.frost.com/prod/servlet/market-insight-print.pag?docid=245324682>.

Los analistas suelen poner de realce la consolidación del comercio sectorial bilateral mediante los acuerdos alcanzados en cuatro temas:

- *Emisiones contaminantes*. Los vehículos estadounidenses importados por Corea cumplirían con las normas sobre la economía de combustible y los estándares de emisiones contaminantes, siempre y cuando no excediesen 119% de los límites establecidos por las autoridades coreanas. Esta regla, no obstante, favorecía directamente a las constructoras estadounidenses, en la medida en que la condición para aplicarla era que las empresas exportadoras hubieran vendido menos de 4 500 unidades durante 2009 (Schott, 2010).
- *Seguridad*. En la negociación original, para cada constructor asentado en Estados Unidos, el gobierno coreano había aceptado una cuota de importación de 6 500 unidades, con la condición de que aprobasen las normas de seguridad estadounidenses, menos estrictas que las coreanas. En la renegociación, las autoridades estadounidenses obtuvieron la expansión de hasta 25 000 vehículos para cada constructor (Schott, 2010).
- *Transparencia*. El gobierno coreano se comprometió a que las nuevas regulaciones nacionales del sector automotriz no devinieran barreras comerciales y a que los exportadores estadounidenses contaran con 12 meses para ajustarse a los cambios antes de que éstos fueran aplicados (Schott, 2010).
- *Medidas extraordinarias de seguridad*. Ambos gobiernos reconocieron la capacidad de la contraparte para poner en práctica medidas temporales de protección, en caso de incrementos inusuales en las importaciones, durante 10 años después de la entrada en vigor del acuerdo. Estas medidas serían aplicables hasta enero de 2026 para automóviles, y enero de 2032 para vehículos ligeros (Schott, 2010).

Como hemos visto, en la negociación original del ALC EU-Corea, los representantes coreanos obtuvieron múltiples ventajas para proteger productos agrícolas estratégicos y mantuvieron mecanismos de protección para su industria automotriz. Durante la primera renegociación del acuerdo bilateral, una parte considerable de los mecanismos que beneficiaban a la economía coreana fue eliminada y las regulaciones de la relación comercial bilateral se hicieron más equitativas. Nos interesa destacar el hecho de que una y otra negociaciones tuvieron como base el consenso entre los participantes el cual se logró mediante el otorgamiento, de cada parte de concesiones en un campo para alcanzar objetivos particulares en otro.

El proteccionismo coercitivo y la tercera negociación del ACR EU-Corea del Sur

La relación bilateral comercial cambió drásticamente entre 2010 y 2017, debido sobre todo a la restructuración global del sector automotriz. En efecto, el periodo 2000-2009 estuvo marcado por la desindustrialización sectorial en Estados Unidos y por el ascenso de las constructoras asiáticas y alemanas; los hechos simbólicos de este cambio fueron la sustitución de General Motors por Toyota como principal constructor mundial de automóviles en 2006 (Wikipedia, 2018c) y la declaración de quiebra de la administración de Detroit, el 18 de julio de 2011, debido al declive del sector automotriz estadounidense (Saunders, 2016).

A partir de 2010, la restructuración sectorial se llevó a cabo en dos planos: en el productivo, México y Canadá fueron destinos importantes de los flujos sectoriales de inversión extranjera directa y consolidaron su función como exportadores clave del sector; en el plano comercial, la reorganización estuvo centrada en el mercado estadounidense como destino de las exportaciones de América del Norte y de la región del Pacífico. Para la economía estadounidense, los cambios tuvieron efectos drásticos: el déficit (exportaciones-importaciones) del sector automotriz pasó de 59 753 a 164 376 MDls (+175.09%) entre 2009 y 2017. Sin embargo, si tomamos por separado las balanzas comerciales de cada una de las economías incluidas en la base de datos del International Trade Center (ITC), veremos que en 2009 Estados Unidos registraba un déficit acumulado de 79 926 MDls con 28 economías; de ese total, 73 494 MDls correspondían a 10 economías con las cuales registraba los mayores déficits; entre esas 10 economías, Corea del Sur ocupaba el cuarto lugar, con un déficit de 6 988 MDls, equivalente a 8.74% del déficit total acumulado por las 28 economías.

En 2017, las desventajas comerciales de Estados Unidos se acentuaron: el déficit total acumulado con 34 economías creció hasta 187 072 MDls (+134.06%) y con las 10 principales economías aumentó hasta 176 270 MDls (+139.84%, con respecto a 2009, o 94.23% del déficit acumulado con 34 economías). Ante Corea del Sur, la posición estadounidense también se deterioró: el déficit bilateral se elevó a 18 749 MDls (+164.43% con respecto a 2009, o 9.88% en relación con el déficit total acumulado con 34 economías; véase cuadro 5).

Ahora bien, desde su campaña electoral Donald Trump anunció la renegociación, sobre una base bilateral, de todos los acuerdos con países con los cuales la economía estadounidense mantenía una situación deficitaria. Durante la reunión cumbre empresarial del Foro de Cooperación Económica Asia-Pacífico (CEO APEC Summit) de noviembre de 2018, el vicepresidente Michael Richard Pence señaló que, más allá de los acuerdos ya renegociados con Corea del Sur, Canadá y México, "Estados Unidos pronto iniciará negociaciones sobre un acuerdo comercial con la tercera economía más grande del mundo, Japón. También me complace informar que [...] ya está en conversaciones para otro acuerdo comercial con otro miembro de APEC" (Pence, 2018). En los corrillos de APEC, el rumor indicaba a Taiwán como la posible contraparte de la segunda negociación bilateral anunciada. En Washington, Robert Lighthizer comunicó al Congreso estadounidense la misma

CUADRO 5. *Estados Unidos, balanza comercial 2009 y 2017 del sector automotriz*

	2009				2017		
Importadores	Exportaciones	Importaciones	Balance	Importadores	Exportaciones	Importaciones	Balance
Total mundial	**73602**	**133355**	**–59753**	**Total mundial**	**130179**	**294555**	**–164376**
Déficit con 28 economías	89056	168981	–79926	Déficit con 34 economías	104208	291280	–187072
10 principales	21784	95278	–73494	10 principales	100495	276765	–176270
Japón	1064	32324	–31261	México	21138	84119	–62981
México	10114	26973	–16859	Japón	1360	51713	–50352
Alemania	5684	14684	–9000	Alemania	7315	27472	–20157
Corea	462	7450	–6988	Corea	2096	20576	–18479
China	1921	5336	–3415	Reino Unido	2782	9769	–6987
Reino Unido	1313	2986	–1673	Italia	718	6121	–5403
Taiwán	179	1771	–1591	Canadá	51571	56241	–4670
Italia	334	1369	–1035	China	12854	15558	–2704
África del Sur	501	1469	–968	Taiwán	391	2742	–2351
Suecia	212	916	–704	Suecia	269	2454	–2186
18 secundarias	33633	36851	–3218	24 secundarias	3713	14515	–10802
Balanza 0 con 51 economías	6	1	5	Balanza 0 con 45 economías	0	0	0
Superávit con 145 economías	18179	1225	16954	Superávit con 144 economías	25963	3272	22692

Fuente: Elaboración propia con información de International Trade Center, *TradeMap*, en <https://trademap.org/>.

iniciativa, pero bajo una forma diferente: "continuaremos expandiendo el comercio y la inversión de Estados Unidos mediante la negociación de acuerdos comerciales con Japón, la UE y el Reino Unido" (Shepardson, 2018).

Nótese que, de la lista de las 10 economías con las cuales Estados Unidos mantenía los mayores déficits en el sector automotriz, China y África del Sur en 2009, y solamente China en 2017, no entran en el marco de las negociaciones anunciadas; las ocho y nueve economías restantes concentraban 86.47% (69 111 MDls) y 92.78% (173 566 MDls) del déficit total acumulado del sector automotriz, con 28 y 34 economías. Esto permite suponer que las negociaciones irán por un camino análogo al seguido en los casos de Corea del Sur, Canadá y México; es decir, el sector automotriz estará en el centro de las negociaciones venideras y las medidas sectoriales impuestas en las anteriores son indicativas de la orientación de los negociadores estadounidenses.

En el caso de Corea del Sur, las reglas que regulan el comercio bilateral con Estados Unidos fueron objeto de cambios importantes durante la tercera negociación del acuerdo comercial; como hemos señalado, las negociaciones fueron realizadas con suma rapidez y teniendo como fondo el desarrollo de la crisis nuclear en la Península Coreana. Según vimos en la primera parte, la bilateralización de la crisis implicó sendos *quid pro quo* entre la administración Trump y las contrapartes involucradas: con Corea del Norte, la promesa norcoreana de desmantelar el sistema nuclear tuvo como contrapartida la eliminación de las presiones militares por parte de Estados Unidos y de sus aliados en la región; con Corea del Sur, el mantenimiento de las fuerzas armadas estadounidenses en la Península Coreana fue garantizado a costa de una mayor participación del gobierno coreano en su propia defensa y de concesiones considerables en las regulaciones del comercio bilateral.

Sobre ese último tema, las presiones fueron tales que el ministro de Comercio, Industria y Energía, en algún momento, solicitó al gobierno de la República de Corea retirarse de las negociaciones

(Ramírez, 2017). Las concesiones comerciales solicitadas por el gobierno estadounidense fueron subsumidas dentro del marco general de la seguridad nacional coreana, basada en el respaldo militar estadounidense. Las principales concesiones fueron en cuatro áreas:

Sector automotriz

Entre los cuatro temas que mantuvieron la atención de los negociadores, el primero fue la postergación de 2021 a 2041 de la eliminación de la tarifa de 25% sobre los vehículos comerciales coreanos. La razón de esta decisión radica en la especialización reciente de Estados Unidos, México y Canadá en la producción de este tipo de vehículos y la necesidad de proteger este subsector de la competencia global.

En efecto, en el cuadro 6 podemos apreciar la gran desventaja de Estados Unidos y de América del Norte ante Asia y Europa, cuando tenemos en consideración la producción total de vehículos automotores y la producción de vehículos comerciales.

De 97.3 millones de vehículos producidos en la escala global, durante 2017, 53.4 millones corresponden a Asia (con una contribución china de 29.0); 22.2 millones a Europa (con una aportación alemana de 5.6); 20.7 millones a América (con una participación estadounidense de 11.2). En términos de la producción:

- Asia, con China en primer lugar, domina el sector automotriz. Sin embargo, ese predominio absoluto de China debe ser matizado, en la medida en que es el resultado de la proliferación de empresas chinas constructoras de vehículos automotores. En efecto, la base de datos de la Organisation Internationale des Constructeurs d'Automobiles (OICA, 2016) registra 50 constructoras activas; de ellas, 23 (46.0%) son de origen chino. La peculiaridad es que sólo unas cuantas de esas empresas han iniciado un proceso de internacionalización, mientras la mayor parte sigue orientada a un mercado interno chino en plena expansión y, por el momento, no representan una amenaza comercial directa en el mercado internacional.

- La Unión Europea (con 18.8 millones de vehículos), por regiones, ocupa el segundo lugar, seguida por América del Norte (17.5 millones).
- Estados Unidos, por países, se sitúa en el segundo lugar (con 11.2 millones de vehículos), seguido por Japón (9.7 millones), Alemania (5.6 millones), India (4.8 millones) y Corea (4.1 millones).

Ahora bien, un rasgo menos conocido de la producción de automotores es la especialización de los países de América del Norte en los "vehículos comerciales ligeros" y en los "camiones pesados". Así, si tomamos en consideración:

- La estructura de la producción total de cada región o país por tipo de vehículos, en América del Norte los "vehículos comerciales ligeros" representan 64.8% del total de vehículos producidos. Para Estados Unidos, Canadá y México, las proporciones respectivas son 70.4, 65.0 y 49.2%. En Asia, la especialización en ese tipo de vehículos ha alcanzado un grado análogo solamente en Filipinas (60.8%) y en Tailandia (57.7%); sin embargo, debemos considerar que se trata de países productores de tercer orden. En contraste, en Corea del Sur la tasa de especialización es de 6.8%, equivalente a 280 000 vehículos, de los cuales una proporción importante es exportada a Estados Unidos.
- En cuanto a la participación de cada país o región en la producción global de "camiones pesados", vemos que de un total de 4.1 millones de camiones, 54.5% corresponde a Asia. En este rubro productivo el predominio lo tiene Japón, con 12.4% de la producción total, seguido por China (6.8%), India (2.1%) y Corea del Sur (2.1%). América del

Cuadro 6. *Producción de vehículos automotores, por área*

	2016			
	Total	Autos	Vehículos comerciales ligeros	Camiones pesados
Total	95 057 929	72 388 433	18 825 876	3 505 223
Europa	21 486 270	19 051 672	2 161 329	233 179
Unión Europea (27)	18 595 985	16 887 225	1 536 975	157 143
Comunidad de Estados Independientes	1 324 038	1 134 199	117 142	58 662
Turquía	1 485 927	950 888	506 252	17 374
América	20 821 670	8 778 776	11 544 857	479 332
América del Norte	18 151 322	6 712 992	11 019 806	418 524
Canadá	2 370 656	803 230	1 552 330	15 096
México	3 600 365	1 993 178	1 463 889	143 298
Estados Unidos	12 180 301	3 916 584	8 003 587	260 130
América del Sur	2 670 348	2 065 784	525 051	60 808
Asia	51 685 127	43 735 300	4 925 055	2 746 446
Bangladesh	580	580		
China	28 118 794	24 420 744	1 751 991	1 756 888
India	4 519 341	3 707 348	466 096	293 711
Indonesia	1 177 797	968 476	140 269	64 283
Irán	1 282 172	1 188 072	81 403	11 728
Japón	9 204 813	7 873 886	812 663	505 976
Malasia	545 333	503 771	40 218	591
Pakistán	214 650	178 718	27 546	7 146
Filipinas	116 868	45 853	71 015	
Corea del Sur	4 228 509	3 859 991	272 515	79 235
Taiwán	309 522	251 087	54 112	4 323
Tailandia	1 944 417	805 033	1 116 637	22 565
Vietnam	236 161	145 571	90 590	
Oceanía	161 294	149 000	6 666	5 628
África	903 568	673 685	187 969	40 638
Otros	0			

Fuente: Elaboración propia con información de la Organisation Internationale des Constructeurs d'Automobiles, *Production Statistics* 2017, en <http://www.oica.net/category/production-statistics/2017-statistics/>.

geográfica y/o países y por tipo de vehículos, 2016-2017

	2017				
Autobuses y autocares	Total	Autos	Vehículos comerciales ligeros	Camiones pesados	Autobuses y autocares
338 397	97 302 534	73 456 531	19 387 815	4 141 930	316 258
40 090	22 161 107	19 595 025	2 250 324	274 856	40 902
14 642	18 768 153	16 973 088	1 607 451	173 971	13 643
14 035	1 617 311	1 399 671	124 896	77 383	15 361
11 413	1 695 731	1 142 906	517 425	23 502	11 898
18 705	20 669 537	8 190 677	11 907 293	550 897	20 670
0	17 458 189	5 682 703	11 307 546	467 940	0
	2 199 789	749 458	1 430 218	20 113	
	4 068 415	1 900 029	2 001 255	167 131	
	11 189 985	3 033 216	7 876 073	280 696	
18 705	3 211 348	2 507 974	599 747	82 957	20 670
278 326	53 441 975	44 876 338	5 030 261	3 281 821	253 555
	580	580			
189 171	29 015 434	24 806 687	1 772 800	2 257 562	178 385
52 186	4 782 896	3 952 550	504 116	283 838	42 392
4 769	1 216 615	982 356	145 183	86 526	2 550
969	1 515 396	1 418 550	77 205	17 881	1 760
12 288	9 693 746	8 347 836	818 208	515 521	12 181
753	460 140	424 880	33 900	940	420
1 240	230 250	188 690	32 700	7 980	880
	116 868	45 853	71 015		
16 768	4 114 913	3 735 399	279 421	85 331	14 762
	291 563	230 356	56 823	4 384	
182	1 988 823	818 440	1 148 300	21 858	225
	236 161	145 571	90 590		
	98 632	88 195	4 173	6 264	
1 276	931 283	706 296	195 764	28 092	1 131
	0				

Norte, en conjunto, concentra 11.3% de la producción global, con participaciones de 6.8, 4.0 y 0.5% por parte de Estados Unidos, México y Canadá, respectivamente. Se trata, en consecuencia, del segundo rubro de especialización productiva, que concierne de manera selectiva a Estados Unidos y México.

- Finalmente, un tercer aspecto importante de la estructura de la producción de los vehículos automotores en América del Norte es que los tres países de la región han dejado de lado la fabricación de "autobuses y autocares". Se trata de una producción donde China (56.4% del total de autobuses producidos) e India (13.4%), con mercados internos en expansión, son predominantes; les sigue Europa, con una producción fragmentada entre sus diversos componentes geográficos.

En resumen, vemos que, aun cuando Corea no es un gran productor de vehículos comerciales, la competitividad de los mismos en el mercado estadounidense ha sido considerada un riesgo para la producción local y regional de América del Norte; de allí, la postergación durante 20 años adicionales de la supresión de la tarifa de 25% impuesta por la administración Trump a sus contrapartes coreanas (véase cuadro 6).

El segundo tema de la agenda de las negociaciones del sector automotriz fue la ampliación de la cuota de 25 000 a 50 000 autos asignados a cada empresa constructora asentada en Estados Unidos (Lighthizer y Kim, 2018); cada unidad deberá:

- Cumplir con los estándares de seguridad estadounidenses, pues, como ha sido dicho, éstos son menos restrictivos que los coreanos.
- Sujetarse a los estándares de emisiones de gases contaminantes vigentes en Estados Unidos, también menos restrictivos que los coreanos, cuando se trate de vehículos con motores de gasolina.

El tercer tema de negociación automotriz permitió que las autopartes de origen estadounidense destinadas al mercado coreano quedaran sujetas a las normas estadounidenses. Las autoridades coreanas terminaron garantizando que los objetivos en materia de economía de combustible sean establecidos de acuerdo con las regulaciones de Estados Unidos, manteniendo normas "indulgentes" para los fabricantes en pequeña escala (Lighthizer y Kim, 2018).

El comercio del acero y de sus productos

El 1 de marzo de 2018, Trump anunció la aplicación de "tarifas punitivas sobre las importaciones de acero y de aluminio" (en el primer caso el arancel fue de 25% y en el segundo de 10%), aplicables a todos los socios comerciales estadounidenses (Lynch y Paletta, 2018). Las respuestas de las contrapartes no se hicieron esperar, proponiendo tarifas sobre una amplia gama de productos estadounidenses; en consecuencia:

> cuando los aranceles generales sobre el acero y el aluminio se impusieron por primera vez en marzo, Donald Trump rápidamente estableció exenciones temporales para Canadá y México. Más tarde, agregó a la Unión Europea y otros países con la expectativa de que las eliminaran mediante acuerdos separados sobre cuotas o restricciones similares (Swanson, 2018).

La temporalidad quedaba sujeta a la renegociación de los acuerdos comerciales establecidos con Estados Unidos.

Es en ese marco que cobra sentido el acuerdo bilateral final EU-Corea sobre el comercio de acero y aluminio: las exportaciones coreanas quedaron sujetas a una cuota equivalente a 70% del valor promedio exportado durante 2015-2017, la cual quedó exenta de tarifas. Pero, más allá de esa cuota, los excedentes pagarían 25%, en el caso del acero, y 10% en el del aluminio, de acuerdo con el criterio aplicado desde el 8 de marzo de 2018.

Simplificación del acceso al mercado coreano

Las regulaciones establecidas por los gobiernos asiáticos para acceder a sus mercados suelen ser objeto de crítica en la medida en que, con frecuencia, representan barreras comerciales no arancelarias. Sobre la materia, el gobierno estadounidense obtuvo la promesa de una simplificación de las normas coreanas para verificar el origen de los productos exportados desde Estados Unidos. Todavía falta para lograr el alcance de esa reforma; pero, en todo caso, el pulso entre los gobiernos coreano y estadounidense es significativo en la medida en que implica una concesión importante en un área donde los gobiernos asiáticos eran inamovibles.

Otras medidas de política económica

Finalmente, ambos gobiernos firmaron un memorando de entendimiento sobre la prohibición de devaluar y manipular el tipo de cambio para mantener y/o acrecentar la competitividad de los bienes producidos en cada economía. En el campo económico, se trata de una de las áreas donde los Estados nacionales se reservaban el derecho de actuar conforme a sus intereses y de acuerdo con sus principios sobre la soberanía nacional. Este acuerdo pone en evidencia el carácter asimétrico de la relación, pues la restricción pesará de manera absoluta sobre el gobierno coreano; mientras tanto, las políticas de la Reserva Federal estadounidense seguirán definiendo la paridad cambiaria del dólar con respecto al resto de las divisas del mundo.

CONCLUSIONES

Más allá de las declaraciones estruendosas y de las imprecisiones históricas, el discurso de Donald Trump se caracteriza por su coherencia con la práctica política. Desde la campaña electoral, prometió retirarse del TPP y renegociar bilateralmente los acuerdos comerciales considerados desventajosos para la economía estadounidense; al llegar a la presidencia cumplió lo prometido: se retiró del TPP y durante el segundo año de su administración negoció por tercera ocasión el acuerdo con Corea y puso término al ALCAN para imponer el USMCA, dos acuerdos bilaterales reunidos artificiosamente en un solo convenio no-trilateral.

Una segunda expresión de la coherencia en la práctica política de su administración es que el nuevo regionalismo, basado en el proteccionismo coercitivo, se inscribe en la lógica de una ruptura para mantener la continuidad de la política regionalista del Partido Republicano. En efecto, como señalamos, las administraciones de Ronald Reagan, George Bush y George W. Bush fueron las artífices de la red de acuerdos comerciales basados en el proteccionismo consensuado y que comprometían a Estados Unidos; con el regionalismo basado en el proteccionismo coercitivo, la administración Trump continúa la práctica regionalista republicana, pero marcando una ruptura en la calidad de las reglas que rigen las relaciones económicas con sus contrapartes.

Una tercera manifestación de la coherencia de la práctica política de la administración Trump y de la continuidad con las políticas de las administraciones precedentes es que, pese a las críticas furibundas contra William y Hillary Clinton, el proteccionismo coercitivo se inscribe en el mantenimiento de la imposición de los intereses estadounidenses sobre los coreanos durante la segunda negociación del acuerdo EU-Corea, llevada a cabo por la administración Clinton. En ese sentido, el ALC EU-Corea ratificado por los congresos de ambos países en 2011 prefigura el proteccionismo coercitivo practicado por la administración Trump.

Por nuestra parte, consideramos novedosa la política económica internacional de la administración Trump en un sentido muy preciso: la facción de la clase política que sostiene a dicha administración ha comprendido que la recuperación de la hegemonía global estadounidense ya no descansa única y exclusivamente sobre las fortalezas nacionales; éstas han sido erosionadas por los progresos realizados por diferentes países en diversos dominios. Para los fines del presente trabajo, el dominio que interesa más es el de la integración regional: si la economía estadounidense ha perdido preeminencia productiva, comercial, financiera y/o tecnológica, lo ha hecho no ante países singulares, sino ante complejos productivos regionales como el de la Unión Europea o el de Asia del Pacífico. En ese sentido, el rasgo novedoso de la administración Trump consiste en dejar de considerar el ámbito nacional como la base para la recuperación de la hegemonía económica global, para concentrarse en la construcción de un bloque económico sometido a sus intereses y que puede ser utilizado para enfrentar la competencia de los otros dos grandes complejos productivos regionales.

Ése es —en nuestra opinión— el objetivo detrás del anuncio de las negociaciones de acuerdos bilaterales con Japón, la Unión Europea, el Reino Unido y, quizá, Taiwán. Con toda probabilidad, en esas negociaciones saldrá a relucir el arsenal de medidas político-económicas que permitirán imponer los intereses estadounidenses y aislar a China en tanto principal competidor. Si el proyecto de la administración Trump cristaliza, el nuevo orden global estará marcado, en su primera fase, por el unipolarismo regional, en vez de uno nacional.

Referencias

Bhagwati, J. (1992, septiembre). Regionalism versus Multilateralism. En *The World Economy* (vol. 15, pp. 535-556). Washington, D.C., en <https://onlinelibrary.wiley.com/doi/pdf/10.1111/j.1467-9701.1992.tb00536.x>.

Kim, J.-H. (2011, 10 de febrero). Letter to Ron Kirk, Ministry of Trade, Republic of Korea Government. Office of the United States Trade Representative, en <https://ustr.gov/sites/default/files/uploads/Countries%20Regions/africa/agreements/korus/2011_02_10_Kim-Kirk%20Response.pdf>.

Kim, Y.-m. (2011, 28 de octubre). The Impact of KORUS (Korea-US) Free Trade Agreement in the Auto Industry. Frost & Sullivan Market Insight, en <http://www.frost.com/prod/servlet/market-insight-print.pag?docid=245324682>.

Kirk, R. (2011, 10 de febrero). Office of the United States Trade Representative. Letter to Jong-Hoon Kim, en <https://ustr.gov/sites/default/files/uploads/Countries%20Regions/africa/agreements/korus/2011_02_10_Kirk-Kim%20Letter.pdf>.

Lighthizer, R. M., y H. Kim (2011, 10 de febrero). Protocol between the Government of the United States of America and the Government of the Republic of Korea Amending the Free Trade Agreement between the Unites States of America and the Republic of Korea. Office of the United States Trade Agreements, en <https://ustr.gov/sites/default/files/files/agreements/FTA/KORUS/KORUS%20Protocol%20Amending%202011%20Letter%20Exchange%20-%20Signed.pdf>.

——— (2018, 24 de septiembre). Protocol between the Government of the United States of America and the Government of the Republic of Korea Amending the Free Trade Agreement between the Unites States of America and the Republic of Korea. Office of the United States Trade Representative, en <https://ustr.gov/sites/default/files/files/agreements/FTA/KORUS/KORUS%20Protocol%20Amending%20Agreement%20-%20Signed.pdf>.

Lynch, D. J., y D. Paletta (2018, 1 de marzo). Trump announces steel and aluminum tariffs thursday over objections from advisers and Republicans. *The Washington Post*, en <https://www.washingtonpost.com/news/business/wp/2018/03/01/white-house-planning-major-announcement-thursday-on-steel-and-aluminum-imports/?noredirect=on&utm_term=.41f1a175dd9c>.

Nauert, H. (2017, 12 de octubre). The United States Withdraws from UNESCO. U. S. Department of State, en <https://www.state.gov/r/pa/prs/ps/2017/10/274748.htm>.

Organisation Internationale des Constructeurs d'Automobiles (2016, 31 de diciembre). 2016 Statistics, en <http://www.oica.net/category/production-statistics/2016-statistics/>.

Pence, M. (2018, 16 de noviembre). Remarks by Vice President Pence at the 2018 APEC CEO Summit | Port Moresby, Papua New Guinee, en <https://www.whitehouse.gov/briefings-statements/remarks-vice-president-pence-2018-apec-ceo-summit-port-moresby-papua-new-guinea/>.

Rummel, J. (2010, 16 de diciembre). Unions differ on Korea trade pact. People's World, en <https://www.peoplesworld.org/article/unions-differ-on-korea-trade-pact/>.

S. A. (2018, 28 de septiembre). Federation of American Scientists. U. S.-South Korea (KORUS) FTA, en <https://fas.org/sgp/crs/row/IF10733.pdf>.

Saunders, P. (2016, 24 de abril). Detroit After Bankruptcy. *Forbes*, en <https://www.forbes.com/sites/petesaunders1/2016/04/24/detroit-after-bankruptcy/#4235f19763d7>.

Schott, J. J. (2010, diciembre). Peterson Institute for International Economics, en <https://piie.com/publications/pb/pb10-28.pdf>.

Seokyoung, C. (2012, 20 de febrero). Office of the United States Trade Representative. Letter to Wendy Cutler, Ministry of Foreign Affairs and Trade, Republic of Korea, en <https://ustr.gov/sites/default/files/uploads/Countries%20Regions/africa/agreements/korus/KORUS%20Regulation%20Letters.pdf>.

Shepardson, D. (2018, 16 de octubre). Trump administration says to open trade talks with EU, UK, Japan. Reuters, en <https://www.reuters.com/article/us-usa-trade-talks/trump-administration-says-to-open-trade-talks-with-eu-uk-japan-idUSKCN1MQ2P2>.

Swanson, A. (2018, 31 de mayo). White House to Impose Metal Tariffs on E. U., Canada and Mexico. *The New York Times*, en <https://www.nytimes.com/2018/05/31/us/politics/trump-aluminum-steel-tariffs.html>.

Trump, D. (2016, junio). Read Donald Trump's Speech on Trade. *TIME*, en <http://time.com/4386335/donald-trump-trade-speech-transcript/>.

US Trade Representative (2007, 30 de junio). KORUS FTA Final Text, en <https://ustr.gov/trade-agreements/free-trade-agreements/korus-fta/final-text>.

——— (2018, 30 de noviembre). Agreement between the United States of America, the Mexican United States and Canada Text, en <https://ustr.gov/trade-agreements/free-trade-agreements/united-states-mexico-canada-agreement/agreement-between>.

Wendy, C. (2012, 20 de febrero). Office of the United States Trade Representative. Letter to Choi Seokyoung, Executive Office of the President, en <https://ustr.gov/sites/default/files/uploads/Countries%20Regions/africa/agreements/korus/KORUS%20Regulation%20Letters.pdf>.

Wikipedia (2018a, diciembre). Hillary Clinton. Wikipiedia The Free Encyclopedia, en <https://en.wikipedia.org/wiki/Hillary_Clinton>.

——— (2018b, diciembre). Office of the United States Trade Representative. Wikipedia The Free Encyclopedia, en <https://en.wikipedia.org/wiki/Office_of_the_United_States_Trade_Representative>.

——— (2018c, diciembre). Toyota. Wikipedia The Free Encyclopedia, en <https://en.wikipedia.org/wiki/Toyota>.

Williams, B. R., M. E. Manyin, R. Jurenas y M. D. Platzer (2014, 16 de septiembre). Federation of American Scientist. The U. S.-South Korea Free Trade Agreement (KORUS FTA): Provisions and Implementation, en <https://fas.org/sgp/crs/row/RL34330.pdf>.

Tercera Parte

COREA Y SUS VECINOS DEL ESTE DE ASIA ANTE LOS NUEVOS PARADIGMAS DE LA ADMINISTRACIÓN TRUMP

V. LA REPÚBLICA DE COREA Y LA REPÚBLICA POPULAR CHINA

ITZEL MARTÍNEZ RUIZ[1]

Los lazos culturales, geográficos, económicos y políticos, así como los intereses en común en un gran número de asuntos regionales e internacionales y la participación en procesos geopolíticos dinámicos en el noreste asiático, han hecho fundamental la relación bilateral entre la República de Corea (RC) y la República Popular China (RPC).

El transcurso histórico de sus relaciones está compuesto de numerosos sucesos que han virado su curso en distintas direcciones. La Guerra de Corea y la división de la Península Coreana influyeron en el desarrollo de la relación bilateral de ambos países. Al finalizar la Guerra de Corea, en 1953, la política entre China y la naciente Corea del Sur se basaba en una contradicción flagrante: China fue aliada de la República Popular Democrática de Corea durante el conflicto armado, mientras Corea del Sur fue apoyada por Estados Unidos, razón suficiente para la ausencia de vínculos diplomáticos entre China y Corea del Sur y la casi inexistencia de lazos sociales y económicos entre ambas naciones (León-Manríquez, 2017). El distanciamiento cada vez más marcado entre China y Corea del Sur fue aprovechado por Estados Unidos para robustecer sus nexos militares, económicos y políticos con Seúl; con el paso de los años, dicho acercamiento se convirtió en una alianza estratégica con un peso esencial en el tablero geopolítico de Asia.

[1] Universidad Nacional Autónoma de México.

El fin de la Guerra Fría, en 1991, y de la bipolaridad internacional aumentó los volúmenes de comercio e intercambio de bienes y servicios a nivel mundial, dando pie a una serie de transformaciones geopolíticas que, sin duda, tuvieron un fuerte impacto en Asia debido a la integración y relevancia de nuevos actores en el escenario internacional.

En los años noventa, China comenzó a ver materializados los resultados de las reformas económicas puestas en marcha desde los setenta, durante el gobierno del presidente Deng Xiaoping. El despegue de la economía, las transformaciones internacionales y el nuevo orden mundial influyeron para que China realizara cambios fundamentales en su política exterior e iniciara la búsqueda de nuevos socios comerciales y estratégicos; además, su contexto la urgió a hallar mecanismos pertinentes para reforzar los lazos de amistad y cooperación con sus vecinos más cercanos.[2]

El primer paso que China dio en el establecimiento de relaciones diplomáticas con Corea del Sur fue aceptar la existencia de dos Coreas; en segunda instancia, reorientó su política exterior avalando los principios de igualdad recíproca y coexistencia pacífica. Por fortuna, el gobierno chino admiraba e incluso encontraba similitudes con el modelo surcoreano de desarrollo implementado por Park Chung-hee, por lo cual China encontró incentivos para acercarse a Seúl. Por su parte, Corea del Sur, al calcular la importancia y necesidad de normalizar las relaciones, apoyó la política de una sola China y otorgó su reconocimiento al gobierno de Beijing. Los intereses y semejanzas económicas, así como la concesión de legitimidad y soberanía entre ambos países, crearon el escenario idóneo para la formalización de sus relaciones diplomáticas el 24 de agosto de 1992.

[2] Cabe mencionar que, a pesar de las fricciones ideológicas y de la nula relación política, desde finales de la década de los ochenta la economía de Corea del Sur comenzó a vincularse con China; estos vínculos se formalizaron luego del establecimiento de las relaciones diplomáticas.

Durante el gobierno del presidente Roh Tae-woo (1988-1993), el vínculo entre China y Corea del Sur derivó en una relación de "amistad y cooperación"; posteriormente, en 1998, ésta fue elevada a una "asociación de colaboración" durante el mandato de Kim Dae-jung (1998-2003). En 2003, el presidente Roh Moo-hyun declaró que la relación se convertiría en una "asociación de cooperación comprensiva", y finalmente, en 2008, bajo el gobierno del presidente Lee Myung-bak (2008-2013), se transformó en una "asociación estratégica de cooperación", con la cual se buscó ampliar el campo de acción para la cooperación de un nivel regional a uno global (Hwang, 2016, 29 de julio).

Desde el establecimiento de las relaciones diplomáticas, ambos países han tratado de erigir una relación diversificada e interactiva para crear una alianza estratégica y de cooperación donde converjan sus intereses particulares. Lo anterior se ve plasmado en el aumento de diálogos oficiales entre funcionarios de alto nivel, visitas de Estado, participación en cumbres y foros internacionales, así como en el incremento del comercio y de las inversiones. Además, la relación se ha fortalecido incluso en rubros como los intercambios sociales, culturales y educativos con alta aceptación y apoyo público. Empero, a pesar de los esfuerzos para colaborar en diversos asuntos, en el ámbito militar no se ha logrado concretar el nivel de desarrollo óptimo que requiere una "asociación estratégica de cooperación" (Pollack, 2014, 29 de septiembre).

Desde septiembre de 1992, cuando el presidente Roh Tae-woo realizó la primera visita de Estado a China, hasta 2013, hubo 33 reuniones entre los líderes de ambos países, 31 encuentros entre ministros, 59 reuniones e intercambios entre asambleas y partidos políticos en Corea del Sur y 48 en China. La República de Corea y China son miembros y cooperan simultáneamente en varias cumbres internacionales, como la Organización de las Naciones Unidas (ONU), el Foro de Cooperación Económica Asia-Pacífico (APEC), la Reunión Asia-Europa (ASEM), la Asociación de Naciones del Sudeste Asiático + China, Japón + Corea (ANSEA + 3), la Cumbre Trilateral Corea-China-Japón y la Cumbre de Asia del este. Los gobiernos de ambos países tienen interés en mantener la seguridad y la estabilidad en el noreste de Asia, así que, como parte de su programa de defensa nacional, realizan reuniones periódicas entre sus personales en el nivel de comandancia superior para dialogar sobre este tema (Hwang, 2016, 29 de julio).

Los esfuerzos por mantener una relación estable y beneficiosa entre China y Corea del Sur han sido obstaculizados por el choque de intereses geopolíticos en el este asiático. China, de forma estratégica, mantiene relaciones y brinda apoyo al gobierno norcoreano, mientras que Corea del Sur es socio y aliado del gobierno estadounidense. En varias ocasiones los gobiernos chino y surcoreano han adoptado posturas opuestas debido a sus intereses contrapuestos: Corea del Sur ha visto amenazada su seguridad nacional a causa del desarrollo armamentista de Corea del Norte, razón por la cual busca el apoyo y respaldo de Washington; por su parte, China, al considerar su seguridad y la estabilidad regional comprometidas por la intromisión de Estados Unidos, procura ampliar su esfera de influencia entre los países asiáticos.

Desarrollo de la relación bilateral entre Corea del Sur y China

El motor principal de la relación entre Corea del Sur y China es el intercambio comercial; el ingreso de China en la Organización Mundial del Comercio (OMC) en 2001, y su búsqueda de nuevos mercados originaron que se convirtiera en el principal socio comercial de la República de Corea. A medida que la inversión comenzó a crecer, los compromisos de Corea del Sur en China superaron con creces los contratos modestos que existían de las empresas chinas en el mercado surcoreano.

En tan sólo 20 años, la relación entre China y la República de Corea mostró un desarrollo impactante, haciendo que sus lazos comerciales escalaran de forma exponencial. Para 2012, China se ubicó como el principal socio comercial de Corea del Sur; por su parte, el país surcoreano se convirtió en el tercer socio comercial de China. La escala comercial, en 1992, fue de 6 300 millones de dólares (MDls) entre ambos países; para 2012, aumentó 34 veces, es decir, a 215 000 MDls.

En 1989, antes de la normalización de las relaciones diplomáticas, las importaciones coreanas de productos chinos eran de tan sólo 1 700 MDls, cantidad que aumentó casi ocho veces en 2000, con lo cual pasó a ser de 12 800 MDls y, en 2015, de 90 200 MDls. Por otra parte, las exportaciones coreanas hacia China, en 1989, eran muy escasas, por un monto aproximado de 437.3 MDls. Esta situación cambió radicalmente en 2000, cuando se incrementaron en más de 420%; de hecho, ese año, las exportaciones surcoreanas destinadas a China representaron un monto de 18 400 MDls. En 2015, las exportaciones de Corea del Sur hacia China llegaron a 137 100 MDls (Korea International Trade Association, 2019, 6 de septiembre).

El crecimiento económico de China, su apertura comercial y sus avances tecnológicos incentivaron un desarrollo vertiginoso de su industria, trazando el camino para dar cabida a una producción cada vez más especializada y vanguardista, caracterizada por la constante innovación de sus productos. Por lo anterior, se puede apreciar un cambio excepcional en el aumento de la demanda china, tanto de materias primas como de productos terminados especializados. Al mismo tiempo, la industria china pasó de exportar principalmente materias primas y manufacturas de baja calidad a ofrecer productos de alta tecnología.

Antes de los noventa, China importaba productos surcoreanos como pantallas de televisión, tubos de rayos catódicos, fibras sintéticas, hojas de hierro; en 2015, las importaciones estaban compuestas por productos especializados, como circuitos integrados, instrumentos ópticos, LCD, teléfonos, autopartes, hidrocarburos cíclicos, maquinaria especializada, semiconductores, equipos de grabación, fibras ópticas, polímeros de etileno, refinados de petróleo, computadoras, cosméticos, cobre refinado, por mencionar algunos (The Observatory of Economic Complexity, s. f.).

Corea del Sur, en 1989, importaba esencialmente de China materias primas, como petróleo crudo, pieles, cobre e hilos sintéticos. Dos décadas después, los productos de origen chino demandados en el mercado surcoreano ya incluían artículos como transmisores de televisión y radio, circuitos integrados, computadoras, transistores, equipos de radiodifusión, teléfonos celulares, LCD, acero inoxidable y productos laminados, dispositivos semiconductores, refrigeradores, micrófonos y auriculares, bombas de aire, accesorios para telecomunicaciones, instrumentos ópticos, entre otros (The Observatory of Economic Complexity, s. f.).

En el campo de la cooperación científica bilateral, los intercambios de personal administrativo y académico experimentaron avances significativos. El intercambio de personal entre los dos países pasó de 13 000 personas en 1992 a 69 000 en 2012. En referencia a los intercambios académicos, el número de estudiantes chinos en la RC fue de 55 000 en 2012, mientras 62 000 estudiantes surcoreanos realizaban estudios en la RPC (cabe mencionar que los surcoreanos ocupan el primer lugar entre los estudiantes extranjeros en China). Asimismo, aproximadamente, 80 000 coreanos vivían en China en 2012, mientras en Corea había más de 70 000 chinos establecidos, incluyendo 45 000 coreanos de ascendencia china (Pollack, 2014, 29 de septiembre). A la fecha, existen cientos de rutas aéreas entre ambos países, y en 2013 se registraron 811 vuelos directos. Corea del Sur se encuentra entre los primeros cinco destinos turísticos de los viajeros chinos y se estima que en 2016 más de siete millones de turistas chinos viajaron a ese sitio (Korea Tourism Organization, s. f.).

La relación bilateral entre Corea del Sur y China durante el mandato de Park Geun-hye (2012-2016)

La relación entre Corea del Sur y sus países vecinos ha sido compleja desde épocas remotas debido a que la Península Coreana ha sido históricamente el centro de las disputas geopolíticas en el noreste de Asia, con China y Japón como los actores más interesados en ampliar su esfera de influencia, así como en fortalecer sus alianzas estratégicas en la región. Asimismo, Estados Unidos, desde el fin de la Guerra de Corea, ha mantenido una relación muy estrecha con Corea del Sur y ha puesto en marcha diversos mecanismos para tratar de mantener esa posición.

En 2012, Park Geun-hye ganó las elecciones de la República de Corea y se convirtió en la primera mujer en llegar a la presidencia del país. Su proyecto presidencial incluía fortalecer las empresas surcoreanas y la economía nacional, mejorar la calidad de vida de sus ciudadanos, promover la cultura y buscar la unificación. Dentro de su plan de política exterior, la presidenta Park estableció siete principios: *1)* preservar la soberanía y seguridad nacional, *2)* resolver el asunto nuclear con Corea del Norte, *3)* normalizar las relaciones en la Península Coreana, *4)* unificar las dos Coreas, *5)* promover la paz y la cooperación en el este de Asia, *6)* aumentar la diplomacia económica y buscar nuevos mecanismos de crecimiento, y *7)* sentar las bases para una nueva era en la diplomacia pública (Monn y Boo, 2015).

La presidenta Park instituyó prioridades dentro de su agenda internacional, como estrechar las relaciones militares y comerciales con Estados Unidos, defender el país de las amenazas externas (haciendo referencia a las disputas territoriales con Japón, así como a las amenazas nucleares de Corea del Norte). Park heredó de la administración anterior una relación bilateral con China bastante deteriorada: el presidente Lee Myung-bak siguió una política defensivo-ofensiva, formando un frente con Estados Unidos y Japón, alejándose de China y dando lugar a que Corea del Norte se acercara a la RPC. La presidenta Park estaba convencida de que la relación con Beijing era vital para lograr el proceso de desnuclearización y desarme de Corea del Norte, así como para alcanzar un acuerdo de paz en la Península de Corea. A pesar del deterioro de la relación con China, ésta seguía siendo su principal socio comercial y la economía de la RC dependía en gran medida de los intercambios comerciales con ella; por este motivo fijó como meta reparar y fortalecer los lazos de amistad y cooperación.

En junio de 2013, la presidenta Park realizó una visita de Estado a la RPC con el fin de reforzar la "asociación estratégica y de cooperación" entre ambas naciones. El gobierno chino hizo todo lo posible para darle la bienvenida y en los medios de comunicación estatales se publicaron artículos efusivos que elogiaban las cualidades de Park y su amor por la cultura china. Los surcoreanos vieron con buenos ojos este acercamiento y los medios de comunicación cubrieron cada detalle del viaje de su presidenta. Entretanto, en Estados Unidos y en otros países estas aproximaciones generaron preocupación en torno a una posible inclinación de la política de Corea del Sur hacia China (Kim, 2016, 30 de septiembre). Pese a esas predicciones y a los esfuerzos para remendar los lazos, la relación bilateral se debilitó y tensó; la razón principal de ello fue que China falló en extender su influencia en Corea del Sur, un fracaso inevitable que brotó como resultado de la posición diplomática de Beijing respecto de Corea del Norte y del anuncio de Seúl, en julio de 2016, de desplegar un sistema de defensa aérea terminal de gran altitud, en conjunto con los Estados Unidos, en territorio surcoreano.

El 7 de febrero de 2017 oficiales militares surcoreanos y estadounidenses anunciaron el inicio de los trabajos conjuntos para desarrollar la Terminal de Defensa Aérea de Gran Altitud (THAAD, por sus siglas en inglés). El THAAD es un sistema diseñado para interceptar misiles balísticos de corto y mediano alcances (hasta 200 kilómetros de distancia y hasta 150 kilómetros de altitud); es más sofisticado que otros esquemas de defensa terrestres contra misiles desplegados en Corea del Sur. Una sola batería del THAAD, generalmente, consta de seis a nueve lanzadores montados en camiones, 48 a 72 interceptores, una unidad de control de incendios y comunicaciones, y un radar AN/TPY-2 de banda X. La mayoría de las estimaciones predicen que dicho radar tiene un alcance aproximado de 2000 kilómetros en modo de avance, y que podría alcanzar la parte este de China, si se desplegara desde el sureste de Seongju, provincia de Gyeongsang del Norte, en Corea del Sur. No obstante, operar el THAAD en este modo desactiva la capacidad central del sistema, que es la intercepción de misiles (Meick y Salidjanova, 2017, 26 de julio).

El Departamento de Defensa de Estados Unidos había planeado desde 2014 el desarrollo del THAAD en territorio surcoreano; sin embargo, Seúl no estaba muy convencido de instrumentarlo debido a los costos económicos y políticos que implicaba. En 2016, luego de los ensayos nucleares y el desarrollo de misiones en Corea del Norte, la amenaza contra la seguridad de Corea del Sur aumentó y el gobierno surcoreano decidió proceder con el establecimiento del sistema antimisiles. El costo estimado del despliegue fue de 1 600 MDls y la primera entrega de sus componentes se realizó en marzo de 2017; para abril del mismo año, los componentes fueron llevados al sitio de implementación y se inició su instalación y operación, incluidos el radar de banda X, los lanzadores y los interceptores (Meick y Salidjanova, 2017, 26 de julio).

La reacción de China fue de rechazo y gran preocupación por la decisión del gobierno surcoreano. Inmediatamente después del anuncio, el viceministro de Relaciones Exteriores de China, Liu Zhenmin, convocó a una reunión de emergencia con el embajador surcoreano en China, Kim Jang-soo, para manifestar su oposición y desagrado por la decisión tomada en Seúl. Como réplica, el gobierno chino comenzó a dar muestras de su desencanto, cancelando reuniones de alto nivel. Por ejemplo, el ministro de la Defensa Nacional de China suspendió su visita programada con su par en Corea del Sur; conjuntamente, Beijing no envió oficiales de alto mando para participar en la recepción anual en la embajada de Corea del Sur para conmemorar el Día Nacional, en 2016 (Swaine, 2017, 14 de febrero).

El gobierno estadounidense buscó establecer mecanismos de comunicación con China para brindar información técnica sobre el THAAD y dar certeza, desde su perspectiva, de que el sistema antimisiles no representaba una amenaza para aquel país. En repetidas declaraciones, autoridades estadounidenses argumentaron que la construcción del sistema no tenía como objetivo provocar ni atentar contra la seguridad de la RPC; sin embargo, el gobierno chino rechazó cualquier invitación al diálogo (Panda, 2017, 8 de marzo).

El choque de intereses y percepciones estratégicas fue el punto de inflexión que originó el conflicto entre ambos países. Es importante recalcar que los expertos chinos argumentaban que el fin del THAAD no podía ser sólo mantener la seguridad nacional de Corea del Sur, sino contener la posición de China en la región, debido a que el sistema estaba diseñado para interceptar misiles de corto y mediano alcances. No obstante, desde su punto de vista, la principal amenaza para la República de Corea es la posesión de misiles de corto alcance, así como amenazas militares convencionales, artillería y cohetes de gran calibre norcoreanos; por ello, según los expertos chinos, la posesión de este sistema rebasa las necesidades reales de defensa de Seúl. Por su parte, los expertos surcoreanos y estadounidenses señalaron que el sistema sí era capaz de abordar todas las amenazas latentes provenientes de Corea del Norte, incluidos los misiles de corto alcance (Tong, 2018, 22 de noviembre).

Pese al descontento de China y al escepticismo de la oposición y de algunos sectores de la población surcoreana, el gobierno de la presidenta Park se mantuvo firme en su decisión de continuar con sus planes de instalación y desarrollo del THAAD; ante esto, el gobierno chino inició una campaña para prevenir el despliegue de este sistema y la reacción fue extraoficial. Los discursos de los líderes chinos se mostraron cada vez más agresivos y desafiantes; en los medios de comunicación se insistía, continuamente, en el peligro que representaba para China el sistema antimisiles y se iniciaron maniobras para ejercer presión económica coercitiva (Wee y Kwaak, 2018, 25 de octubre).

Las sanciones económicas, si bien no fueron impuestas de forma oficial por el gobierno chino, sí fueron avaladas por él y los mecanismos para ejecutarlas se tradujeron en campañas para boicotear los productos surcoreanos: retirar subsidios a industrias chinas que demandaban suministros de la RC dentro de su producción, hacer revisiones a las tiendas surcoreanas y clausurarlas, bloquear las ventas en línea. En 2017 disminuyeron las adquisiciones de autos Hyundai y Kia, en China (las ventas de Hyundai cayeron 42% en comparación con 2016, mientras que las de Kia decrecieron 54% en el mismo periodo). Empresas chinas de producción de autos electrónicos, que utilizaban baterías de las marcas Samsung y LG para su fabricación, dejaron de recibir subsidios gubernamentales chinos (Hancock y Xueqiao, 2017, 20 de septiembre).

Algunas empresas surcoreanas establecidas en China sufrieron sanciones severas; tal fue el caso del conglomerado Lotte,[3] que cedió tierras al gobierno surcoreano en el sur de aquel país para el establecimiento de la primera batería del sistema de misiles del THAAD. Lotte fue obligado a vender 87 de sus 112 tiendas dentro de territorio chino, en ciudades como Beijing, Chengdu, Shanghái, Shenyang y Tianjin. Autoridades chinas realizaban constantes inspecciones a los establecimientos para detectar irregularidades y, en caso de hallarlas, las clausuraban. Conjuntamente, el gobierno chino detuvo la construcción de un parque temático en Chengdu, el cual era un proyecto de Lotte y Hershey.

Uno de los sectores más afectados fue el turismo. El número de visitantes chinos decreció, en 2017, casi 2.5 millones; la caída representó 49.6%, en relación con el turismo chino que viajó a Corea del Sur en años anteriores. A inicios de 2016, el número de visitantes chinos frisaba en los ocho millones y a finales de año se registraron sólo 3.83 millones. Los turistas chinos dejaron de visitar Corea del Sur por voluntad propia y también porque el gobierno

[3] Lotte es un conglomerado integrado por más de 60 empresas pertenecientes a varios sectores, como el de alimentos (se caracterizan por la fabricación de dulces, bebidas, comida rápida), construcción, electrónica, tecnologías de la información, hoteles, editoriales, entre otros.

chino prohibió a las agencias ofrecer y hacer viajes grupales hacia la República de Corea (*The Sputnik*, 2017a, 12 de diciembre).

China bloqueó al mercado coreano en productos populares, como cosméticos, purificadores de aire, asientos de baño, autos y *hardware*. No obstante, este fenómeno no se limitó a las sanciones gubernamentales; los propios consumidores chinos dejaron de adquirir estos productos y boicotearon la compra de diversas marcas surcoreanas. Las telecomunicaciones también se vieron afectadas; varios programas de televisión, radio e internet, así como conciertos y presentaciones artísticas surcoreanos, fueron cancelados.

En enero de 2017, la tensión escaló cuando autoridades chinas expulsaron a 32 misioneros cristianos coreanos que trabajaban cerca de la frontera con Corea del Norte y aviones militares chinos entraron en la zona de identificación de defensa aérea de Corea del Sur. La incursión fue inusual por su tamaño (alrededor de ocho aviones estaban involucrados) y por el hecho de que incluía seis bombarderos estratégicos, un avión de alerta temprana (utilizado como radar aéreo y plataforma de comando) y un avión de recopilación de inteligencia. El ministro de Defensa de Corea del Sur, Han Min-koo, sugirió que la medida podría haber sido un intento de presionar a Corea del Sur en relación con el THAAD (Glaser, Sofio y Parker, 2017, 15 de febrero).

En febrero de 2016, el embajador chino en Corea del Sur, Qiu Guohong, mencionó a algunos líderes del Partido Minjoo —la principal oposición de Corea del Sur— que la relación entre ambos países se veía amenazada y que los lazos podrían destruirse en un instante debido al proyecto del THAAD. Los surcoreanos condenaron sus declaraciones ya que se sintieron indignados por el desprecio de China hacia su independencia e intereses nacionales. Los comentarios de Qiu tuvieron un efecto negativo sobre el Partido Minjoo, que previamente había expresado su escepticismo sobre el THAAD y, tras las declaraciones de Qiu, abandonó el tema durante las elecciones legislativas celebradas en abril de ese año. Como respuesta ante las presiones de China, Seúl dejó de emitir nuevas visas o renovaciones para los maestros chinos en los Institutos Confucio en Corea del Sur (aunque negó que la medida tuviera motivaciones políticas).[4]

Algunos autores, como Gordon Chang, critican la actitud y la reacción que ha tenido el gobierno chino respecto al despliegue del sistema antimisiles; consideran que es una postura hipócrita debido a que China ha apoyado o al menos no se ha manifestado ante las provocaciones norcoreanas por mucho tiempo. Desde China se han suministrado componentes, equipo y tecnología para el desarrollo del programa nuclear de Corea del Norte; asimismo, el país ha apoyado los ataques cibernéticos de Pyongyang contra redes de Estados Unidos y ha sido tolerante con la participación de bancos estatales en las actividades de la familia Kim (Chang, 2017).

Las sanciones y la tensión en la relación bilateral impactaron de forma negativa el intercambio comercial. En 2016, se presentó un decremento en las importaciones de productos surcoreanos en China; al cierre del año, el valor de las importaciones fue de 124 433 MDls (es decir, decreció 12 691 MDls, en comparación con 2015). Al final de 2017, cuando se iniciaron las pláticas para enmendar la relación bilateral, esta cifra aumentó a 142 120 MDls y, para finales de 2018, llegó hasta 150 308 MDls. Las exportaciones de China hacia Corea del Sur no se vieron tan afectadas durante el *impasse* en la relación entre ambos países: en 2016 fueron de 86 980 MDls; en 2017, de 97 860 MDls; en 2018, de 96 976 MDls (Korea International Trade Association, 2019, 6 de septiembre).

Resolución del impasse *en la relación entre Corea del Sur y China*

En diciembre de 2016 la política interna de Corea del Sur viró de forma abrupta cuando la presidenta Park Geun-hye fue suspendida

[4] De acuerdo con el Instituto de Investigación Hyundai, el *impasse* económico originado por el THAAD le costaría a Corea del Sur un aproximado de 7 500 millones de dólares, mientras las pérdidas para China fueron de 880 millones.

de su cargo, luego de verse involucrada en varios escándalos de corrupción. En primer lugar, se descubrió que la presidenta permitió que una amiga cercana, Choi Soon-sil, se inmiscuyese en la política del Estado. Choi adquirió facultades para preparar, revisar y editar discursos y presentaciones oficiales de Park (Fermin-Robbins, 2018, 10 de mayo).

Choi Soon-sil creó dos fundaciones, Mir y K-sport, y, aprovechándose de su influencia política, logró extorsionar y presionar a importantes empresas surcoreanas para recibir sobornos a cambio de favores políticos; algunas de las empresas más importantes de Corea del Sur, como Samsung, Hyundai, Lotte y LG, estuvieron implicadas. Se estima que aproximadamente 70 millones de dólares fueron transferidos a las organizaciones de Choi, provenientes de 52 compañías y 19 grupos empresariales (*The Sputnik*, 2017b, 10 de marzo).

La presidenta Park anunció en diciembre de 2016 que renunciaría a su cargo en abril del siguiente año y que llamaría a nuevas elecciones; sin embargo, la Asamblea Nacional de Corea del Sur presentó un proyecto de ley para proceder con su destitución inmediata. Este proyecto fue aprobado por mayoría (234 votos en favor, 56 en contra, dos abstenciones y siete votos inválidos) el 9 de diciembre del mismo año; como resultado, Park Geun-hye fue destituida. En febrero de 2018, la presidenta Park fue condenada a 24 años de prisión, acusada de abuso de poder y corrupción. También fueron condenados a 20 años los presidentes de Samsung y Lotte, junto con Choi Soon-sil, acusados de abuso de poder, corrupción e interferencia política, y además tuvieron que pagar una multa de 126 200 millones de wones.

En mayo de 2017, Moon Jae-in, candidato del Partido Democrático, ganó las elecciones presidenciales. A su llegada al gobierno, se encontró con un panorama nacional e internacional complejo. Necesitaba restaurar la confianza pública tras los escándalos de corrupción de su antecesora y urgía una política exterior cuidadosa para embonar todas las piezas clave a fin de salvaguardar la seguridad. Por un lado, la relación con China continuaba en tensión, existían fricciones con Japón en asuntos de seguridad y defensa, y, adicionalmente, Kim Jong-un seguía desarrollando su carrera armamentista en Corea del Norte (Lee y Botto, 2018).

Mantener el equilibrio para defender las prioridades e intereses de su país no ha sido tarea fácil; empero, el presidente Moon ha movido sus cartas estratégicamente para lograrlo y, desde su toma de posesión, se ha acercado a sus contrapartes para fortalecer lazos y mejorar relaciones. Moon Jae-in inició una política exterior con miras a resolver el conflicto con Corea del Norte, suavizar la relación con China y fortalecer su alianza con Estados Unidos, vital para la resolución pacífica en la Península Coreana.

Las predicciones señalaban que no podría entablarse una buena relación entre el presidente surcoreano y Donald Trump; sin embargo, ambos mandatarios manejaron con cautela los temas prioritarios de su agenda bilateral, incluidas las renegociaciones del Acuerdo de Medidas Especiales (SMA) para compartir costos de defensa durante los próximos cinco años y del Acuerdo de Libre Comercio EU-Corea, así como el despliegue del THAAD.

Por lo que toca a China, desde finales de octubre de 2017 los ministerios de Relaciones Exteriores de los dos países emitieron comunicados coordinados con el fin de anunciar el trabajo conjunto para resarcir los estragos en la relación bilateral. En noviembre del mismo año, el presidente Xi Jinping y su contraparte acordaron reparar su relación (Panda, 2018). El gobierno surcoreano se comprometió con China a poner en marcha un programa de tres garantías, conocido como los "tres no". Éstos consistían en que Corea del Sur no consideraría un despliegue adicional del THAAD, no usaría otros sistemas de defensa de misiles de los Estados Unidos y no buscaría aliarse con Japón y Estados Unidos (Park, 2017, 13 de noviembre). A pesar de haber impuesto su política de seguridad nacional por encima de la relación con China al no dar marcha atrás al desarrollo del THAAD, el gobierno surcoreano mostró que toma muy en serio el papel que desempeña China dentro de su agenda; los "tres no" indicaron al gobierno de Xi Jinping que Corea del Sur, cuando su relación bilateral con el país del centro se ve comprometida, está dispuesta a balancear y disminuir la cooperación con Estados Unidos y Japón.

La relación entre Corea del Sur y China con la llegada a la presidencia de Donald Trump

Aunque Seúl considera la alianza bilateral con Estados Unidos como una prioridad dentro de su agenda de política exterior, la administración del presidente Moon se ha concentrado en el desarrollo de una relación muy hábil y cautelosa con el presidente Donald Trump. Moon ha sido conciliador en las áreas donde hay desacuerdo y en asuntos controvertidos de seguridad con Estados Unidos, debido a que la relación bilateral es considerada pieza clave para la seguridad de su país y para la resolución del conflicto intercoreano. Empero, el presidente estadounidense no tiene la misma percepción en cuanto a lo beneficiosos que resultan la cercanía y el apoyo hacia el país surcoreano.

El presidente Trump, desde su campaña presidencial, ha enfatizado su inquietud y su desacuerdo con el reparto de los costos militares entre Estados Unidos y sus aliados. En lo que concierne al costo que representa para Estados Unidos el mantenimiento de sus 28 500 soldados estacionados en Corea del Sur, los ejercicios militares conjuntos y el reciente despliegue del THAAD, Donald Trump ha declarado, incluso de forma ofensiva y en tono de burla, que este gasto es asimétrico para su gobierno y que las contribuciones que el gobierno surcoreano hace a este rubro no son suficientes, pues Seúl debería cubrir sus propios gastos de seguridad.

Chung Min Lee y Kathryne Botto señalan que, si bien la alianza con Estados Unidos otorga seguridad a Corea del Sur, porque Washington le proporciona un eje de defensa y respaldo contra la amenaza latente de Corea del Norte, esta coalición también supone una paradoja para algunos surcoreanos que quisieran tener mayor autonomía militar. Por otra parte, en el hipotético escenario de un cese formal de hostilidades y si las negociaciones con Corea del Norte generan un cambio duradero, como un acuerdo de paz y desnuclearización, los Estados Unidos y Corea del Sur deberían revisar los supuestos, las prioridades y los medios con los que mantendrán su alianza estratégica (Lee y Botto, 2018).

Desde el fin de la Guerra de Corea no se habían presenciado signos de mejoría y acercamiento entre las dos Coreas; sin embargo, con la llegada de Moon, esta situación cambió drásticamente a causa de su ímpetu por normalizar las relaciones con su país vecino. Durante 2018, Moon se reunió con su homólogo norcoreano en tres ocasiones, dos de ellas en Panmunjon y la tercera en Pyongyang. Durante estos encuentros se produjeron compromisos para reducir las tensiones militares y reforzar la confianza; incluso se plantearon proyectos conjuntos como la reactivación de viejas rutas de transporte. Se espera que en 2019 las cumbres entre la República de Corea y la República Popular Democrática de Corea continúen; de hecho, en diciembre de 2018, el presidente Kim envió una carta a su homólogo Moon, reiterando su compromiso para desnuclearizar la península e instando a continuar con las reuniones entre sus gobiernos.

Los líderes chinos y surcoreanos tienen un interés común en reparar su relación puesto que comparten la preocupación derivada del avance y del desarrollo del programa nuclear de Corea del Norte y de sus implicaciones para la estabilidad en la península y en el este de Asia. No obstante, China sigue tomando medidas para asegurar su influencia sobre Corea del Norte, porque no considera que la naturaleza del programa nuclear norcoreano atente directamente contra su seguridad y estabilidad; en realidad, lo ve como una medida defensiva del gobierno de Kim. Para Beijing, es más preocupante la presencia de Estados Unidos en Asia y teme con creces el margen de maniobra que Washington mantiene en la región pues puede frenar su posicionamiento y disminuir su esfera de influencia. Por lo anterior, el gobierno chino busca establecer mecanismos de cooperación estratégicos de largo plazo con Seúl. Un acuerdo de paz entre las dos Coreas sería un escenario idóneo para que China presione a Seúl para disminuir el número de efectivos militares estadounidenses en su territorio e incluso su retiro cabal (Lee y Botto, 2018).

Conclusiones

El panorama internacional es incierto: la presencia de nuevos actores, el cambio incesante de escenarios políticos, económicos y sociales, y el surgimiento de nuevos líderes políticos de las principales economías del mundo, con visiones e ideologías opuestas, se han conjuntado en una misma época. Esta mezcla de elementos ha generado choques de intereses, nuevas alianzas y la ruptura de relaciones previas; asimismo, han brotado nuevos mecanismos de disuasión y nuevas bases para las negociaciones.

En el gran tablero mundial los líderes deben mover con cautela sus piezas, porque un error puede desembocar en conflictos con consecuencias trascendentales. Las relaciones políticas y económicas mundiales están estrechamente vinculadas, pero esa misma conexión produce incertidumbre y fragilidad. Los acuerdos y desencuentros bilaterales tienen repercusiones que afectan a otros países.

La relación entre la República de Corea y la República Popular China ha ido cambiando y ha tenido que adaptarse a diversas coyunturas. A pesar de que cada una persigue sus propios intereses, su ubicación, los lazos culturales, sociales, políticos y económicos que las unen, las obligan a actuar con prudencia en el desarrollo de sus relaciones. El futuro de su interacción está ligado a los eventos que se suscitan en otras latitudes y a las decisiones y acuerdos establecidos con otros líderes mundiales.

El conflicto comercial que viven China y Estados Unidos, desde 2018, ilustra lo señalado; las repercusiones económicas no sólo han afectado directamente a los entes implicados, sino que han impactado la economía de sus socios. Las fricciones entre estas dos economías inciden en la producción e inversiones en Asia; su impacto podría comprometer el crecimiento económico de la región. Changyong Rhee, director del Departamento de Asia y Pacífico del Fondo Monetario Internacional, señaló en 2018 que Japón y Corea del Sur estarían en la lista de países que se verían más afectados por la guerra comercial, debido a su dependencia del comercio con China (*El Economista*, 2018, 14 de octubre).

China es de los principales actores de la economía mundial y muchos países dependen del desarrollo y auge de su economía. Corea del Sur, luego del debilitamiento de las relaciones bilaterales en 2016, pudo advertir la vulnerabilidad de su economía ante las medidas tomadas por Beijing. Este episodio es una muestra fehaciente de la relación tan estrecha que existe entre ambos países y fue una demostración del poder y la influencia que China ha adquirido entre sus socios y aliados.

Un elemento que ha favorecido la consolidación de China como actor preponderante en el plano internacional es la continuidad de un proyecto nacional: la permanencia en el gobierno de Xi Jinping, desde 2013, ha permitido que el proyecto planteado por sus antecesores se concrete. La llegada al poder del presidente Moon Jae-in y su habilidad para fortalecer su política exterior han favorecido el desarrollo de sus relaciones internacionales; la relevancia que ha dado a contemplar a todos sus aliados en su agenda internacional ha permitido insuflar un nuevo aire a las relaciones de la República de Corea.

La concurrencia de ambos líderes, así como la coincidencia en algunas de sus ideas y la consecución de intereses comunes, advierten que, en los siguientes años, las relaciones entre ambos países pueden resarcirse; con ello, quedarían atrás las diferencias registradas en épocas recientes y se favorecería la complementariedad entre ambas economías ya que las dos se benefician mutuamente, suprimiendo las áreas de fricción y de tensión.

REFERENCIAS

Chang, G. G. (2017). China and the Korean Peninsula: Arming Kim, gutting sanctions, Opposing THAAD. *International Journal of Korean Studies*, XXI (1): 68-93, en <http://icks.org/n/data/ijks/2017-4.pdf>.

El Economista (2018, 14 de octubre). La guerra comercial de Estados Unidos con China ya afecta a la economía de Asia. Recuperado el 6 de septiembre de 2019, en <www.eleconomista.com.mx/economia/La-guerra-comercial-de-Estados-Unidos-con-China-ya-afecta-a-la-economia-de-Asia-20181217-0030.html>.

Fermin-Robbins, J. (2018, 10 de mayo). The impeachment of South Korean president Park Geun-hye. Recuperado el 6 de septiembre de 2019, en <https://www.carnegiecouncil.org/publications/articles_papers_reports/the-impeachment-of-south-korean-president-park-geun-hye>.

Glaser, B. S., D. G. Sofio y D. A. Parker (2017, 15 de febrero). The Good, the THAAD, and the Ugly. Recuperado el 6 de septiembre de 2019, en <www.foreignaffairs.com/articles/united-states/2017-02-15/good-thaad-and-ugly>.

Hancock, T., y W. Xueqiao (2017, 20 de septiembre). South Korean consumer groups bear brunt of China's Thaad ire. Recuperado el 6 de septiembre de 2019, en <www.ft.com/content/f3c78afe-821d-11e7-94e2-c5b903247afd>.

Hwang, J. (2016, 29 de julio). The ROK's China Policy under Park Geun-hye: A new model of ROK-PRC relations. Recuperado el 6 de septiembre de 2019, en <https://www.brookings.edu/research/the-roks-china-policy-under-park-geun-hye-a-new-model-of-rok-prc-relations/>.

Kim, P. M. (2016, 30 de septiembre). Lost illusions. How Beijing failed to Woo Seoul. Recuperado el 6 de septiembre de 2019, en <http://www.foreignaffairs.com/articles/china/2016-09-30/lost-illusions>.

Korea International Trade Association (2019, 6 de septiembre). K-Statistics, by specific country. Recuperado el 6 de septiembre de 2019, en <http://www.kita.org/kStat/byCount_SpeCount.do>.

Korea Tourism Organization (s. f.). Korea, Monthly Statistics of Tourism | Key facts on tourism | Tourism statistics. Recuperado el 6 de septiembre de 2019, en <https://kto.visitkorea.or.kr/eng/tourismStatics/keyFacts/KoreaMonthlyStatistics.kto>.

Lee, C. M., y K. Botto (2018). President Moon Jae-in and the politics of inter-Korean Détente. Recuperado el 6 de septiembre de 2019, en <https://carnegieendowment.org/files/Korean_Strategic_Review_2018_FULL.pdf+>.

León-Manríquez, J. L. (2017). ¿Siempre hacia adelante? Las relaciones Corea del Sur-China y las turbulencias de la economía mundial. En J. L. León-Manríquez (ed.), *Corea, ayer y hoy: aportaciones latinoamericanas* (ed. rev., pp. 13-27). México: Universidad Autónoma Metropolitana, Unidad Xochimilco, División de Ciencias Sociales y Humanidades.

Meick, E., y N. Salidjanova (2017, 26 de julio). China's Response to U. S.-South Korean Missile Defense System deployment and its implications. Recuperado el 6 de septiembre de 2019, en <https://www.uscc.gov/sites/default/files/Research/Report_China%27s%20Response%20to%20THAAD%20Deployment%20and%20its%20Implications.pdf>.

Monn, C., y S. Boo (2015). Korean Foreign Policy: Park Geun-hye Looks at China and North Corea. En T. Inoguchi (ed.), *Japanese and korean politics. Alone and apart from each other* (pp. 221-248). Nueva York: Palgrave McMillan.

Panda, A. (2017, 8 de marzo). THAAD and China's Nuclear-Strike capability. Recuperado el 6 de septiembre de 2019, en <https://thediplomat.com/2017/03/thaad-and-chinas-nuclear-second-strike-capability/>.

——— (2018). China and South Korea: Examining the resolution of the THAAD impasse. Recuperado el 6 de septiembre de 2019, en <https://thediplomat.com/2017/11/china-and-south-korea-examining-the-resolution-of-the-thaad-impasse/>.

Park, S. J. (2017, 13 de noviembre). What does Beijing really think? Recuperado el 6 de septiembre de 2019, en <https://nationalinterest.org/blog/the-buzz/why-china-fears-thaad-15637>.

Pollack, J. D. (2014, 29 de septiembre). The strategic meaning of China-ROK relations: How far will the rapprochement go and with what implications? Recuperado el 6 de septiembre de 2019, en <https://www.brookings.edu/articles/the-strategic-meaning-of-china-rok-relations-how-far-will-the-rapprochement-go-and-with-what-implications/>.

Swaine, M. D. (2017, 14 de febrero). Chinese views on South Korea's deployment of THAAD. *China Leadership Monitor*, 52, pp. 1-15, en <https://carnegieendowment.org/files/CLM52MS.pdf>.

The Observatory of Economic Complexity (s. f.). OEC - South Korea (KOR) exports, imports, and trade partners. Recuperado el 6 de septiembre de 2019, en <https://oec.world/en/profile/country/kor/>.

The Sputnik (2017a, 12 de diciembre). Number of Chinese tourist in South Korea continues to drop over THAAD dispute. Recuperado el 6 de septiembre de 2019, en <https://sputniknews.com/asia/201712221060234866-china-south-korea-visitors/>.

_______ (2017b, 10 de marzo). Todo lo que tienes que saber sobre la destitución de la presidente de Corea del Sur. Recuperado el 6 de septiembre de 2019, en <https://mundo.sputniknews.com/politica/201703101067497810-politica-seul-impeachment-corrupcion/>.

Tong, Z. (2018, 22 de noviembre). The perception gap in the THAAD. Dispute-causes and solutions. Recuperado el 6 de septiembre de 2019, en <https://carnegietsinghua.org/2018/11/22/perception-gap-in-thaad-dispute-causes-and-solutions-pub-77791>.

Volosko, D. J. (2017, 18 de noviembre). China wins its war against South Korea's US THAAD Missile Shield-without firing a shot. Recuperado el 6 de septiembre de 2019, en <www.scmp.com/week-asia/geopolitics/article/2120452/china-wins-its-war-against-south-koreas-us-thaad-missile>.

Wee, S., y J. S. Kwaak (2018, 25 de octubre). China's harsh words mask a trade boom with South Korea. Recuperado el 6 de septiembre de 2019, en <www.nytimes.com/2017/09/29/business/china-south-korea-trade.html>.

VI. LA REPÚBLICA DE COREA Y JAPÓN: ¿VIEJOS PROBLEMAS CON LAS MISMAS PERSPECTIVAS?

Carlos Uscanga Prieto[1]
Iyalli Ixchel Romo Luna[2]

Los países del este de Asia comparten intrínsecamente una larga historia y una cultura comunes, no sólo debido a la colindancia geográfica, sino por el hecho de que abrevaron de la explosión civilizatoria cuyo epicentro fue China y la adaptaron a sus respectivas realidades. La distancia forjada entre Corea y Japón fue producto de sus autodeterminaciones para identificarse como entidades políticas y sociales con vida propia, y sus desencuentros estuvieron determinados por la ambición de poder y dominio. El ser humano ha construido murallas donde no existían; hoy, éstas no son sólo físicas sino también virtuales. Sin embargo, también ha erigido puentes para la comunicación y la comprensión del otro, lo que ha permitido difuminar esas fronteras para las nuevas generaciones. Los cambios en el mundo, intensos y veloces, se reflejan en las transformaciones tecnológicas, en las comunicaciones, en los patrones de comercio de bienes y servicios, por lo que la estructura rígida del Estado nacional ha sido más que superada ante las respuestas multifacéticas y dinámicas de la sociedad.

Lo anterior busca referirse específicamente a que, en el ocaso de la segunda década del siglo XXI, Corea del Sur y Japón se encuentran en un contexto de profundas transformaciones y bajo

[1, 2] Ambos autores, Facultad de Ciencias Políticas y Sociales, Universidad Nacional Autónoma de México.

esa óptica debe comprenderse la naturaleza de sus relaciones económicas, políticas y culturales, basadas en flujos múltiples que trascienden el discurso político de ambos Estados. Tomando en consideración lo anterior, el presente capítulo busca explorar los contactos bilaterales, a través de la recuperación de una serie de encuestas de opinión pública, bajo tres planos íntimamente interconectados.

El primer plano se aboca a identificar los problemas históricos y diplomáticos pendientes de resolver entre ambas naciones, para después analizar cómo han influido las percepciones mutuas de los jóvenes coreanos y japoneses. El segundo pretende ubicar los puntos de convergencia ante los asuntos que pueden poner en peligro la endeble seguridad regional y ante las intenciones de Beijing, con independencia de la forma que pueda finalmente tener, de ser de nuevo la gran potencia hegemónica en la región del Pacífico asiático. El tercero analiza cómo es que Corea y Japón han instrumentado sus estrategias frente al efecto Donald Trump en materia diplomática y económica. Por último, una pregunta necesaria es si, a pesar de lo anteriormente descrito, las relaciones bilaterales se mantendrán sin cambio o marcarán un viraje hacia la profundización de las iniciativas de cooperación ante una agenda bilateral con grandes escollos y en un contexto regional de alta volatilidad.

PERCEPCIONES DE LOS CONFLICTOS HISTÓRICOS EN EL SIGLO XXI

La larga y compleja historia entre Corea y Japón ha estado llena de diversos acontecimientos que han generado fricciones y desacuerdos entre ambas partes. Los problemas pendientes, muchos de ellos derivados de los resentimientos producto de la anexión del territorio coreano al imperio japonés (1910-1945) y del proyecto de expansión militar en el marco de la Guerra del Pacífico, se mantienen presentes en el imaginario colectivo del pueblo y en el discurso político tanto del lado coreano como del japonés, haciendo que sigan siendo temas vigentes y constantes en las discusiones diplomáticas bilaterales.

Si se emprende la tarea de identificar los puntos de tensión más candentes en las relaciones coreano-japonesas, se pueden encontrar los siguientes temas:

- "Mujeres de confort": 200 000 mujeres coreanas sometidas a la esclavitud sexual por parte del ejército japonés. En 2015 se acordó poner una solución final al asunto, con la cual Japón pagaría 8.3 millones de dólares (MDls) para la creación de un fondo que ayudaría a estas mujeres, además de ofrecer una disculpa (Kim, 2018).
- Las recurrentes visitas al santuario Yasukuni por los primeros ministros de Japón, siendo el primero Yasuhiro Nakasone, en 1985, con carácter oficial. El santuario honra a los soldados que murieron en distintas guerras a lo largo de la historia japonesa, incluyendo a extranjeros que pelearon por Japón. Por ejemplo, se alojan los restos de 50 000 chinos, un poco más de 27 000 taiwaneses y 21 000 coreanos; pero también se encuentran los restos (depositados, en 1979, en el pabellón principal del templo) de los 14 criminales de guerra clase "A" identificados y condenados por el Tribunal de Tokio. Siete de ellos fueron acusados por crímenes contra la paz, incluido el general Hideki Tojo, quien, junto con otros altos funcionarios,[2] fue sentenciado a muerte por su responsabilidad durante la Segunda Guerra Mundial. Estas visitas se han interpretado como reivindicación del pasado bélico japonés (León, 2011) y un resurgimiento del ultranacionalismo nipón.
- El diferendo territorial de las islas Dokdo/Takeshima, grupo de islotes no habitados ubicados en el mar de Japón/

[2] Kenji Doihara, Koki Hirota, Seishiro Itagaki, Heitaro Kimura, Iwane Matsui y Akira Muto.

mar del Este que se encuentran en disputa constante entre ambos países.

- El abordaje de la historia en los libros de texto japoneses: desde el punto de vista coreano, se considera que Japón expresa una visión poco precisa de su responsabilidad histórica durante su fase de expansionismo y respecto de las atrocidades cometidas por el ejército japonés en la Guerra del Pacífico.
- El izamiento, por parte de las Fuerzas de Autodefensa Marítima de Japón, de la bandera del Sol Naciente (*kyokujitsuki*), muy parecida a la usada durante el proceso de expansión imperial.

Esas problemáticas han marcado, con diferentes intensidades, los nexos entre Corea y Japón desde la posguerra. Sin embargo, resulta interesante indagar qué tanto han cambiado o si se mantienen igual con la llegada de las nuevas generaciones, en un contexto del mayor acercamiento cultural logrado por medio de las nuevas tecnologías y los medios de comunicación.

De acuerdo con las encuestas de opinión pública realizadas tanto en Corea, por parte del East Asian Institute, como en Japón, por la Genron NPO (2018), aproximadamente 40% de los japoneses encuestados y 50% de los coreanos consultados califican la relación entre sus países como mala y con pocas posibilidades de que se modifique en el futuro. Asimismo, esas encuestas demuestran que las impresiones negativas entre estos países son las dominantes, pero con una tendencia gradual a la disminución. En 2017, 56.1% de los coreanos tenía una opinión negativa sobre Japón; la proporción se ha reducido a 50.6% en 2018. Por parte de los japoneses, en 2017, 48.6% de los consultados mantenía una impresión negativa de Corea, y para 2018 esa proporción se redujo a 46.3% (véanse gráficas 1a y 1b).

Los motivos fundamentales de esas opiniones negativas en ambos países convergen en las desavenencias en asuntos históricos y en la forma en que Japón los interpreta; de manera específica,

GRÁFICA 1a. *Opinión coreana sobre Japón, 2018*

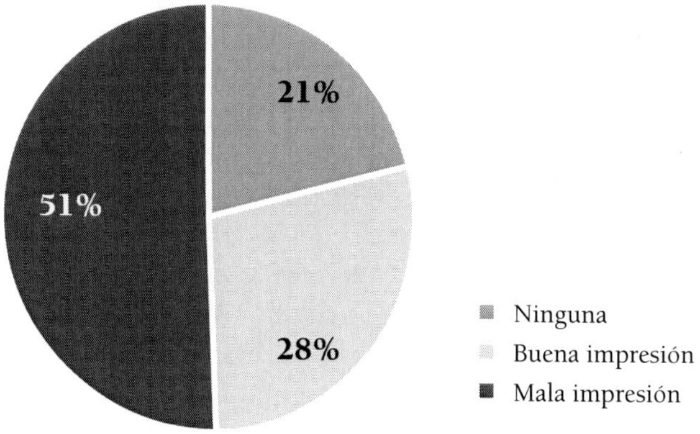

GRÁFICA 1b. *Opinión japonesa sobre Corea, 2018*

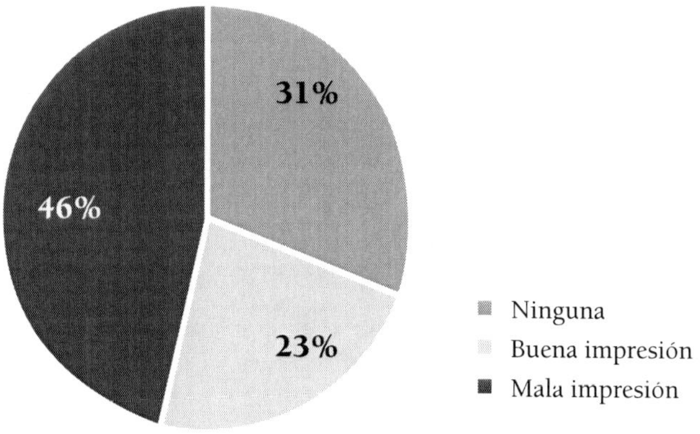

Fuente: Elaboración propia con datos de The Genron NPO, East Asia Institute, 2018.

el asunto de las mujeres de confort, así como las disputas por las islas Dokdo/Takeshima (véanse gráficas 2a y 2b).

En Japón, se tiene la impresión de que Corea mantiene una postura "emocional" y de no cooperación en los acuerdos para la resolución de los conflictos fronterizos; en Seúl prevalece la opinión de que Japón no ha reflexionado de manera adecuada y tampoco ha reconocido satisfactoriamente su rol histórico como país invasor. Del mismo modo, las encuestas reflejan que más de 40% de los coreanos considera que el sistema político y social japonés sigue siendo militar y nacionalista, mientras 55% de los japoneses opina que el régimen coreano se basa en un "nacionalismo étnico" (The Genron NPO, East Asia Institute, 2018). Si bien ese concepto está basado en la creencia que ese país mantiene una línea de sangre homogénea y una cultura particular, el sentido que se deriva de esas aseveraciones es que está anclado en un patrioterismo alejado de los cambios que el mundo enfrenta hoy día.

Para la población de ambas partes, el principal aspecto por resolver para mejorar la relación bilateral son los conflictos históricos, en especial la situación de las mujeres de confort y la disputa por las islas Dokdo/Takeshima, aunque también se da cierta importancia a mejorar la comunicación a nivel gubernamental para generar confianza.

La situación de las mujeres de confort se remonta a la Segunda Guerra Mundial, durante la cual aproximadamente 200 000 mujeres coreanas fueron víctimas de esclavitud sexual por parte de las tropas japonesas. Se han llevado a cabo algunos intentos para superar el problema; así, el acuerdo de diciembre de 2015, desde una perspectiva optimista, fue considerado como la solución final e irreversible, y la relación bilateral empezó a visualizarse como positiva. Empero, en enero de 2018, la ministra de Relaciones Exteriores de Corea, Kang Kyung-wha, declaró que ese instrumento no era una solución real del asunto y que, aunque no se buscaría su renegociación pese al proceso de revisión al que fue sometido, se insistiría para que Japón ofreciera una disculpa genuina (Korea Jooang Daily, 2018).

GRÁFICA 2a. *Razones de la mala impresión. Opinión pública en Corea durante 2018* (porcentaje)

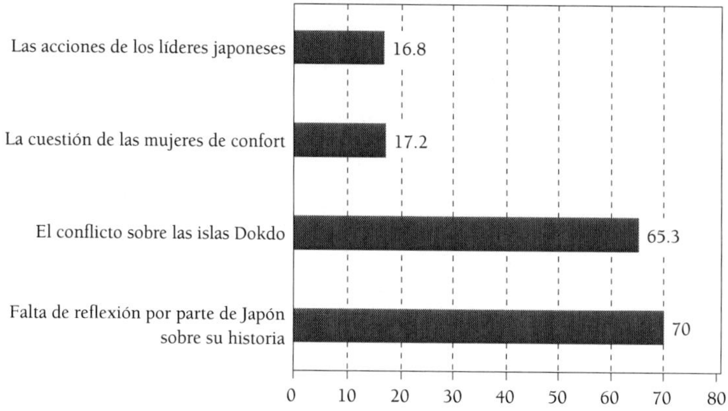

GRÁFICA 2b. *Razones de la mala impresión. Opinión pública en Japón durante 2018* (porcentaje)

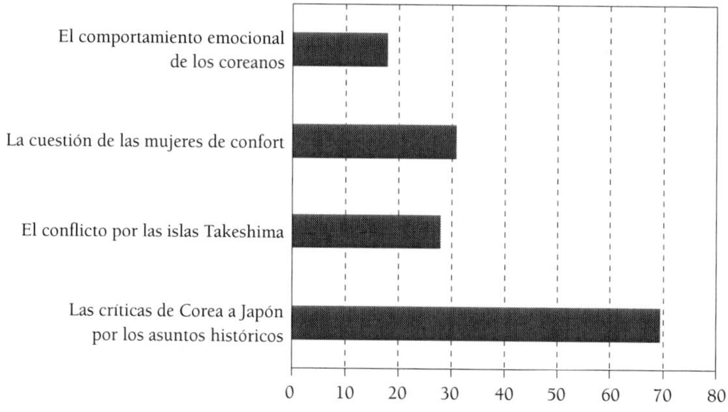

Fuente: The Genron NPO, East Asia Institute, 2018.

Esta situación generó diversas opiniones. En Corea se consideró que el acuerdo sólo había sido una herramienta política y que, para su realización, no se habían tomado en cuenta las opiniones de las víctimas; por ello, debía ser revisado y negociado de nuevo. En Japón se interpretó como una muestra de la poca voluntad coreana para la resolución de los conflictos, y los coreanos fueron acusados de tener un comportamiento muy exaltado y poco racional. Las encuestas revelaron que 50% de los japoneses y 70% de los coreanos consideran que ese tema aún no se resuelve y que las mutuas percepciones negativas se deben a esa situación.

El segundo asunto pendiente de mayor relevancia es la disputa territorial por las islas Dokdo/Takeshima, también conocidas como las rocas de Liancourt. Se trata de un grupo de islotes deshabitados que se encuentra en el mar del Este/mar de Japón y cuya soberanía han reclamado los dos países de manera recurrente desde 1952, año en el que el entonces presidente coreano Syngman Rhee emitió una Proclama de Soberanía de los Territorios en la que se incluían esas islas (Álvarez, 2015). Esta declaración fue rechazada por el gobierno japonés por considerarla unilateral e ilegal, argumentando que la soberanía de los islotes en disputa nunca ha pertenecido —desde el punto de vista histórico, jurídico y geográfico— a Corea (Tsukamoto, 2018).

El Ministerio de Asuntos Exteriores de Japón ha señalado que "Takeshima es de manera indiscutible una parte inherente del territorio de Japón a la luz de los hechos históricos y con base en el derecho internacional. Cualquier medida que la República de Corea tome respecto a Takeshima no tiene justificación legal" (Ministry of Foreign Affairs [MOFA] Japan, 2014). De manera similar, su contraparte coreana sostiene que Dokdo es una parte integral del territorio coreano histórica y geográficamente, así como bajo el derecho internacional. "No existe ninguna disputa territorial con respecto a Dokdo y, por lo tanto, no es un asunto que deba tratarse a través de negociaciones diplomáticas o acuerdos judiciales" (Ministry of Foreign Affairs [MOFA] Korea, s. f.).

En ese escenario de diferencias, la opinión pública japonesa considera que ese tema en la agenda binacional es uno de los más relevantes en su relación y 27.6% le atribuye la razón de la percepción negativa que tienen hacia Corea. La opinión coreana, por su parte, parece darle más relevancia a ese asunto, ya que 65.3% opina que la disputa territorial es el principal asunto pendiente que daña sus relaciones.

La percepción mutua no es la mejor: 34.7% de los japoneses y 50% de los coreanos la consideran negativa, por lo que es un problema que debe solucionarse, aunque se cree que en el corto plazo no se observarán grandes cambios. No obstante, en los resultados del sondeo en Corea, se piensa que los japoneses son personas buenas y trabajadoras, destacando su cota de desarrollo y sus niveles de vida. Para los japoneses, la principal razón por la que ha mejorado su opinión respecto de Corea es por el interés que se tiene en su cultura popular, especialmente por las telenovelas (*dorama*, en japonés) y la música *K-pop*, que en fechas recientes han ganado aceptación y popularidad con una alta presencia en los medios de comunicación de Japón (The Genron NPO, East Asia Institute, 2018).

De acuerdo con el periódico *Nikkei* (2017), 48% de 1 700 jóvenes japonesas encuestadas consideran a Corea como el país que más influye en sus estilos e imagen personales. En ese contexto, la industria de los cosméticos mantiene un crecimiento constante; para 2016, las exportaciones de Corea al mercado japonés llegaron a aproximadamente 15 000 millones de yenes, mientras que las exportaciones japonesas alcanzaron casi 25 000 millones de yenes (véase gráfica 3).

Marcas como Etude House de Corea, por mencionar sólo un ejemplo, han encontrado una gran aceptación de sus productos en suelo japonés. Prueba de ello es que, para finales de 2016, esa empresa planificaba contar con 20 tiendas a lo largo de Japón (Matsui, Hosokawa y Shibata, 2017), meta que fue alcanzada y superada en 2018, con 28 establecimientos (Etude House, 2018).

GRÁFICA 3. *Comercio de cosméticos entre Corea y Japón* (miles de millones de yenes)

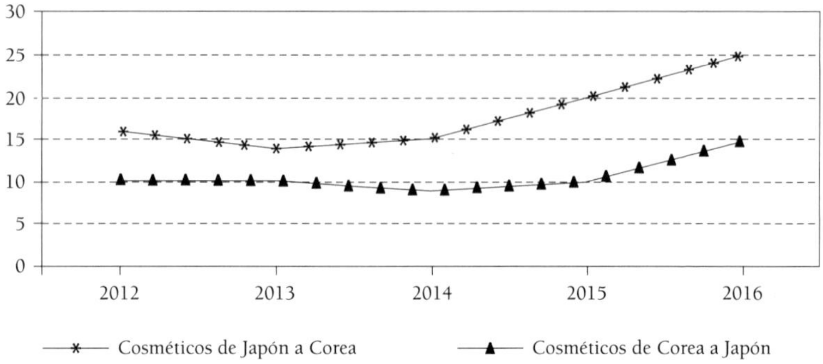

Fuente: Matsui, Hosokawa y Shibata, 2017.

En contraste, la percepción de los coreanos, en específico, sobre el primer ministro Shinzo Abe, va en sentido opuesto. En una encuesta de Gallup en marzo de 2018, de las 1 000 personas entrevistadas (mayores de 19 años), sólo 5% manifestó una impresión positiva del político japonés, mientras que Kim Jong-un tuvo 10% antes del proceso de distensión intercoreano (*The Japan Times*, 2018). En suma, lo anterior nos permite identificar una doble tendencia: por un lado, en los temas duros (*hard*) de la agenda bilateral se percibe insatisfacción por el modo como Japón ha enfrentado los asuntos pendientes derivados del pasado colonial y, por ende, la imagen de los miembros del *establishment* político y sus actores es altamente negativa; por el otro, los aspectos suaves (*soft*) marcan nuevas pautas de entendimiento y comunicación a través de los mayores e inevitables vínculos culturales, los emergentes patrones de consumo e incluso la percepción de Japón, por parte de los jóvenes coreanos, como un espacio de oportunidades laborales.

En efecto, la brecha generacional está marcando nuevas actitudes. En una encuesta realizada por los periódicos *The Yomiuri Shimbun* y *Hankook Ilbo*, se encontró que entre los jóvenes coreanos de 19 a 29 años entrevistados, 37% tiene una visión positiva y algunos de ellos desean trabajar en una empresa japonesa. Lo anterior se puede observar en el incremento de solicitudes de empleo en el periodo 2011 a 2017, las cuales se han duplicado (véase gráfica 4).

Esa preferencia se entiende por la apertura de las corporaciones japonesas para aceptar trabajadores extranjeros, pero también por los cambios en el mercado laboral de Corea. Si bien la tasa de desempleo general ha sido de 4%, para el segmento de personas entre 15 y 29 años se eleva a 10.5% (*The Korean Times*, 2018). Uno de los aspectos frecuentemente referidos por parte de los jóvenes es la "seguridad" laboral que ofrecen las empresas japonesas. En ese mismo sentido de la movilidad de las personas, se observa que las visitas de turistas coreanos se han incrementado de manera sostenida. En 2017 se llegó a la cifra de 7.14 millones, esto es, 40% de incremento en comparación con el año anterior (*The Jakarta Post*, 2018).

Se puede apreciar que, a pesar de las actitudes nacionalistas para atender los asuntos pendientes en la historia compartida de

GRÁFICA 4. *Visas expedidas por Japón a habitantes coreanos*

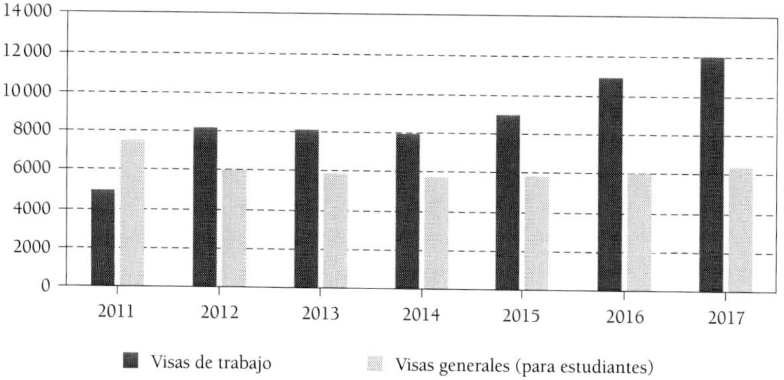

Fuente: Mizuno y Okabe, 2018.

Corea y Japón, los jóvenes están forjando nuevas percepciones sobre temas que se mantenían inamovibles para las viejas generaciones.

Como puede observarse en la gráfica 5, los grados de empatía mutua entre Corea y Japón son correspondientes a los rangos de edad. En Corea se visualiza un margen menor en las generaciones de 30 años o mayores, por ser víctimas o tener muy presente la responsabilidad histórica de Japón antes y después de la Segunda Guerra Mundial; el indicador se amplía de manera positiva para los jóvenes de entre 19 y 29 años. En Japón, se observa una tendencia ascendente de los de mayor a menor edad, siendo el rango de los 18 a 29 años el que tiene una alta y buena impresión sobre Corea. La pregunta obligada es si lo anterior marca una tendencia permanente o es coyuntural; independientemente de su durabilidad, es claro que los jóvenes coreanos y japoneses están más abiertos a ampliar la valoración mutua y asumir otras actitudes para visualizarse mutuamente como países que pueden generarles nuevas satisfacciones en sus necesidades al ser parte de una generación emergente en la era de la posglobalización.

GRÁFICA 5. *Grados de empatía mutua entre japoneses y coreanos* (porcentaje)

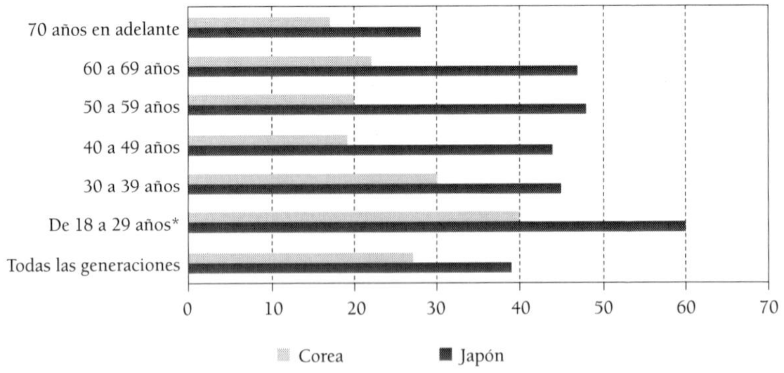

* 19 a 29 años para los habitantes coreanos encuestados.
Fuente: Mizuno y Okabe, 2018.

Los dilemas de la (in)seguridad regional: ¿percepciones y acciones compartidas?

De manera independiente de los asuntos no resueltos en los nexos bilaterales entre Corea y Japón, así como sus divergencias de opiniones, algo innegable es que el este de Asia representa un espacio de vital importancia en la geopolítica contemporánea y los temas de seguridad regional involucrados son de gran relevancia, para ambos países.

Antes del escenario de aparente distensión en el marco del acercamiento entre Washington y Pyongyang, en el verano de 2018, con el encuentro de Donald Trump y Kim Jong-un en Singapur, así como la reunión del presidente surcoreano Moon Jae-in con el mandatario norcoreano en septiembre del mismo año, para los japoneses y los coreanos la principal amenaza para la seguridad de la región era Corea del Norte y sus constantes advertencias sobre un ataque nuclear, seguida por China y el notable crecimiento que ha tenido de manera reciente. Cualquier conflicto entre alguno de esos países afectaría gravemente la estabilidad de la zona, por lo que consideran necesario mantener mecanismos de cooperación para responder de forma adecuada.

Las encuestas de opinión pública realizadas muestran que, para 23.4% de los japoneses y 14.7% de los coreanos, la relación entre los dos países es importante debido a que tienen intereses comunes en materia de seguridad y como aliados de Estados Unidos. Del mismo modo, convergen las opiniones respecto de los países considerados como amenazas militares (China y Corea del Norte), mientras que se observa una diferencia en la percepción de Rusia: la opinión pública japonesa considera que es una amenaza debido al diferendo sobre los Territorios del Norte o las islas Kuriles (véase gráfica 6).

En 2009 Japón y Corea firmaron un memorando para el intercambio de información en temas de defensa y, en 2011, acordaron mejorar los canales para el apoyo logístico y compartir información en materia de inteligencia, especialmente respecto de la

GRÁFICA 6. *Países considerados como amenazas militares en 2018* (porcentaje)

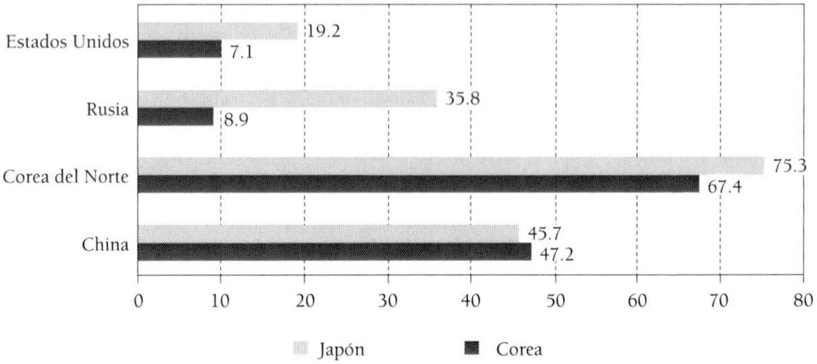

Fuente: Elaboración propia con datos de The Genron NPO, East Asia Institute, 2018.

situación al norte de la Península Coreana. En 2015, con el acuerdo para la resolución de la cuestión de las mujeres de confort, el panorama parecía positivo para la mejoría de las relaciones bilaterales; empero, las tensiones volvieron cuando el acuerdo se sometió a revisión (Nishino, 2017). Ese tipo de situaciones causaron que la cooperación bilateral bajara de intensidad y que se diera mayor importancia a la cooperación trilateral entre Seúl, Tokio y Washington.

Para Estados Unidos resulta importante evitar diversos escenarios de conflictos desestabilizadores en la región; por lo tanto, ha sido conveniente que Corea y Japón tengan objetivos e intereses similares, mientras se alineen de manera positiva con los intereses estadounidenses. Para el mantenimiento de una relación de cooperación trilateral exitosa es necesario mantener esas políticas e intereses compatibles a largo plazo y, especialmente, que Estados Unidos siga demostrando la continuidad de sus propósitos y estrategias para brindar una base sólida a la relación (Pollack, 2016a).

Los resultados de las encuestas de opinión muestran que tanto Corea como Japón consideran a Estados Unidos como su principal aliado en materia de seguridad. De acuerdo con Jonathan D. Pollack, ambos países creen que su relación con la Casa Blanca es la más importante para el bienestar de la región, pero con matices diferentes. Mientras que la relación de Estados Unidos y Japón, bajo el principio de autodefensa colectiva, implicaría acciones militares que pueden ir más allá del este de Asia (Uscanga y Cruz, 2017: 150), con Corea la cooperación es más continua pero circunscrita a los temas de seguridad en la península (Pollack, 2016b).

No obstante, las hostilidades y amenazas norcoreanas son un punto en común entre Corea, Japón y Estados Unidos. La opinión pública, tanto coreana como japonesa, valora de manera positiva la cooperación trilateral entre estos países para la seguridad regional (The Genron NPO, East Asian Institute, 2018), especialmente porque podría traer resultados positivos respecto de la desnuclearización de Corea del Norte. En la reunión entre Shinzo Abe y Moon Jae-in, en mayo de 2018, ambos líderes compartieron la visión de que el desmantelamiento de la zona de pruebas nucleares Punggye-ri, en Corea del Norte, era un paso adelante hacia la desnuclearización total (MOFA Japan, 2018). Esto es un claro ejemplo de que las agendas en materia de seguridad de Corea y Japón se encuentran alineadas.

Para Washington la mejor opción sería poder mantener una relación triangular estable en vez de tener que trabajar de manera individual con cada país, pero esto no puede lograrse integralmente mientras sigan existiendo puntos de conflicto entre sus aliados. Sin embargo, Corea y Japón reconocen el papel esencial que desempeña Estados Unidos para la seguridad regional (véase cuadro 1).

Las relaciones trilaterales entre estos países existen de manera institucionalizada desde 1994, bajo el esquema de Defence Trilateral Talks (DTT) o Pláticas de Defensa Trilateral, las cuales se encontraron en una fase de estancamiento desde 2000 hasta 2015; en este último año, con el acuerdo para poner fin a la situación de las mujeres de confort, las relaciones coreano-japonesas

CUADRO 1. *Opiniones estratégicas dominantes de los actuales líderes japoneses y coreanos*

Opinión sobre China	Socio comercial	Rival/antagonista
Amenaza norcoreana	Amenaza duradera	Grave pero no definitiva
Papel de Estados Unidos	Principal proveedor de disuasión	Principal proveedor de disuasión
Opinión respecto a la seguridad trilateral	Condicional, limitada	Partidario selectivo

Fuente: Pollack, 2016a.

vivieron un momento positivo y las DTT volvieron a realizarse. En 2016, tras las pruebas nucleares realizadas por Corea del Norte, se acordó que estas pláticas debían mantenerse como un mecanismo para lograr una rápida coordinación entre las autoridades de defensa en caso de posibles amenazas (Nishino, 2017).

La décima ronda de conversaciones se realizó el 21 de marzo de 2018; en ella se abordó la situación de los misiles nucleares y balísticos de Corea del Norte como la cuestión más importante a discutir, instando a ese país a abandonar sus programas y acciones provocativas que sólo generaban amenazas para la preservación de la paz en la región. Del mismo modo se reafirmó la necesidad del intercambio de información constante y mantener los esfuerzos diplomáticos para ejercer presión contra las amenazas comunes a las que podrían enfrentarse en los dos países (Ministry of Defense [MOD] Japan, 2018).

Como ya se apuntó, es clara la importancia de Estados Unidos para la seguridad de la región por sus capacidades militares para disuadir un posible conflicto local. Sin embargo, con la llegada de la nueva administración de Donald Trump, se ha generado gran incertidumbre respecto del futuro de ese esquema de cooperación.

Donald Trump, durante su campaña presidencial, declaró que Estados Unidos no debería incurrir en costos financieros adicionales para seguir manteniendo la seguridad de sus aliados regionales. También criticó abiertamente los acuerdos de seguridad existentes y sugirió que Japón y Corea deberían buscar el desarrollo autónomo de armas nucleares en vez de seguir confiando en las garantías de seguridad de Estados Unidos (Pollack, 2016a). En junio de 2018, Trump anunció en el marco de su reunión con Kim Jong-un, en Singapur, su decisión de suspender de manera indefinida los ejercicios militares que se realizaban en conjunto con las tropas coreanas, debido a que los consideraba caros y provocativos, además de ser el principal reclamo de Corea del Norte (Espinosa, 2018).

Si bien un mes después, el secretario de Defensa de Estados Unidos, James Mattis, anunció que no había planes para suspender más ejercicios (*Expansión*, 2018), Trump ha mantenido una postura ambigua respecto del futuro de esas prácticas, declarando que no había ninguna razón para reanudar los "juegos de guerra" y gastar grandes cantidades de dinero en ellos (*Excélsior*, 2018). Este tipo de acciones ha generado múltiples dudas acerca del mantenimiento de la cooperación trilateral, así como respecto al futuro de las relaciones bilaterales de Estados Unidos con Corea y Japón. Aún más, el acercamiento entre Trump y Kim Jong-un demostró ser parte de una política de distensión ubicada fuera de la cooperación trilateral *per se*, aunque se hicieron consultas con los mandatarios surcoreano y japonés.

El 28 de abril de 2018, Trump informó que había sostenido una conversación telefónica con el presidente coreano Moon Jae-in para agendar una reunión con el mandatario de Corea del Norte, de la que también notificó al primer ministro japonés Shinzo Abe (*Forbes*, 2018a). Un mes después, Trump y Moon se reunieron en la Casa Blanca para conversar sobre los detalles del encuentro entre Trump y Kim Jong-un en Singapur, cuya realización aún se encontraba en duda en ese momento.

De manera similar, Trump y Abe se entrevistaron en abril de ese mismo año; adoptaron posturas coincidentes sobre la situación norcoreana y hablaron de la importancia de mantener un diálogo abierto con Corea del Norte. Posteriormente, mediante una conversación telefónica sostenida en mayo, ambos mandatarios expresaron su interés por el objetivo de desmantelar los programas nucleares, armas químicas y misiles balísticos norcoreanos (*Forbes*, 2018b); en junio, días antes de la reunión entre Trump y Kim Jong-un, Abe viajó a Estados Unidos para analizar los últimos detalles y coordinar acciones respecto del interés común de lograr la desnuclearización y, por parte de Japón, abordar el tema sobre los ciudadanos japoneses secuestrados por agentes norcoreanos (*Voz de América*, 2018).

Si bien estas reuniones bilaterales previas al encuentro entre Trump y Kim Jong-un demostraron que las agendas de los tres países se encuentran en convergencia, Estados Unidos ha sido un intermediario respecto a las cuestiones de seguridad entre Japón y Corea. Sin embargo, debido a la postura volátil de Trump, las decisiones en materia de cooperación trilateral se perciben como inciertas, por lo que se infiere que hay un gran espacio de trabajo conjunto entre Corea y Japón que puede desarrollarse más allá del intercambio de inteligencia.

En este sentido, Junya Nishino (2017) propone mejorar el acercamiento entre ambos países para lograr una cooperación bilateral benéfica, dado que sus agendas en materia de seguridad son similares. Es un hecho que el principal impedimento para la colaboración entre Corea y Japón son las fricciones político-diplomáticas por los asuntos históricos pendientes, por lo que Nishino cree que ambos gobiernos deben trabajar en la solución de esos problemas de manera cautelosa y sin utilizarlos con fines políticos. Al mismo tiempo, visualiza un segundo camino para mantener el diálogo bilateral y establecer mecanismos de cooperación tanto económica como en materia de seguridad, en tanto que la solución de los problemas históricos será un largo y complejo proceso; de acuerdo con Nishino, es conveniente no esperar hasta su total resolución para poner en marcha otros programas dentro de la relación binacional.

Asimismo, Nishino considera necesario explicar la importancia de la cooperación bilateral y fomentar el diálogo estratégico.

La percepción y opinión públicas entre estos países son, en su mayoría, negativas; en consecuencia, es necesario dar a conocer la relevancia que tienen las relaciones entre Corea y Japón en distintas áreas, pero especialmente para el mantenimiento de la paz y la estabilidad en la región. Al mismo tiempo, el diálogo estratégico en los ámbitos político y diplomático y la comunicación frecuente permitirían generar una relación sólida y de confianza, mediante la cual se podrían discutir de manera abierta los objetivos e intereses comunes para su cumplimiento. En suma, se puede considerar que la construcción de una cooperación bilateral más profunda entre Corea y Japón resulta conveniente en el contexto *sui generis* creado por Donald Trump a pesar del proceso de distensión motivado por el diálogo intercoreano.

Neoproteccionismo y negociaciones comerciales

Desde sus declaraciones como candidato presidencial, Donald Trump ha causado múltiples debates entre los aliados y socios comerciales de Estados Unidos, especialmente con el eslogan *America First* y su impacto en su política comercial externa. En Japón y Corea sus opiniones han intensificado el debate sobre la protección de sus intereses en un momento de creciente volatilidad e incertidumbre ante las medidas proteccionistas.

Después de la crisis monetaria asiática de 1997, el gobierno coreano reconoció la importancia de la cooperación económica y financiera con las naciones de Asia del Pacífico. En este contexto, en 1998, el primer ministro japonés Keizo Obuchi y el presidente coreano Kim Dae-jung firmaron una declaración conjunta sobre las relaciones entre sus países hacia el siglo XXI y reforzando la importancia de su colaboración económica. Tras esto, Corea y Japón establecieron un grupo conjunto de estudio para analizar la viabilidad de un posible Acuerdo de Libre Comercio Japón-Corea del Sur (JKFTA, por sus siglas en inglés).

En octubre de 2003, el grupo publicó un reporte detallado sobre los beneficios de este acuerdo comercial; concluyó que sería provechoso para ambos países y ayudaría a disipar los daños de una potencial crisis económica futura, además de que podría sentar las bases para una integración económica sólida en el noreste de Asia (Joint Study Group, 2003).

Sin embargo, el JKFTA no se ha logrado materializar. En diciembre del mismo año se inició un proceso de negociación poco exitoso, en el que se abordó el tema de la eliminación o disminución arancelaria sobre los artículos manufacturados por parte de Corea, situación que no se ve de manera positiva debido al riesgo que correría el sector manufacturero coreano ante los productos japoneses (Kim, 2017). Del mismo modo, en 2012 el gobierno coreano pidió a Japón la eliminación de sus fuertes barreras no arancelarias como parte de las negociaciones, pero eso fue rechazado por los funcionarios japoneses (*Yonhap News*, 2012). El nulo avance y la falta de acuerdos han causado que las negociaciones se hayan suspendido desde 2012.

El desequilibrio comercial entre Corea y Japón también ha sido uno de los elementos que han contribuido al estancamiento del acuerdo. En 1986, el gobierno coreano puso en marcha un plan para corregir esta situación; en él se indicaba que tal desequilibrio se debía a que el sector manufacturero coreano, sobre todo el de maquinaria, materiales y componentes, no era lo suficientemente competitivo frente a su contraparte japonesa (Kim, 2017). En ese contexto, se consideraba como una opción que Corea sustituyera sus importaciones de estos productos e incentivara las exportaciones para nivelar la balanza comercial. Sin embargo, el plan no consiguió su objetivo y el desequilibrio se ha mantenido con algunas fluctuaciones en función del periodo anual respectivo (véase gráfica 7).

Si bien ese desequilibrio constituye una de las principales preocupaciones de Corea respecto al intercambio comercial con Japón, no ha sido un impedimento total para sus relaciones económicas. Las empresas coreanas, que en el periodo de la posguerra llegaron a depender casi en su totalidad de la tecnología nipona, ahora son competitivas y atractivas para las firmas japonesas, con las que mantienen vínculos de cooperación. Algunas corporaciones japonesas han optado por la producción local en Corea debido a la mejora de la infraestructura y servicios de transporte y comunicación, así como por la capacitación de los recursos humanos y las bajas tasas de impuestos (Kim, 2017). Durante los años noventa la inversión extranjera directa japonesa en Corea ascendía a 400 millones de dólares, cifra que se elevó a 1.5 billones de dólares durante la primera década del siglo XXI (Kim, 2017).

Ante las políticas proteccionistas que recientemente se han dado, en particular las de Estados Unidos, se ha intentado girar hacia los mecanismos regionales. En mayo de este año, el primer ministro chino, Li Keqiang, declaró que China, Japón y Corea debían acelerar las negociaciones que mantienen para firmar un Acuerdo de Libre Comercio China-Japón-Corea (CJKFTA, por sus

GRÁFICA 7. *Balance comercial de Corea con Japón* (cientos de dólares)

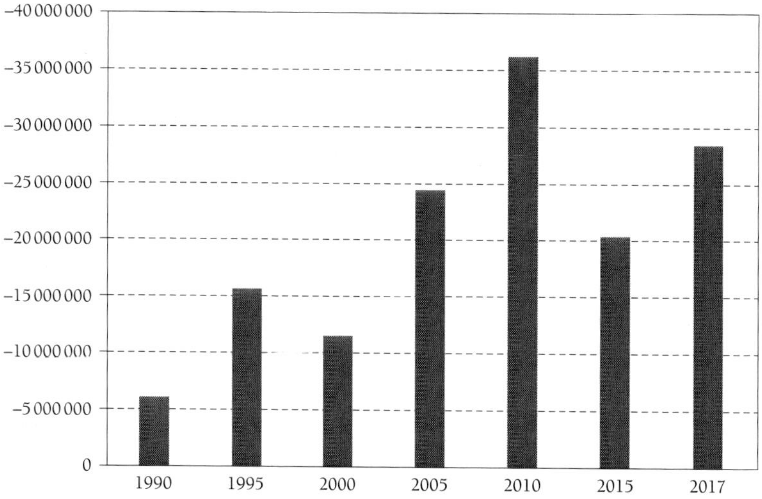

Fuente: Elaboración propia con datos de KOSIS, Korean Statistical Information Service.

siglas en inglés) y lograr una Asociación Económica Integral Regional (RCEP) en una fecha temprana para así poder promover la construcción de una zona de libre comercio en Asia del Pacífico, como una estrategia fundada en el sistema de libre comercio multilateral en contra del proteccionismo.

Los estudios preliminares sobre la viabilidad del CJKFTA se realizaron entre 2003 y 2009 a nivel privado y posteriormente, entre 2010 y 2011, se efectuaron siete sesiones de análisis a nivel gubernamental. Los resultados permitieron que en 2012 se iniciaran las negociaciones de manera formal. Se han efectuado 13 rondas hasta marzo de 2018, la más reciente celebrada en Seúl y centrada en la discusión sobre el intercambio comercial de bienes y servicios y las inversiones. El cuadro 2 presenta una cronología de esas negociaciones binacionales.

Además del CJKFTA, otro marco de intercambio comercial multilateral que se mantiene ante las medidas proteccionistas es el Acuerdo Global y Progresivo para la Asociación Transpacífico, también conocido como CPTPP por sus siglas en inglés. Este acuerdo fue el resultado de las negociaciones del Acuerdo de Asociación Transpacífica (TPP), que continuaron tras la salida de Estados Unidos, en enero de 2017, y fue firmado por los países restantes, en marzo de 2018.

Corea ha mostrado interés por adherirse y la propuesta está siendo analizada, en espera de una decisión final. Hasta ahora el gobierno coreano ha realizado consultas con diferentes sectores de la industria, especialmente con el sector manufacturero, para conocer su opinión al respecto. El nivel de liberalización del mercado que se busca alcanzar en el CPTPP es alto, por lo que su entrada se estudia de manera detallada para evitar daños a industrias como la manufacturera, la agrícola y la pesquera, debido a que el déficit comercial con Japón se mantiene, y con la liberalización del comercio podría agravarse (Hankyoreh, 2018).

Este tipo de mecanismos se posicionan como una especie de defensa ante las medidas proteccionistas que la administración de Donald Trump ha mantenido. Si bien el CJKFTA y el CPTPP

CUADRO 2. *Cronología de las rondas de negociaciones para el* CJKFTA

Ronda	Fecha y lugar	Temas tratados
1	Marzo, 2013 Seúl	Metodología para las futuras negociaciones.
2	Agosto, 2013 Shanghái	Intercambio comercial y procedimientos aduaneros.
3	Noviembre, 2013 Tokio	Intercambio comercial, propiedad intelectual y adquisiciones gubernamentales.
4	Marzo, 2014 Tokio	Intercambio comercial de bienes, apertura del comercio de servicios, propiedad intelectual, inversiones y políticas de competencia.
5	Septiembre, 2014 Beijing	Intercambio comercial de bienes y servicios, propiedad intelectual y políticas de competencia.
6	Enero, 2015 Tokio	Intercambio comercial de bienes y servicios e inversiones.
7	Abril, 2015 Seúl	Intercambio comercial, inversiones, modalidades para la eliminación de aranceles y políticas de competencia.
8	Julio, 2015 Beijing	Intercambio comercial, modalidades para la eliminación de aranceles e inversiones.
9	Diciembre, 2015 Tokio	Intercambio comercial de bienes y servicios y aranceles en productos agrícolas.
10	Abril, 2016 Seúl	Intercambio comercial de bienes y servicios, medidas comerciales correctivas y medidas sanitarias y fitosanitarias.
11	Enero, 2017 Beijing	Intercambio comercial de bienes y servicios e inversiones.
12	Abril, 2017 Tokio	Comercio electrónico y propiedad intelectual.
13	Marzo, 2018 Seúl	Intercambio comercial de bienes, intercambio de servicios e inversiones.

Fuente: Elaboración propia con datos del Ministerio de Relaciones Exteriores de Japón (MOFA) y de Asia Regional Integration Center.

aún no logran concretarse, el interés que se tiene por esos mecanismos de libre comercio es mucho mayor del que se expresó acerca del acuerdo bilateral Corea-Japón. La decisión en favor de la vía trilateral o de la ruta subregional es de alta importancia para la política comercial externa de Corea.

EL FACTOR TRUMP: ¿MÁS CRISIS Y MENOS OPORTUNIDAD?

Sin duda, las políticas implementadas por Donald Trump han afectado la imagen de Estados Unidos como un Estado confiable. De acuerdo con una encuesta realizada en 25 países por el PEW Research Center (2018), 70% de los entrevistados confía en Trump (véase gráfica 8) y el mismo porcentaje considera que ese país no toma en cuenta los intereses de otros.

Empero, es interesante constatar que en Corea se aprecia de manera positiva a Estados Unidos, con 80% de aprobación de los encuestados, mientras que la confianza que inspira Trump alcanzó 44%. En Japón, 67% considera confiable a Estados Unidos y 30% confía en el presidente estadounidense (véase gráfica 9).

Tanto Japón como Corea coinciden —81% y 73% respectivamente— en que es mejor la influencia de Estados Unidos en la región que la de China (véase gráfica 10). Tokio tuvo la proporción más alta, ya que considera que a pesar de los cambios de gobierno en los Estados Unidos, incluyendo a un inestable Donald Trump, por su alianza estratégica y nexos económicos cercanos, es preferible contar con una buena comunicación con ese país que con los líderes chinos por los problemas pendientes bilaterales históricos, reclamos territoriales y las crecientes ambiciones geopolíticas de China en la región. En efecto, tanto en Corea como en Japón la opinión respecto de Estados Unidos sigue siendo positiva, lo que se refrenda en las encuestas de The Genron NPO (2018), según las cuales 65.8% de los coreanos y 59.9% de los japoneses piensan que su país mantiene una mayor afinidad con

Estados Unidos que con otras naciones, como China. Del mismo modo, coreanos y japoneses consideran que la influencia estadounidense en el continente asiático no va a disminuir.

En Corea, la imagen de Donald Trump ha mejorado de manera notable en el último año. De acuerdo con encuestas realizadas por Gallup Korea, la aceptación del presidente estadounidense en Corea era únicamente de 9% durante 2017, pero para 2018 este porcentaje se elevó a 32%. Esto se debe en gran medida a que tanto el sector conservador como el liberal han simpatizado

GRÁFICA 8. *Imagen internacional de Estados Unidos en 2018*

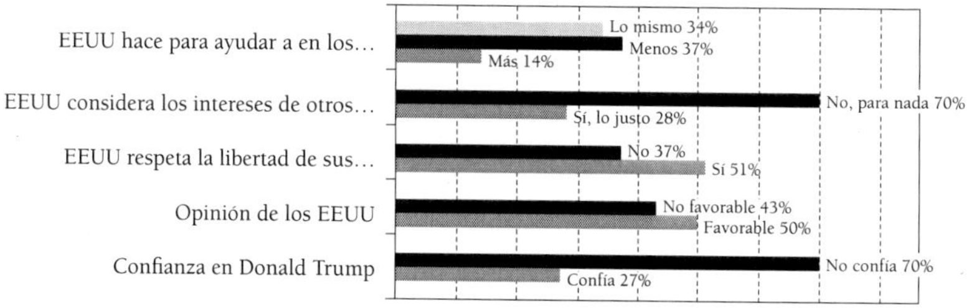

Fuente: Pew Research Center, Global Attitudes Survey, primavera de 2018.

GRÁFICA 9. *Confianza de los japoneses en EEUU y su presidente*

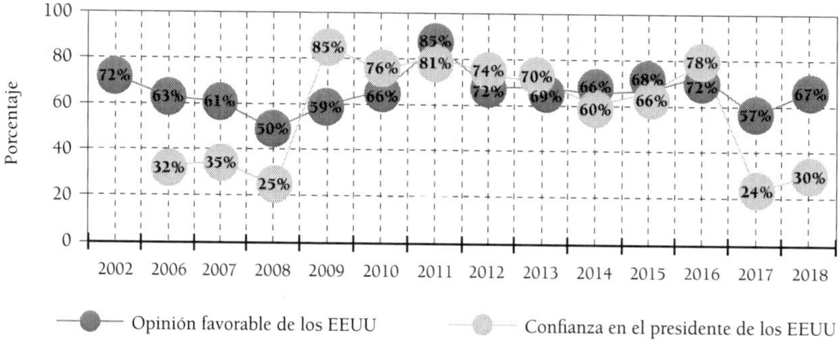

Fuente: Pew Research Center, Global Attitudes Survey, primavera de 2018.

GRÁFICA 10. *Países preferidos como potencias líderes*

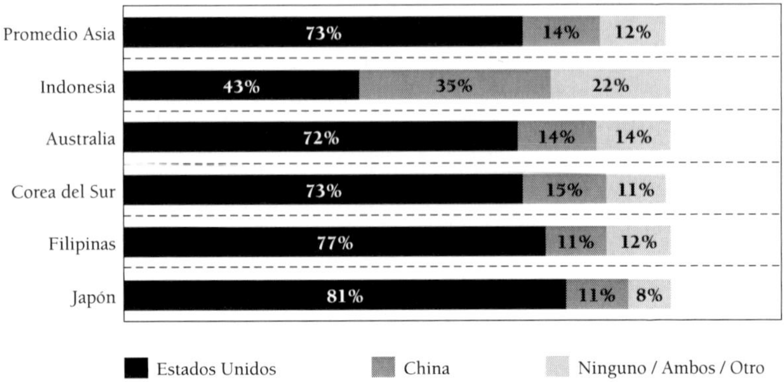

Fuente: PEW Research Center, Global Attitudes Survey, primavera de 2018.

con las acciones de Trump frente a Corea del Norte; mientras los primeros aprueban el acercamiento duro y las presiones que ha ejercido, los liberales han visto de manera favorable el interés por los encuentros y el diálogo con el gobierno de norcoreano (*The Washington Post*, 2018).

Respecto de los temas esenciales para la región, especialmente la cuestión norcoreana, una encuesta realizada entre mayo y junio de 2018 muestra que 26% de los japoneses considera que las acciones de presión y amenazas de Donald Trump han sido las principales razones que han influido sobre Corea del Norte para participar en las negociaciones sobre la desnuclearización, mientras la mayoría piensa que el crédito corresponde a la presión ejercida por China y las sanciones de la Organización de las Naciones Unidas (véase gráfica 11).

Lo anterior da una lectura interesante, pues mientras en Corea se reconoce la relevancia del factor Trump para reactivar el diálogo intercoreano de alto nivel, la opinión pública japonesa visualiza el papel de China y el de la ONU como elementos que motivaron el cambio de la "diplomacia confrontacional" a la "diplomacia conciliatoria" de Pyongyang.

En suma, el cambio de perspectiva para atender la agenda con el este asiático por parte de Washington ha generado diferentes planos de intersección. En primer lugar, las políticas neoproteccionistas han sido un factor de dislocación en el terreno económico y marcan un nuevo estilo de preservar los intereses estadounidenses en las negociaciones comerciales, tal como fue observado en las modificaciones de las provisiones contempladas en el KORUS FTA (Korea-United States Free Trade Agreement) y en las negociaciones con Japón sobre el comercio de bienes y servicios. En segundo lugar, en el plano político es innegable el hecho de que el acercamiento de Trump con Corea del Norte ha despresurizado la escalada de tensiones en la Península Coreana.

Con independencia de la valoración de las acciones de Donald Trump en materia económica y diplomática —si se trata de un cambio de estrategia con poca dirección de Estados Unidos en Asia, o si es una respuesta pragmática (con un alto componente mediático dirigido al electorado de su país) que busca mantener sus intereses con un alto grado de unilateralidad—, es claro que el

GRÁFICA 11. *Factores que contribuyeron, según los japoneses, a la disposición de Corea del Norte para negociar la desnuclearización*

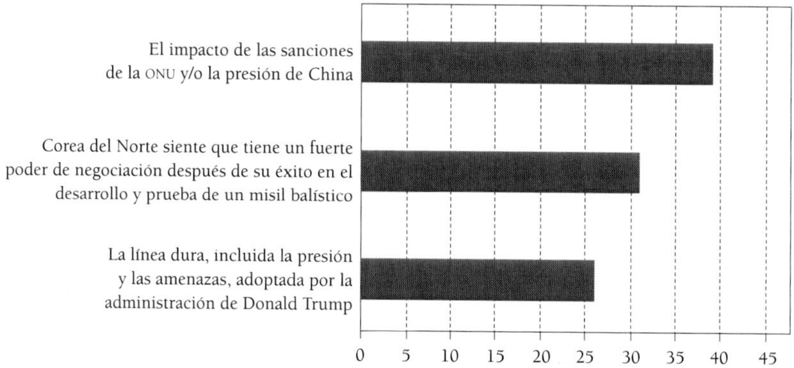

Fuente: Brookings, What do Americans and Japanese think of Trump's summit with Kim Jong-un, Order from Chaos, 2018.

presidente estadounidense ha cambiado las bases en las que se había cimentado el futuro de la región del Pacífico asiático a través del libre comercio y de la mayor integración económica. El resultado inmediato han sido percepciones de advertencia en Corea y Japón sobre dejar el camino libre a China para avanzar en sus ambiciones geopolíticas y geoeconómicas, por lo que a pesar de las estridencias de Trump, es mejor pagar el precio para que Estados Unidos se mantenga como un dique frente a las intenciones hegemónicas de Beijing (sin importar cómo se puedan materializar y expresar) en el mediano y largo plazo.

Conclusiones

Es claro que la atención de los asuntos pendientes de la historia entre Corea y Japón seguirá siendo un factor presente dentro de los nexos diplomáticos entre los dos países. Asimismo, los reclamos fronterizos por la soberanía de las islas Dokdo/Takeshima, en el corto plazo, no tendrán una resolución jurídica o política satisfactoria para ambos Estados. Al mismo tiempo, Corea seguirá muy vigilante de cualquier movimiento que indique, por mínimo o significativo, el resurgimiento de las ambiciones imperialistas de Japón. Esas condiciones han marcado y seguirán definiendo la agenda política entre las dos naciones desde la posguerra.

Sin embargo, también se observó que hay otros temas que apuntalan los contactos binacionales económicos, geopolíticos y culturales. Estos últimos han marcado un panorama inédito que hubiera sido complejo visualizar un par de décadas atrás. De acuerdo con un estudio realizado por Dinara Kozhakhmetova (2012), de la Universidad de Lund, el consumo de los productos de la cultura popular coreana en Japón, especialmente por parte del sector juvenil de la población, ha afectado de manera positiva la percepción de Corea.

Ese proceso se ha beneficiado en gran medida del papel que desempeñan los medios de comunicación y las redes sociales (en particular plataformas como YouTube y Twitter). Es un hecho que la presencia de los *dorama* coreanos y el *K-pop* en Japón ha aumentado. De acuerdo con Kozhakhmetova, parte del interés de los jóvenes japoneses hacia la música pop coreana se debe a que consideran que es de "alta calidad", con ritmos atractivos y videos musicales interesantes. Este mismo interés por la música incita a los jóvenes a aprender el idioma coreano para comprender las letras de las canciones, así como para interactuar con los *idols* mediante las redes sociales.

La imagen que muestran los cantantes y actores coreanos suele ser la del trabajo arduo y esfuerzos constantes, lo cual es perfectamente compatible con la idiosincrasia japonesa. De esta manera, los jóvenes japoneses se han puesto en contacto con la cultura coreana desde un enfoque distinto al tradicional, basado en hacer notar sus diferencias y conflictos pendientes (Kozhakhmetova, 2012). Como ya se apuntó, los jóvenes coreanos y japoneses están forjando indudablemente nuevas percepciones mutuas, las cuales se han reflejado también en la mayor actitud positiva de las nuevas generaciones de coreanos hacia Japón.

En el plano externo, el factor Trump ha generado una fuerza centrífuga para atender los temas de la agenda económica entre Corea y Japón frente al "nuevo fantasma del neoproteccionismo que recorre el mundo". La disrupción de las instituciones regionales y de las bases del libre comercio provocada por el *America First*, para Corea y Japón, es un precio que puede ser pagado para que Estados Unidos no deje más espacios libres al avance de China como potencia hegemónica. En la percepción de los políticos coreanos y japoneses, la presencia de Washington es vital para mantener el frágil equilibrio geopolítico regional en el marco de una aparente distensión de la Península Coreana y de las ambiciones geoestratégicas de Beijing. En resumen, los contactos entre Corea y Japón son profundos y complejos al mismo tiempo y con múltiples variables; las cicatrices producidas por la historia común no han sanado por las posiciones políticas divergentes, pero se avizora el emergente trazado de nuevas rutas de comprensión mutua y cooperación.

Referencias

Álvarez, M. (2015, julio). Historia de las relaciones políticas entre Corea del Sur y Japón desde la teoría sistémica de Samuel Kim: ¿hacia una geopolítica de la memoria? *Portes*, 9 (18), en <http://revistasacademicas.ucol.mx/index.php/portes/article/view/411>.

Asia Regional Integration Center (s. f.). People's Republic of China-Japan-[Republic of] Korea Free Trade Agreement, en <https://aric.adb.org/fta/peoples-republic-of-china-japan-korea-free-trade-agreement>.

Brookings (2018). What do Americans and Japanese think of Trump's summit with Kim Jong-un. Order from Chaos, en <https://www.brookings.edu/blog/order-from-chaos/2018/06/11/what-do-americans-and-japanese-think-of-trumps-summit-with-kim-jong-un/>.

Espinosa, J. (2018, 12 de junio). Trump cede ante Kim Jong-un y suspende las maniobras de su ejército en Corea del Sur. *El Mundo, Internacional*, en <https://www.elmundo.es/internacional/2018/06/12/5b1fa440268e3eca218b466f.html>.

Etude House (2018). Store Information, en <https://www.etudehouse.com/jp/ja/store/list>.

Excélsior (2018, 29 de agosto). Trump no reanudará ejercicios militares con Corea del Sur. *Global*, en <https://www.excelsior.com.mx/global/trump-no-reanudara-ejercicios-militares-con-corea-del-sur/1261688>.

Expansión (2018, 28 de agosto). EU pone fin a la suspensión de ejercicios militares en la Península Coreana. *Mundo*, en <https://expansion.mx/mundo/2018/08/28/eu-pone-fin-a-la-suspension-de-ejercicios-militares-en-la-peninsula-coreana>.

Forbes (2018a, 28 de abril). Trump y Moon Jae-in platican sobre reunión con Corea del Norte. *Actualidad*, en <https://www.forbes.com.mx/trump-y-moon-jae-in-platican-sobre-reunion-con-corea-del-norte/>.

——— (2018b, 28 de mayo). Trump y Shinzo Abe se reunirán previo a la cumbre Norcorea-EU. *Actualidad*, en <https://www.forbes.com.mx/trump-y-shinzo-abe-se-reuniran-previo-a-la-cumbre-norcorea-eu/>.

Hankyoreh (2018, 17 de agosto). South Korean government consults with various industries about its accession to CPTPP. *Business*, en <http://english.hani.co.kr/arti/PRINT/858098.html>.

Japan Times (2018, 18 de marzo). Abe less popular than Kim Jong-un, Trump, Xi and Putin in south Korea: Gallup survey, en <https://www.japantimes.co.jp/news/2018/03/17/national/politics-diplomacy/kim-jong-un-proves-popular-abe-south-korea-survey-finds/#.W9DOSVRKjIV>.

Joint Study Group (2003, octubre). Study Gropup Report: Japan-Korea Free Trade Agreement, en <https://www.mofa.go.jp/region/asia-paci/korea/fta/report0310.pdf>.

Kim, G. (2017). *Korea's Economic Relations With Japan*, *Korea's Economy*, vol. 31, Korea Economic Institute of America, en <http://www.keia.org/sites/default/files/publications/koreaseconomy_ch4_koreas_economic_relations_with_japan.pdf>.

Kim, S. (2018, 9 de enero). Korea will not scrap or renegotiate "comfort women" deal of 2015. *Korea JoongAng Daily*, en <http://koreajoongangdaily.joins.com/news/article/article.aspx?aid=3043083>.

Korean Statistical Information Service (KOSIS) (s. f.). Statistical Database, en <http://kosis.kr/eng/statisticsList/statisticsList_01List.jsp?vwcd=MT_ETITLE&parentId=N#SubCont>.

Kozhakhmetova, D. (2012). *Soft Power of Korean Popular Culture in Japan: K-Pop Avid Fandom in Tokyo*. Lund University, Centre for East And South-East Asian Studies, en <http://lup.lub.lu.se/luur/download?func=downloadFile&recordOId=3460120&fileOId=3910984>.

León, J. (2011). Japón y las dos Coreas. En J. Ramírez *et al.*, *Japón ante la nueva configuración de Asia del Pacífico*. México: El Colegio de México.

Matsui, M., R. Hosokawa y N. Shibata (2017, julio). What politics? Japan, South Korea see Big Bang in consumption. *Asian Nikkei, Business Trends*, en <https://asia.nikkei.com/Business/Business-Trends/What-politics-Japan-South-Korea-see-Big-Bang-in-consumption>.

Ministry of Defense (MOD) Japan (2018, marzo). Joint Statement of the 10th Defense Trilateral Talks, en <http://www.mod.go.jp/j/press/news/2018/03/23a_2.pdf>.

Ministry of Foreign Affairs (MOFA) Japan (2014). Japan's Consistent Position on the Territorial Sovereignty over Takeshima, en <https://www.mofa.go.jp/region/asia-paci/takeshima/index.html>.

_______ (2018a, mayo). Japan – ROK Summit meeting, en <https://www.mofa.go.jp/a_o/na/kr/page3e_000856.html>.

_______ (2018b). Japan-China-Republic of Korea Free Trade Agreement, en <https://www.mofa.go.jp/ecm/ep/page23e_000337.html>.

Ministry of Foreign Affairs (MOFA) Korea (s. f.). The Korean Government's Basic Position on Dokdo, en <http://dokdo.mofa.go.kr/eng/dokdo/government_position.jsp>.

Mizuno, S., y Y. Okabe (2018). Young South Koreans warming to Japan: Survey. *The Jakarta Post*, en <http://www.thejakartapost.com/news/2018/07/05/young-south-koreans-warming-to-japan-survey.html>.

Nishino, J. (2017). *Japan's Security Relationship with the Republic of Korea, Opportunities and Challenges*. CSIS, en <https://www.csis.org/programs/japan-chair/strategic-japan-working-papers>.

PEW Research Center (2018, 1 de octubre). Trump's international ratings remain low, especially among key allies. en <http://www.pewglobal.org/2018/10/01/trumps-international-ratings-remain-low-especially-among-key-allies/>.

Pollack, J. (2016a). *Order at risk: Japan, Korea and the Northeast Asian paradox*. Asia Working Group Paper 5, en <https://www.brookings.edu/wp-content/uploads/2016/09/fp_20160901_northeast_asian_paradox_v2.pdf>.

_______ (2016b, 31 de octubre). The triangular relationship between South Korea, Japan and America. En *Korea and The World Podcast*, 76, en <http://www.koreaandtheworld.org/jonathan-d-pollack/>.

The Genron NPO, East Asia Institute (2018, junio). The 6th Japan-South Korea Joint Public Opinion Poll (2018). Analysis Report on Comparative Data, en <http://www.genron-npo.net/en/180618.pdf>.

The Korean Times (2018, 6 de junio). Young South Koreans eye Japan for better, more stable jobs, en <http://koreatimes.co.kr/www/nation/2018/06/371_251322.html>.

The Washington Post (2018, junio). South Koreans are beginning to like Trump and Kim Jong-un more, despite summit chaos. *World Views*, en <https://www.washingtonpost.com/news/worldviews/wp/2018/06/01/despite-summit-uncertainty-president-trump-and-kim-jong-un-are-more-popular-than-ever-in-south-korea/?utm_term=.66160afc8e78>.

Tsukamoto, T. (2018, primavera). Examing the Korean Government's claims with regard to sovereignty over Takeshima: A pint-by-point analysis of the official publicity of a pamphlet "Dokdo, Beautiful Island of Korea". *Japan Review*, 1 (3): 3-25.

Uscanga, C., e I. Cruz (2017). Japón: estrategias y acciones en la autodefensa colectiva. En C. Hernández y M. Pompa, *Gobernanza mundial: significado, crítica y aplicaciones en su dimensión regional*. México: La Salle.

Voz de América (2018, 7 de junio). Trump y Abe con esperanzas rumbo a cumbre con Kim Jong-un, en <https://www.voanoticias.com/a/trump-recibir%C3%A1-primer-ministro-japon%C3%A9s-shinzo-abe-casa-blanca/4428513.html>.

Yonhap News (2012, junio). Lee urges Japan to make concessions on non-tariff barriers in FTA talks. *National*, en <http://english.yonhapnews.co.kr/national/2012/06/13/28/0301000000AEN20120613005600315F.HTML>.

VII. LAS RELACIONES REPÚBLICA DE COREA-FEDERACIÓN RUSA ANTE LA ADMINISTRACIÓN TRUMP

Eduardo Tzili-Apango[1]
Eduardo Palacios-Cabrera[2]

Las relaciones entre la República de Corea (en adelante también Corea del Sur o Corea) y la Federación Rusa (en adelante también Rusia) durante la segunda década del siglo XXI se han tornado estratégico-integrales. A pesar del componente de "seguridad" —tradicional en las relaciones bilaterales—, de 2012 a 2018 las relaciones surcoreano-rusas han alcanzado otras dimensiones que no habían sido tratadas previamente; enfatizamos los aspectos geoeconómicos. Esto ha sido posible gracias a la coincidencia de nuevas prioridades de política exterior entre Moscú y Seúl.

Corea del Sur y Rusia han mantenido contactos históricos debido a su cercanía geográfica. Esto ha permitido el desarrollo de *koryosaram*, una diáspora coreana en el espacio postsoviético desde hace 150 años. En el caso de Rusia, esta comunidad se ha concentrado en la provincia Primorie, en el Lejano Este ruso,[3] que ha tenido

[1] Departamento de Política y Cultura, Universidad Autónoma Metropolitana-Xochimilco.

[2] Centro de Estudios de Países Post Soviéticos.

[3] Se utiliza este concepto a lo largo del presente capítulo para hacer referencia al Distrito Federal del Lejano Este, que comprende las regiones más orientales de la Federación Rusa con respecto de la comúnmente denominada "Rusia europea" (los territorios desde la frontera con Ucrania y Bielorrusia al oeste hasta la cordillera de los Urales al este, y desde el Cáucaso ruso en el sur hasta la frontera con Finlandia y Noruega al norte).

una importante influencia en las relaciones coreano-rusas, a veces pasada por alto (Troyakova y Tracy, 2018; Zabrovskaya, 1999).

De acuerdo con Ko (2000), la relación bilateral pasó por cuatro fases en una década. La primera (de 1988 a 1991) se caracterizó por los esfuerzos para restablecer relaciones diplomáticas interrumpidas desde 1905 por la ocupación japonesa de Corea y después por la Guerra Fría. Este último episodio, sin duda, condicionó la relación bilateral, sobre todo por el legado de los derribos de los vuelos Korean Air 902 (1978) y Korean Air 007 (1983) en el espacio aéreo soviético. A pesar de esto, el presidente surcoreano Roh Tae-woo (1988-1993) impulsó la *Nordpolitik* para fomentar la normalización de relaciones con los países del Bloque Socialista. Esto permitió a los soviéticos participar en los Juegos Olímpicos de Seúl de 1988 y acordar 3 000 millones de dólares estadounidenses (MDls) de asistencia económica por parte del gobierno surcoreano.

La segunda fase (1992-1994) se caracterizó por la institucionalización de la relación a partir del Tratado de Relaciones Básicas (1992) y el Memorando de Entendimiento sobre Ejercicios Militares (1993). La tercera fase (1994-1998) consolidó el vínculo a partir de la visita de Estado a Moscú del presidente surcoreano Kim Young-sam y el correspondiente "Comunicado de Moscú" en 1994. Es importante destacar que, para entonces, la relación ya se tornaba más económica que política, aunque concentrada más en el comercio que en las inversiones y en el Lejano Este ruso más que en el resto de la Federación Rusa. Empero, se pensaba que este "compromiso económico" tenía la pretensión eminentemente geopolítica de influir en la élite soviético-rusa para contribuir a la estabilidad de la Península Coreana, sobre todo en relación con Corea del Norte (Lee y Bradshaw, 1997). Si bien el comercio durante la década de 1990 se concentró en productos electrónicos, metales y de acero, una importante cuota fue de armamento disuasivo (Ahn, 2009).

El cuarto periodo de la relación (1998-2000) estuvo marcado por la implementación de una asociación más amplia, sobre todo en respuesta al enfriamiento de los vínculos por la exclusión de Rusia de las "Pláticas de Cuatro Bandas" (1996) y la expulsión mutua del personal diplomático de las embajadas (1998). Así, en 1999, el presidente surcoreano Kim Dae-jung realizó una visita de Estado en la que se impulsó el Foro de Comercio Corea del Sur-Rusia, se firmaron memorandos de entendimiento en materia comercial y de cooperación industrial, y se instituyó la Comisión de Cooperación Industrial Coreano-Rusa.

A estas cuatro fases nos gustaría añadir dos más. La quinta se caracterizaría por el compromiso multilateral al amparo de las Pláticas de Seis Bandas (2002-2013). Mucho se ha escrito sobre este tema (Buszynski, 2013; Park, 2005). Es importante destacar que, a diferencia de Corea del Sur, Rusia desempeñó un papel marginal en este proceso y que su participación obedeció más al fomento de un esquema de seguridad regional (Rozman, 2008; Toloraya, 2008); esto es posible vincularlo con la búsqueda rusa de un orden mundial multipolar y multilateral, además de la contención de la influencia estadounidense en el noreste asiático. Esta coyuntura permitió el surgimiento de Corea del Sur como "potencia media" (Choi, 2009). En esta fase, llama la atención la declaración de una "asociación estratégica" surcoreano-rusa durante la presidencia de Lee Myung-bak (2008-2013), que es quizá la antesala de la posterior profundización de las relaciones.

La sexta fase (2013-2018) se caracteriza por el reacercamiento político y económico a partir de la coincidencia de prioridades en política exterior tanto de Moscú como de Seúl. Por parte de Rusia, la recesión global financiera y la invasión de Georgia de 2008, aunadas a la crisis de Ucrania en 2013-2014, impulsaron la política de "viraje hacia el este" del presidente Vladimir Putin, con el objetivo de buscar nuevos mercados y escenarios políticos regionales ante las hostilidades[4] de Occidente. Por parte de Corea del Sur, la reducción de la amenaza de Corea del

[4] Por "hostilidades" nos referimos a la serie de sanciones económico-políticas impuestas a Rusia por parte de la Unión Europea y de Estados Unidos ante la

Norte y el vuelco de las atenciones comerciales de Estados Unidos fomentaron la "Iniciativa Eurasia", que buscó también nuevos mercados y se propuso rediseñar el esquema de seguridad del noreste asiático.

El objetivo general del presente capítulo es analizar esta última fase de las relaciones coreano-rusas a la luz de la influencia del "fenómeno Trump" sobre la política internacional. Con base en la revisión histórica de la relación, nuestra principal pregunta de investigación es ¿cómo se caracterizan las relaciones coreano-rusas en el marco de la Iniciativa Eurasia coreana y el "viraje hacia el este" ruso? A manera de hipótesis proponemos que las relaciones coreano-rusas mantienen una dependencia con respecto al trayecto de la relación histórica de Corea con Estados Unidos; en ésta, Corea del Sur pretende consolidarse como "potencia media" al profundizar los lazos con Rusia y conseguir mayor autonomía de Washington para gestionar efectivamente el diseño de nuevos esquemas de cooperación y seguridad regionales —incluso la propia y eventual reunificación coreana—. Para Rusia, Corea del Sur es parte importante en el desarrollo del Lejano Este y la inserción de Moscú en las dinámicas regionales del noreste asiático y del Pacífico asiático.

Para lo anterior dividimos nuestro texto en cuatro apartados. En el primero ofrecemos una definición de "potencia media", con base en el análisis de la construcción conceptual en la literatura. Si bien éste no es el único concepto teórico utilizado para nuestro análisis, lo consideramos clave. En el segundo apartado ofrecemos un bosquejo de las características principales que definen la relación bilateral coreano-rusa en la actualidad, con base en los intereses económicos y de política exterior de ambos países. En el tercero analizamos la Iniciativa Eurasia. En el cuarto apartado desarrollamos los aspectos estratégicos y de seguridad regional. Cierra este capítulo una serie de consideraciones finales.

---

anexión rusa de la península de Crimea en 2014, como parte de la irresoluta crisis ucraniana de 2013-2014.

Corea del Sur como potencia media

Entre los actores influyentes en el sistema internacional, destacan aquellos que poseen un grado relativamente alto de poder, las "potencias". Sin embargo, a diferencia de las potencias mundiales (consideradas *determinantes* del orden mundial) y de las potencias regionales (entendidas como *contestatarias* del orden internacional), las potencias medias podemos definirlas como *mantenedoras* de cierto orden mundial. Esta noción se apoya en la propuesta de Rocha y Morales (2010: 258-266), para quienes las potencias medias son:

> Estados centrales [del sistema-mundo moderno] y desarrollados, modernos, democráticos y con una diplomacia especializada de alcance global. [...] desempeñan papeles importantes en las instituciones y regímenes internacionales. [...] adjetivadas como coadyuvadoras porque contribuyen con las potencias mundiales en cuidar y mantener el orden internacional prevaleciente. El interés nacional de las potencias medias se despliega y realiza en el ámbito internacional, [...] se inclinan por impulsar la cooperación internacional, defender el derecho internacional, fortalecer las instituciones internacionales y preservar la paz.

De acuerdo con los autores citados, la potencia media es capaz de lo ya mencionado debido a una importante cuota de poder mundial con base, sobre todo, en su poder lenitivo o capacidades inmateriales. Según el índice de poder mundial (Morales, 2015),[5] Corea del Sur se ha mantenido precisamente en el rango cuantitativo de los Estados con poder medio, superando el promedio de

[5] El índice de poder mundial es la expresión numérica de la relación de tres subíndices (índice de capacidades materiales, de capacidades semimateriales y de capacidades inmateriales) que señalan, en conjunto, las capacidades de las que dispone un Estado-nación para el ejercicio de poder en el sistema internacional. El rango del poder nacional del índice oscila entre 0 y 1, siendo 1 el indicador del mayor poder, y 0 el de menor poder.

las potencias regionales y sin alcanzar a las potencias mundiales. De 2000 a 2015, Corea del Sur incrementó su poder mundial 0.2% en promedio anual.

La propuesta de Rocha y Morales (2010) nos parece útil para cuantificar el poder de una potencia media. Sin embargo, estos autores no profundizan en el aspecto cualitativo del estatus previamente dicho, pues su definición es más abstracta. En este sentido rescatamos las aportaciones de Cooper (2011) y Cox (1989), quienes establecen que la posesión de un estatus de potencia media no es condición *sine qua non* de la habilidad para desempeñar dicho papel, y que, en este sentido, ser una potencia media depende de la acción del actor estatal en una determinada situación que implique asumir intencionalidades y acciones de potencia media como las descritas en la definición de Rocha y Morales (2010). En otras palabras, no basta tener las capacidades para ser una potencia media: también hay que actuar según dicho estatus.

Cierta literatura ha detectado que, en efecto, Corea del Sur se autodefine como *potencia media* (Lee, 2012; Robertson, 2018; Teo, 2018). Nuestro análisis bien puede contribuir a la construcción de la "teoría de potencia media" en razón de exponer

GRÁFICA 1. *Índice de poder mundial, 2000-2015*

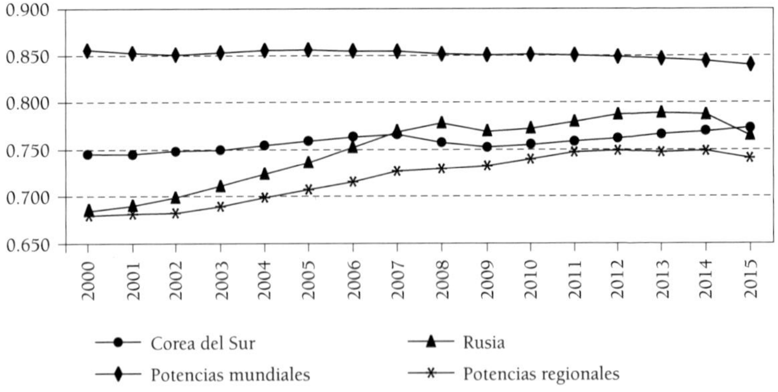

Fuente: Elaboración propia con base en Morales (2015).

qué tanto Corea del Sur se comporta como tal en su relación con Rusia. Por ello, definimos a Corea del Sur como potencia media porque promueve la cooperación internacional y coadyuva al orden regional que impulsa Rusia a partir de su propio interés nacional.

Partida y destino de la relación coreano-rusa a 28 años de su establecimiento

Como se mencionó antes, la Federación Rusa[6] y la República de Corea establecieron relaciones diplomáticas en 1990. No existió una relación diplomática entre ambos países durante toda la Guerra Fría, específicamente desde 1948 hasta 1990 (Pak, 2016). Hasta junio de 2018 los jefes de Estado de ambos países se habían reunido 31 veces (RIA Novosti, 2018). Este último dato es revelador, pues indica que, en promedio, ambos países han mantenido contacto del más alto nivel al menos una vez al año.

Moscú mantiene en su retórica que "la República de Corea es uno de los socios prioritarios de Rusia en la región de Asia del Pacífico" (Embajada de la Federación Rusa en la República de Corea, 2018). Las cifras oficiales parecen corroborar esta afirmación: más de 50 tratados bilaterales firmados entre ambos países, en distintas esferas que incluyen cooperación, comercio, pesca, inversiones, armamento y equipo militar, uso pacífico de energía atómica, entre otros (Embajada de la Federación Rusa en la República de Corea, 2018). Además de los tratados bilaterales existe un entramado de mecanismos de colaboración en áreas específicas, como la Comisión Conjunta sobre Cooperación Económica y Técnico-Científica.

[6] Rusia aún formaba parte de la Unión de Repúblicas Socialistas Soviéticas (URSS), pero se encontraba en proceso de abandonaría, y así lo manejan las fuentes oficiales (Ministerio de Asuntos Exteriores de Rusia, 2018).

La relación bilateral ciertamente ha avanzado mucho, si se compara con la que fue prácticamente inexistente durante el lapso de la Unión Soviética, lo que ha llevado a que la Federación Rusa ocupe el décimo segundo lugar (1.7% del flujo comercial total) entre los socios de comercio exterior de la República de Corea. Por su parte, la República de Corea ocupa el décimo primer puesto (3.0% del flujo comercial total) entre los socios de comercio exterior de la Federación Rusa. Tras los resultados de 2013, la República de Corea ocupó el tercer lugar entre los países de Asia oriental en términos de facturación comercial con Rusia, después de China y Japón (Ministerio de Asuntos Exteriores de Rusia, 2018; WTO, 2018). En materia comercial, hasta septiembre de 2018 el comercio total bilateral alcanzó los 18 000 MDls. Además, el comercio en general es deficitario para el país asiático. De 2012 a 2018, el comercio bilateral se redujo alrededor de 0.5% en promedio anual. Lo anterior contrasta con los esfuerzos políticos para consolidar la "aventura euroasiática" surcoreana. Los principales productos coreanos de exportación a Rusia fueron

GRÁFICA 2. *Comercio bilateral, 2012-2018*

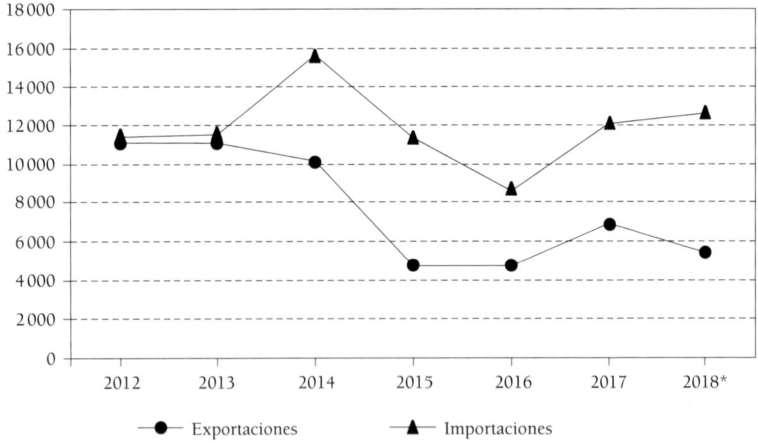

* Hasta septiembre de 2018.
Fuente: Elaboración propia con base en Korea Customs Service (2018).

vehículos, autopartes, herramientas, maquinaria. Los principales productos de importación son petróleo, gasolina, carbón bituminoso y gas natural (Ivashentsov, 2013; KITA, 2018). La relación es altamente complementaria.

En materia de inversiones, en 2017 se abrió una oficina de la Agencia Coreana para el Desarrollo Comercial en Vladivostok, por medio de la cual los inversionistas coreanos han canalizado 70 MDls en proyectos dentro de las zonas económicas especiales del Lejano Este ruso. En esta línea, se propuso incrementar las inversiones hasta 3 000 MDls para 2020 (Denezh, 2017; Sputnik, 2017). Comparadas con el comercio, las inversiones en realidad son muy pocas; sólo 1% de la inversión extranjera de Corea del Sur termina en Rusia. En 2017, la inversión se incrementó 41%, hasta alcanzar los 19 000 MDls (Khryaeva, 2018). Aun así, sigue representando un porcentaje muy bajo en la balanza comercial surcoreana.

A esto se añade la cuestión del redireccionamiento del oeste al este ruso: de acuerdo con cifras del Ministerio de Desarrollo Económico de la Federación Rusa (Khryaeva, 2018), más de 50% de las inversiones surcoreanas van al Distrito Federal Central, entre cuyas áreas más atractivas se cuenta el Distrito Federal Noroccidental (donde se localiza San Petersburgo), con 27%. El Distrito Federal del Lejano Este sólo capta 14% de la inversión total. Los planes de Moon Jae-in también incluyen aumentar el comercio en 50% para 2020, hasta la cifra de 30 000 MDls (Khryaeva, 2018).

Tradicionalmente, la Federación Rusa y Corea del Sur no han sido aliados estratégicos. Sin embargo, nuestra premisa parte de que, al menos en el discurso, se plantean elevar la relación a un estatus estratégico-integral. No obstante los avances en los vínculos económicos, la relación bilateral entre ambos países se ha desarrollado de manera paulatina, incluso lenta y parsimoniosa. A diferencia de las relaciones bilaterales que Rusia mantiene con otros países —a saber, las naciones del espacio exsoviético, la Unión Europea, China y, por supuesto, Estados Unidos—, la dinámica real entre Moscú y Seúl se ha mantenido en el plano discursivo, con dificultades para materializarse en términos de aumentar el comercio, las inversiones y los proyectos conjuntos de infraestructura.

Tomando en cuenta lo anterior, cabe preguntarse: ¿qué espera Corea del Sur de un mayor acercamiento con Rusia? En palabras del otrora embajador de Corea en Rusia, Pak Ro-byug (2016), los Estados del noreste de Asia —incluidos Corea y Rusia— deben abocarse al desarrollo de relaciones armoniosas y de cooperación en cinco rubros: *1)* construcción de infraestructura de transporte y comunicación para romper las barreras territoriales y permitir el intercambio económico y cultural —la Iniciativa Eurasia—, *2)* involucramiento en el desarrollo del Lejano Este ruso, *3)* aumento de la cooperación económica y el flujo comercial, *4)* resolución de la amenaza nuclear y *5)* pacificación de la Península Coreana.

Ahora bien, es menester mencionar que, de forma oficial, no se estipula una línea de política exterior hacia Rusia en la página oficial del Ministerio de Asuntos Exteriores de Corea. Por ello, es necesario apoyarse en el análisis de las declaraciones conjuntas, así como de la información oficial publicada tras los contactos formales entre ambos países.

En la página de la embajada de Corea en la Federación Rusa (2018), el actual embajador coreano Woo Yoon-keun menciona que Rusia es un socio prioritario para Corea en la consecución de la prosperidad compartida en la Península Coreana y en el noreste de Asia. Además, agrega que la cooperación con Rusia continúa en el proceso de resolver el grave problema nuclear norcoreano, garantizando la paz y la seguridad en la península. El embajador culmina resaltando que la cooperación económica entre ambos países en diversos ámbitos, incluido el desarrollo de la región del Lejano Este ruso, está ganando impulso.

El embajador Woo comparte también tres principios básicos para el desarrollo de las relaciones coreano-rusas (Embajada de Corea en la Federación Rusa, 2018). El primero: fortalecer la asociación estratégica coreano-rusa, profundizando la confianza entre ambos países, con base en los fundamentos de la relación bilateral establecidos durante las dos reuniones de los jefes de Estado hasta 2018. El segundo: promover la cooperación económica práctica, apostando por las áreas en las que se pueden lograr resultados tangibles. El tercero: procurar la intensificación de los intercambios de diplomacia pública para profundizar el entendimiento mutuo y robustecer la amistad entre ambos pueblos. Sintetizando lo anterior, Corea del Sur plantea basar el desarrollo de la relación con Rusia en los contactos de alto nivel, el desarrollo de estrategias económicas y la intensificación de las relaciones diplomáticas.

Por su parte, Rusia es más explícita al momento de definir sus intereses y lo que espera obtener de la relación bilateral con Corea. El Ministerio de Asuntos Exteriores ruso (2018) estipula que la prioridad actual de la cooperación económica con la República de Corea es la realización de los planes de desarrollo de regiones de Siberia y del Lejano Este. En particular, se encuentran las cuestiones de participación de las empresas de Corea del Sur en los proyectos ejecutados en las esferas del desarrollo avanzado de Rusia y en el puerto libre de Vladivostok, así como la inclusión de la República de Corea en las dinámicas de interacción del Consejo Ártico, incluyendo la intervención de las compañías navieras de Corea del Sur en el avance de la Ruta Marítima del Norte, así como de los representantes de sus empresas para tomar parte en el desarrollo de su infraestructura (Ministerio de Asuntos Exteriores de Rusia, 2018). Otras esferas importantes del comercio y la interacción económica son la agricultura, la construcción naval, la energía eléctrica, la pesca, la salud, etcétera.

El presidente ruso Vladimir Putin ha mencionado que "el ascenso del Lejano Este es una prioridad nacional para todo el siglo XXI" (Ministerio de la Federación Rusa para el Desarrollo del Lejano Este, 2018). Precisamente, Corea del Sur se integra en esta estrategia de política exterior rusa y desarrollo nacional, que a su vez se enmarca dentro de la visión euroasiática retomada en años recientes por la administración de Putin.

Tomando en consideración lo expuesto, podemos constatar que Corea es un eslabón más de la estrategia rusa en Eurasia, especialmente en la región de Asia Pacífico. Empero, no es por mucho el más importante. En esta área, China y Japón siguen ocupando lugares prioritarios en la agenda de política exterior de Moscú, así como en los volúmenes comerciales y en la cooperación económica en general.

La cuestión paradójica es que, si bien Corea del Sur no es un socio estratégico de Rusia ni el más importante dentro de su estrategia de desarrollo euroasiática, sí forma parte de la mayor amenaza contra la seguridad regional de Asia del Pacífico y frente a todo el proceso del "viraje ruso hacia el este". Mientras no se extinga por completo la amenaza nuclear norcoreana y no se normalicen las relaciones entre ambas Coreas, Rusia no podrá concretar ninguno de sus proyectos en esta región a largo plazo. Es por ello que una de las prioridades elementales, medulares e impostergables de la relación entre Moscú y Seúl, es coadyuvar a la culminación del proceso de paz entre Corea del Norte y Corea del Sur.

La relación se vuelve integral: la Iniciativa Eurasia de Corea del Sur

Como se anotó en la introducción, la relación entre Corea del Sur y Rusia se ha caracterizado por la intención de fortalecer la dimensión exclusivamente económica y bilateral. Es decir, por parte de Seúl el interés es aprovechar las oportunidades económicas que ofrece el Lejano Este ruso, aunado a la ganancia que implicaría la presión de Moscú sobre Corea del Norte en la resolución del conflicto nuclear. Se puede afirmar que el interés económico ruso es el mismo, con la diferencia geopolítica de contener la acción estadounidense en la zona mediante la promoción del multilateralismo.

La Iniciativa Eurasia no representa ninguna novedad, pues es la continuación de la *Nordpolitik* surcoreana de finales de la década de 1980 (Kim, 2015). La diferencia, nos parece, estriba en la integralidad del proyecto, pues éste ya no contiene sólo aspectos económicos. De entrada, esta iniciativa considera tres grandes temas (Lee, 2017: 109). El primero, la "regionalización euroasiática", mantiene el objetivo de integrar el mercado continental mediante la construcción de infraestructura de conectividad y la consolidación de los acuerdos regionales de libre comercio, así como la explotación conjunta de gas natural y petróleo. Consideramos que esto apunta a la formación de una particular "identidad euroasiática", a partir del establecimiento de una región geopsicológica caracterizada por intereses comunes y la búsqueda de cooperación (Kim, 2004; Pempel, 2005: 3). Esto coincide con la intención rusa implícita en la Unión Económica Euroasiática y el "pivote al este" de Putin (Kirkham, 2016).

El segundo gran tema de la Iniciativa Eurasia —el "fomento de la creatividad"— se fundamenta en los intercambios sociales y culturales. En esta línea, Seúl apuesta por impulsar eventos y redes culturales, así como foros de juventud, pero además la integración de cadenas regionales de valor con base en las tecnologías de información y comunicación (TIC). En esta línea, la iniciativa ha retomado los tres grandes proyectos que sustentan la relación surcoreano-rusa: conexión de gasoductos entre las dos Coreas y Rusia, expansión de la red inteligente para energía surcoreano-rusa, y la conexión del Ferrocarril Transcoreano y el Ferrocarril Transiberiano (Lee, 2017: 114). El tercer tema, el "continente de paz", busca construir medidas de confianza para resolver el problema regional de seguridad y apoyar la Iniciativa de Cooperación y Paz del noreste asiático existente desde 2014 (*Yonhap News*, 2014).

Coincidiendo con la iniciativa china "Franja y Ruta",[7] la Iniciativa Eurasia también apunta a la interconectividad regional a partir de la infraestructura, pero con base en la creación de una nueva identidad regional. En este proceso, la "ruta de la seda" se

[7] Contracción de las iniciativas chinas "*Franja* Económica Ruta de la Seda" y "*Ruta* de la Seda Marítima del siglo XXI".

ha vuelto un importante concepto de política exterior y de construcción de la identidad coreana (Dadabaev, 2018). Desde Corea del Sur se ha impulsado el estudio de la antigua ruta de la seda y se ha priorizado la demostración de viejos vínculos coreanos con este fenómeno de globalización temprana. Así, desde 2014 se conformó la Red de Universidades de la Ruta de la Seda, y el Consejo de Institutos de Investigación para la Iniciativa Eurasia, con sede en Seúl (SUN, 2018a), y se identificó la antigua capital de la dinastía Silla, Gyeongju, como el inicio de la añeja ruta de la seda.[8]

Para materializar los nuevos principios gestores de las relaciones bilaterales, el presidente ruso visitó Seúl en noviembre de 2013. Esta visita fue la primera de alto nivel en 11 años entre ambos países. En ella se firmaron 16 acuerdos, se impulsaron dos plataformas de inversión valuadas en 16 000 MDls y un proyecto de innovación conjunta en la Tecnópolis de Skolkovo. De igual modo, se discutió el proyecto de conexión ferroviaria "Expreso de la Ruta de la Seda de Hierro", que uniría la ciudad portuaria norcoreana de Rajin con la ciudad rusa de Kazán (Kim, 2013; Toloraya, 2013). Para consolidar este proyecto se creó el Comité de Observación del Ferrocarril Euroasiático y se estableció el Comité de Cooperación con el Sector Privado para el Ferrocarril Euroasiático, en 2014. En febrero de 2015, los esfuerzos económicos avanzaron un paso más con la creación del Comité de Cooperación Económica Euroasiática (Lee, 2017: 111-112).

Parte importante de la construcción de la región euroasiática es la inclusión de Corea del Norte. Esto se observó en los intercambios de opinión sobre la situación en la península por parte de Park Geun-hye y Vladimir Putin, en septiembre de 2015, y en la asistencia de la mandataria surcoreana al Foro Económico Oriental al año siguiente (Kim, 2015; Song, 2016). Sin embargo, estas acciones sufrieron un retroceso por los ensayos nucleares

[8] Uno de los autores pudo comprobar este hecho en una visita al Museo Nacional de Gyeongju en el marco de la IV Conferencia Internacional de la Asociación Internacional para el Estudios de la Ruta de la Seda (SUN, 2018b).

norcoreanos de inicios de 2016, aunados a las críticas de Seúl por la participación rusa en el asunto de Crimea (Yi, 2016).

La asistencia al Foro Económico Oriental de 2016 resultó importante para limar asperezas. Putin obsequió a su contraparte surcoreana un pergamino con deseos del año nuevo 1979, escrito por Park Chung-hee, padre de Park Geun-hye (Jung y Kim, 2016). De igual modo, compañías coreanas ganaron la licitación para participar en proyectos de infraestructura valuados en poco más de 5 000 MDls; se acordó iniciar conversaciones para revisar la factibilidad de un tratado de libre comercio entre Corea del Sur y la Unión Económica Euroasiática, y se signaron 24 memorandos de entendimiento valorados en 395 MDls para el desarrollo del Lejano Este ruso (Jung, 2016).

La relación bilateral sufrió otro traspié con la crisis política coreana de finales de 2016 y la crisis de Corea del Norte, en 2016-2017. La primera —la destitución de Park Geun-hye por motivos de corrupción— implicó un alto momentáneo a la materialización de la Iniciativa Eurasia. La segunda acercó a Seúl más a Washington. Ambas situaciones alejaron a Corea del Sur de Rusia. No obstante, con la elección de Moon Jae-in, la Iniciativa Eurasia retomó su curso. En el marco del "euroasianismo", Moon sostuvo una reunión cumbre con Putin durante el Foro Económico Oriental, en septiembre de 2017, y expresó que "el Lejano Este ruso es donde la Nueva Política Rusa del Este Asiático y la Nueva Política Coreana hacia el Norte se encuentran" (Yoon, 2017). De igual modo, fue aquí donde se propuso una relación con base en "los nueve puentes", a saber: construcción de barcos para la ruta del mar del Norte, energía, gas, ferrocarriles, puertos, agricultura, pesca y empleos (Paik, 2017). En esta nueva propuesta, se retomó mucho de la Iniciativa Eurasia. En noviembre de 2017, los gobiernos de ambos países acordaron reimpulsar las negociaciones del Tratado de Libre Comercio Corea del Sur-Rusia (Seong, 2017).

Sin duda, la Iniciativa Eurasia es el sello de potencia media de Corea; sus ejes de acción y los primeros esfuerzos para consolidarla reflejan una preocupación de Seúl por impulsar una agenda integral de cooperación regional en aras de promover la estabilidad en el noreste asiático frente a Corea del Norte. No obstante, esto ha sido posible gracias a la coincidencia de intenciones con Moscú, en la medida en que mantener estable el problema de la Península Coreana es una prioridad si se pretende impulsar el desarrollo del Lejano Este ruso. En este sentido, no es tanto que Corea del Sur apoye un orden mundial ruso, pues Rusia no es una potencia mundial determinante del sistema internacional. Más bien, Corea del Sur como potencia media y Rusia como potencia regional han coincidido en una agenda que, a su vez, se traslapa con la agenda regional de las potencias mundiales, Estados Unidos y Japón.

Aspectos estratégicos y de seguridad regional

Como se mencionó en el segundo apartado de este capítulo, la mayor amenaza para la realización de los objetivos rusos en Asia del Pacífico, y particularmente para la relación bilateral con Corea del Sur, es la amenaza nuclear que representa Corea del Norte. Ninguno de los proyectos de inversión e infraestructura que permitan a Rusia integrarse en las dinámicas de desarrollo regional podrá fructificar a largo plazo si no se resuelve esta importante cuestión de seguridad regional.

Aunado a lo anterior, Rusia ha apoyado consistentemente la construcción de puentes entre los dos Estados coreanos. La normalización de las relaciones intercoreanas indudablemente permitiría la realización de grandes proyectos de asociación entre Rusia, Corea del Sur y Corea del Norte, como el corredor ferroviario internacional Europa-Corea, la construcción del gasoducto Rusia-Corea del Norte-Corea del Sur, y el establecimiento de un sistema energético unificado en el noreste de Asia, incluyendo las regiones de Siberia oriental y el Lejano Este ruso (Seguridad y Cooperación en Asia Nororiental, 2015).

¿Por qué son importantes para Rusia la estabilidad y la seguridad en el noreste asiático con respecto a la política de "viraje hacia el este"? Para empezar, hay que destacar el dinamismo político de la región y su relevancia en el desarrollo económico global. Asia nororiental es el espacio geopolítico en desarrollo más dinámico del mundo, hacia donde se desplaza gradualmente el centro de gravedad de la economía y de la política internacionales y donde se determinan en muchos aspectos los caminos y formas del subsecuente desarrollo mundial (Seguridad y Cooperación en Asia Nororiental, 2015). El rápido crecimiento económico ya ha transformado el noreste de Asia en uno de los centros mundiales de producción, distribución y consumo, en el principal accionista de los recursos monetarios y de oro, así como en un centro mundial de inversiones.

Sin embargo, la región nororiental del continente asiático también se caracteriza por un complicado balance de poderes locales y una precaria estabilidad política, lo que aumenta, en relación directa, el potencial de la zona hacia el conflicto. Así, encontramos que la lucha por el liderazgo y por las esferas de influencia se vuelve más aguda. Hay tensión en el ámbito de las finanzas. Las fuerzas armadas se incrementan y la región cuenta con seis de los 10 ejércitos más grandes del mundo (China, Estados Unidos, Corea del Norte, Rusia, Japón, Corea del Sur), tres de los cuales (Estados Unidos, Rusia y China) ya poseen armas nucleares, mientras que Corea del Norte las desarrolla (Seguridad y Cooperación en Asia Nororiental, 2015: 8).

La transformación de las actuales condiciones de seguridad regional preocupa a Moscú, toda vez que la arquitectura de seguridad existente en la zona data de la Guerra Fría, con el formato de confrontación entre los Estados Unidos y la Unión Soviética. No se ajusta a la configuración actual de los campos de fuerza en la región de Asia y el Pacífico ni a los desafíos que implica tratar las amenazas mundiales y regionales (Seguridad y Cooperación en Asia Nororiental, 2015).

Así pues, la prioridad número uno de Moscú es el reforzamiento de la seguridad regional con un esquema multilateral.

Rusia no está dispuesta a aceptar la supremacía absoluta de ningún actor involucrado y responsable de la construcción de una mejor arquitectura, a saber, China y/o Estados Unidos. Por lo tanto, la política exterior rusa en la región busca un balance consensuado entre todos los actores regionales, para no otorgar demasiados privilegios a unos ni dejar en el aislacionismo a otros.

Existen otros temas de política internacional que son ríspidos para el Kremlin en relación con sus vecinos de la zona;[9] pero ninguno es tan importante por su nivel de desestabilización y su capacidad de escalada como el programa nuclear de Pyongyang. Además, el estallido de un conflicto armado —o peor aún, nuclear— pondría bajo amenaza directa los proyectos rusos para el desarrollo del Lejano Este. En efecto, el desarrollo de esta zona, junto con la inserción de Rusia en la dinámica de cooperación de Asia del Pacífico, es uno de los dos pilares de la política rusa en Eurasia. Como menciona Korolev (2016: 55-56), la evidencia demuestra que el pivote asiático de Putin no es simplemente un "pivote energético con China" y que Rusia diversifica sus apuestas en materia de economía y seguridad regionales al extender la cooperación con Corea del Sur, Corea del Norte y Japón, en correspondencia con la más amplia visión de multipolaridad de Rusia, tanto global como regionalmente. Así pues, el desarrollo del vasto territorio asiático de Rusia se inserta en esta amplia visión euroasiática de Vladimir Putin.

El Lejano Este ruso comprende un conjunto de territorios al interior de Rusia que se engloban en el Distrito Federal del Lejano Este (DFLE).[10] El potencial económico de la región es enorme: cuenta con 18 Zonas Económicas Especiales Avanzadas; posee 37% de las reservas forestales de Rusia, 70% de sus reservas de

[9] Por ejemplo, las islas Kuriles, que se disputan Rusia y Japón.

[10] DFLE por sus siglas en español. Comprende la República de Sakha, el krai (subdivisión nacional administrativa de Rusia) de Primorie, el krai de Kamchatka, el krai de Jabárovsk, el oblast (subdivisión nacional administrativa de Rusia) de Amur, el oblast de Magadán, el oblast de Sajalín, el oblast Autónomo Hebreo y el distrito autónomo de Chukotka.

diamantes y una cuarta parte de sus reservas de oro (Kovalenko, 2018). Además, mantiene una cifra de 37% de exportación de su producto regional bruto, la más alta de todos los Distritos de Rusia (Kovalenko, 2018). Lamentablemente, a pesar de toda esta riqueza, en el Lejano Este ruso hay pocas vías de comunicación, una infraestructura mal desarrollada, y los pagos de impuestos y aportaciones al presupuesto consolidado de Rusia —provenientes de esta región— representan tan sólo cerca de 4.5% (Sitio Oficial del Representante Plenipotenciario del Presidente de la Federación Rusa en el Distrito Federal del Lejano Este, 2018).

El DFLE posee un gran potencial en recursos minerales e hidrocarburos, cuya explotación determina en buena medida el desarrollo de las ramas más importantes de la industria rusa: energía eléctrica, combustible, industria de explotación minera, metalurgia no ferrosa, entre otros (Sitio Oficial del Representante Plenipotenciario del Presidente de la Federación Rusa en el Distrito Federal del Lejano Este, 2018).

Un conflicto armado en la Península Coreana sería catastrófico para Rusia. Larin (2013) plantea que cualquier escenario de conflicto militar en esta península representa una grave amenaza para la población y las economías de las zonas meridionales del Distrito Federal del Lejano Este, en primer lugar para el krai de Primorie. El autor enfatiza que entre las amenazas reales están la violación de la navegación en el mar de Japón, así como de las comunicaciones aéreas internacionales y nacionales; la contaminación radiactiva, química y bacteriana de las aguas y zonas costeras del krai de Primorie; el uso no autorizado o provocativo de las aeronaves y los misiles por parte de actores externos en territorio ruso; por último, la transferencia masiva de refugiados de la República Popular Democrática de Corea, a través de las fronteras terrestres y marítimas, al distrito autónomo coreano de Yanbyanj en China y, en parte, al distrito Hasanskiy del krai de Primorie (Larin, 2013).

Ahora bien, es necesario presentar también la perspectiva que Corea del Sur plantea para el desarrollo de la relación bilateral y la cooperación con Rusia en la región nororiental de Asia. Si bien Seúl entiende y respeta la nueva postura rusa de "viraje hacia el este", así como su visión multilateral del mundo, la relación que mantiene con la administración Trump constriñe el margen de maniobra de la nación surcoreana.

El presidente coreano define a Rusia como un "proveedor" de recursos naturales para Corea, la cual se encargaría de transformarlos en productos industriales: "La combinación de los vastos recursos en el Lejano Oriente de Rusia y las tecnologías avanzadas de Corea hará de la región una tierra de oportunidades para la prosperidad de Corea y Rusia" (Stanley, 2018). Para Rusia, consciente de su necesidad de inversiones para potencializar la explotación de los recursos naturales del Distrito Federal del Lejano Este, dicho esquema de cooperación resulta atractivo y redituable.

No obstante la buena voluntad expresada por ambas partes, el desarrollo del esquema de cooperación arriba mencionado enfrenta diversos desafíos. Uno de ellos es la transformación de la visión generalizada que se tiene de Rusia en Corea del Sur, como un "antiguo enemigo" aliado de Corea del Norte durante la Guerra Fría. Muchos empresarios surcoreanos continúan considerando a Rusia con suspicacia y batallan para separar la Rusia contemporánea de la Unión Soviética, el poder que proporcionó apoyo económico y material a Corea del Norte durante la brutal guerra 1950-1953 y continuó apuntalando el régimen de Kim por varias décadas después de eso (Stanley, 2018). En una entrevista realizada por Khryaeva (2018) a Kim Jong-kwon, director general de la Agencia Coreana de Promoción al Comercio e Inversión, se afirmó que la mayoría de los coreanos obtiene información acerca de Rusia desde Occidente y desde Estados Unidos; esta información es un problema real, pues a menudo es incorrecta. La diplomacia cultural de Moscú debe continuar sus esfuerzos por presentar una imagen diferente de la Rusia comunista, con proyectos y políticas como el Foro Económico Oriental, el Foro Económico Internacional de San Petersburgo y el aumento del turismo sin régimen de visado entre ambos países, así como el incremento de los intercambios académicos, culturales y económicos.

En materia de construcción de capacidades entre ambas naciones y a pesar del reciente reforzamiento de la relación bilateral y la buena voluntad política expresada por sus respectivos jefes de Estado, existe un abismo enorme entre los pueblos de los dos países, distanciados por casi cinco décadas de Guerra Fría. La cancelación del régimen de visado fue un paso muy acertado para acercar a rusos y coreanos, pero para lograr la realización de los ambiciosos proyectos rusos en el Lejano Este y el aumento de las inversiones coreanas se necesita llevar la cooperación al siguiente nivel. Por ejemplo, la empresa rusa promedio, por no hablar de la pequeña empresa, tiene dos problemas: el lingüístico y el legal. Es difícil encontrar especialistas en derecho coreano, en lengua coreana, y sin el conocimiento del idioma y la legislación de Corea del Sur resulta casi imposible trabajar (Ivashentsov, 2013). Así pues, la creación de cuadros capacitados para realizar tareas de negociación, representación y relaciones públicas es fundamental e imprescindible para poner en marcha grandes proyectos de inversión, pero también para que la industria local —más modesta— no se quede fuera de la dinámica de desarrollo en el Lejano Este ruso.

Consideraciones finales

El ascenso de Donald Trump a la presidencia de Estados Unidos, junto con su agresiva retórica contra el libre comercio, afectó a Corea del Sur. A mediados de 2017, Seúl aceptó renegociar el Tratado de Libre Comercio Corea-Estados Unidos (KORUS FTA, por sus siglas en inglés) (Lotto, 2017). Aunado a esto, desde las campañas presidenciales estadounidenses de 2016, hasta el acercamiento entre Washington y Pyongyang de 2018, la tensión entre Estados Unidos y Corea del Norte afectó también a Seúl. Ante estos acontecimientos, las administraciones de Putin y Moon Jae-in demostraron un interés estratégico común para reforzar los vínculos de cooperación existentes y ampliarlos a otros rubros. Esto parece indicar que tanto la política de "viraje hacia el este" de Rusia como la Iniciativa Eurasia de Corea convergen en un punto medular: reforzar la seguridad regional mediante el estrechamiento de las relaciones comerciales y el aumento de proyectos conjuntos de inversión, en aras de asegurar el desarrollo económico y social del Lejano Este ruso y la Península Coreana a largo plazo.

Uno de los indicadores importantes que permitirían evaluar si en realidad se está gestando una profundización en la relación bilateral ruso-coreana sería el cumplimiento o no de las metas estipuladas por el presidente Moon Jae-in en el aumento de las relaciones comerciales y el flujo de inversiones coreanas con Rusia. Otro indicador sería la permanencia y participación activa de Corea del Sur como uno de los invitados sobresalientes del Foro Económico Oriental. Por parte de Rusia, una señal sería el involucramiento más activo para la resolución del problema nuclear de Corea del Norte, así como el aumento en el número de proyectos conjuntos en infraestructura y la reactivación de aquellos que se encuentran "congelados".

En este orden de ideas, el futuro de la relación bilateral Corea del Sur-Rusia dependerá en gran medida de la convergencia de dos vectores de política exterior. El primero está representado por el "viraje hacia el este" que Moscú ha demostrado en su política exterior a raíz del conflicto con Occidente —entiéndase Estados Unidos y la Unión Europea—, detonado por la crisis ucraniana de 2013-2014. El segundo vector consistirá en aprovechar el acercamiento de Rusia a Asia del Pacífico con base en su estatus de potencia media, tomando en cuenta la calidad de aliado estratégico que Corea del Sur ha mantenido con Estados Unidos —aunque con la administración Trump esto se ha matizado—. No obstante, cabe destacar que no importa cuánto interés e impulso inyecte Moscú a la diplomacia con Corea del Sur, si Seúl no está dispuesto a privilegiar sus intereses nacionales de política exterior sobre los de Washington. De forma inversa, no bastará con una actitud independiente y proactiva de Seúl hacia Moscú para mejorar la cooperación entre ambos gobiernos, si Rusia no mantiene como prioridad de su política exterior este viraje hacia Asia del Pacífico y al desarrollo del Lejano Este ruso.

Referencias

Ahn, S. H. (2009). Understanding Russian – South Korean Arms Trade: A nontraditional security approach? *Armed Forces & Society*, 35 (3): 421-436.

Buszynski, L. (2013). *Negotiating with North Korea: the Six Party Talks and the nuclear issue*. Londres: Routledge.

Choi, Y. J. (2009). South Korea's regional strategy and middle power activism. *The Journal of East Asian Affairs*, 23 (1): 47-67.

Cooper, D. A. (2011). Challenging contemporary notions of middle power influence: implications of the proliferation security initiative for "Middle power theory". *Foreign Policy Analysis*, 7 (3): 317-336.

Cox, R. W. (1989). Middlepowermanship, Japan, and future world order. *International Journal*, 44 (4): 823-862.

Dadabaev, T. (2018). "Silk Road" as foreign policy discourse: the construction of Chinese, Japanese and Korean engagement strategies in Central Asia. *Journal of Eurasian Studies*, 9 (1): 30-41.

Denezh, I. (2017, 30 de noviembre). South Korea targets increased investment in Russia's Far East. *Asia Times*, en <http://www.atimes.com/article/south-korea-targets-increased-investment-russias-far-east/>, consultado el 25 de octubre de 2018.

Embajada de Corea en la Federación Rusa (2018). En <http://overseas.mofa.go.kr/ru-ru/wpge/m_7322/contents.do>, consultado el 22 de octubre de 2018.

Embajada de la Federación Rusa en la República de Corea (2018). En <https://korea-seoul.mid.ru/rossia-i-korea>, consultado el 30 de octubre de 2018.

Ivashentsov, G. A. (2013). Análisis exhaustivo del sistema de relaciones ruso-coreanas. En G. A. Ivashentsov *et al.* (coords.), *Rusia y la República de Corea: hacia una nueva agenda de relaciones bilaterales. Cuaderno de trabajo* (pp. 4-25). Consejo Ruso de Asuntos Internacionales.

Ivashentsov, G. A., y B. Shik Shin (coords.) (2015). *Seguridad y cooperación en el Asia nororiental. Documento conjunto de expertos rusos y surcoreanos* (Cuaderno de trabajo núm. 25/2015). Consejo Ruso de Asuntos Internacionales.

Jung, N.-Y., y J.-M. Kim (2016, 5 de septiembre). Park gets surprise gift from Putin. *The Chosun Ilbo*, en <http://english.chosun.com/site/data/html_dir/2016/09/05/2016090501211.html>, consultado el 3 de octubre de 2018.

Jung, S.-Y. (2016, 5 de septiembre). S. Korea Wins Russia's 3 Largest Projects Worth 6 Trillion Won. *Business Korea*, en <http://www.businesskorea.co.kr/news/articleView.html?idxno=15747>, consultado el 3 de octubre de 2018.

Khryaeva, I. (2018). From the World Cup to a gas pipeline across North Korea. *Eastern Economic Forum 2018: The Roscongress Foundation Magazine and Catalogue*, pp. 86-87.

Kim, H.-J. (2015, 3 de septiembre). Park, Putin discuss North Korea. *The Korea Times*, en <http://www.koreatimes.co.kr/www/news/nation/2016/09/116_186185.html>, consultado el 30 de septiembre de 2018.

Kim, S. (2013, 11 de diciembre). The iron silk road: Putin looks to the Far East. *Brown Political Review*, en <http://www.brownpoliticalreview.org/2013/12/the-iron-silk-road-putin-looks-to-the-far-east/>, consultado el 12 de octubre de 2018.

Kim, S. S. (2004). Regionalization and regionalism in East Asia. *Journal of East Asian Studies*, 4 (1): 39-67.

Kim, T. (2015, 16 de febrero). Beyond geopolitics: South Korea's Eurasia Initiative as a new nordpolitik. *The Asian Forum*, en <http://www.theasanforum.org/beyond-geopolitics-south-koreas-eurasia-initiative-as-a-new-nordpolitik/>, consultado el 3 de octubre de 2018.

Kirkham, K. (2016). The formation of the Eurasian Economic Union: How successful is the Russian regional hegemony? *Journal of Eurasian Studies*, 7 (2): 111-128.

KITA (2018). K-Statistics. All commodities. *Korea International Trade Association*, en <http://www.kita.org/kStat/byCount_AllCom.do>, consultado el 30 de octubre de 2018.

Korea Customs Service (2018). Import/export by country. Russian Federation. *Korea Customs Service*, en <http://www.customs.go.kr/kcshome/trade/TradeCountryView.do?layoutMenuNo=21031&year=2018&nation=Russian+Federation&nationCd=RU>, consultado el 20 de octubre de 2018.

Korolev, A. (2016). Russia's reorientation to Asia: Causes and strategic implications. *Pacific Affairs*, 89 (1): 53-73.

Kovalenko, V. (2018). The FEFD's storehouse. *Eastern Economic Forum 2018: The Roscongress Foundation Magazine and Catalogue*, pp. 44-48.

Larin, B. L. (2013). Amenaza de un conflicto militar en la Península Coreana, en G. A. Ivashentsov *et al.* (coords.), *Rusia y la República de Corea: hacia una nueva agenda de relaciones bilaterales: Cuaderno de trabajo* (pp. 69-76). Consejo Ruso de Asuntos Internacionales.

Lee, C., y M. J. Bradshaw (1997). South Korean economic relations with Russia. *Post-Soviet Geography and Economics*, 38 (8): 461-477.

Lee, J. Y. (2017). Korea's Eurasia Initiative and the Development of Russia's Far East and Siberia. En J. Huang y A. Korolev (eds.), *The Political Economy of Pacific Russia. Regional Developments in East Asia* (pp. 103-125). Cham: Palgrave Macmillan.

Lee, S. J. (2012). South Korea as new middle power seeking complex diplomacy. *EAI* 아시아안보이니셔티브 연구보고서, (25): 1-36.

Lotto Persio, S. (2017, 10 de mayo). Trump scores first win on 'horrible' South Korea trade agreement. *Newsweek*, en <https://www.newsweek.com/trump-scores-first-win-horrible-south-

korea-trade-agreement-678892>, consultado el 2 de noviembre de 2018.

Ministerio de Asuntos Exteriores de la República de Corea (2018). En <http://www.mofa.go.kr/eng/nation/m_4902/view.do?seq=116>, consultado el 30 de octubre de 2018.

Ministerio de Asuntos Exteriores de Rusia (2018). En <http://www.mid.ru/ru/maps/kr/?currentpage=main-country>, consultado el 30 de octubre de 2018.

Ministerio de la Federación Rusa para el Desarrollo del Lejano Este (2018). En <https://minvr.ru/>, consultado el 30 de octubre de 2018.

Morales Ruvalcaba, D. E. (2015). *Poder, estructura y hegemonía: pautas para el estudio de la gobernanza internacional.* Vol. I, *Índice de poder mundial.* Guadalajara: Ediciones GIPM.

Paik, U.-G. (2017, 19 de septiembre). 9 bridges leading to Russia's Far East. *Korea Joogan Daily*, en <http://koreajoongangdaily.joins.com/news/article/article.aspx?aid=3038598>, consultado el 26 de octubre de 2018.

Pak, R.-B. (2016). Las relaciones ruso-coreanas en la etapa contemporánea y su futuro. Programa diplomático Lijachevsky de conferencias científicas internacionales. *Diálogo Internacional de las Culturas*, 71 (3): 1-20.

Park, J. S. (2005). Inside multilateralism: The Six-Party Talks. *Washington Quarterly*, 28 (4): 73-91.

Pempel, T. J. (2005). Introduction: Emerging webs of regional connectedness. En T. J. Pempel (ed.), *Remapping East Asia: the construction of a region* (pp. 1-30). Nueva York: Cornell University Press.

RIA Novosti (2018, 21 de junio). Relaciones Interestatales de Rusia y la República de Corea. En <https://ria.ru/spravka/20180621/1522910881.html>, consultado el 20 de octubre de 2018.

Robertson, J. (2018, 2 de mayo). Is South Korea really a middle power? *East Asia Forum*, en <http://www.eastasiaforum.org/2018/05/02/is-south-korea-really-a-middle-power/>, consultado el 25 de octubre de 2018.

Rocha Valencia, A., y D. E. Morales Ruvalcaba (2010). Potencias medias y potencias regionales en el Sistema Político Internacional: dos modelos teóricos. *Geopolítica(s). Revista de Estudios sobre Espacio y Poder*, 1 (2): 251-279.

Rozman, G. (2008). Strategic thinking about the Russian Far East: a resurgent Russia eyes its future in northeast Asia. *Problems of Post-Communism*, 55 (1): 36-48.

Seong, Y.-C. (2017, 15 de noviembre). South Korea agrees to take part in joint development projects in Russia's Far East. *Hankyoreh*, en <http://english.hani.co.kr/arti/english_edition/e_international/819159.html>, consultado el 26 de octubre de 2018.

Sitio Oficial del Representante Plenipotenciario del Presidente de la Federación Rusa en el Distrito Federal del Lejano Este (2018). En <http://dfo.gov.ru/district/>, consultado el 30 de octubre de 2018.

Song, S.-H. (2016, 2 de septiembre). Park to leave for Russia to attend economic forum, summit with Putin. *Yonhap News Agency*, en <http://english.yonhapnews.co.kr/national/2016/09/02/0301000000AEN20160902001300315.html>, consultado el 30 de septiembre de 2018.

Sputnik (2017, 27 de junio). Russia's Far East May Attract $3-Bln Investment From South Korea Ministry. *Sputnik News*, en <https://sputniknews.com/business/201706271054998781-far-east-investments-south-korea/>, consultado el 25 de octubre de 2018.

Stanley, T. (2018). The Growing Russia-South Korea Partnership. *The Diplomat*, en <https://thediplomat.com/2018/05/the-growing-russia-south-korea-partnership/>, consultado el 28 de octubre de 2018.

SUN (2018a). History of SUN. *Silk-Road University Network*, en <http://www.sun-silkroadia.org/eng/info/08.php>, consultado el 28 de septiembre de 2018.

——— (2018b). 2018 Annual Global Conference: Study on the Concept of Silk Road. *Silk-Road University Network*, en

<http://www.sun-silkroadia.org/eng/activities/02_2.php>, consultado el 28 de septiembre de 2018.

Teo, S. (2018). Middle power identities of Australia and South Korea: comparing the Kevin Rudd/Julia Gillard and Lee Myung-bak administrations. *The Pacific Review*, 31 (2): 221-239.

Toloraya, G. (2008). The Six Party Talks: A Russian perspective. *Asian Perspective*, 32 (4): 45-69.

Troyakova, T., y E. F. Tracy (2018). Is there a transnational Korean identity in Northeast Asia? The case of Korean diaspora in the Russian Far East. *Asian Perspective*, 42 (3): 387-410.

WTO (2018). Trade Profiles. *World Trade Organization*, en <http://stat.wto.org/CountryProfile/WSDBCountryPFReporter.aspx?Language=E>, consultado el 30 de octubre de 2018.

Yi, W.-W. (2016, 9 de marzo). Park's Eurasia Initiative stalled. *The Korea Times*, en <http://www.koreatimes.co.kr/www/news/nation/2016/03/120_199968.html>, consultado el 4 de octubre de 2018.

Yonhap News (2014, 12 de mayo). Seoul eyes conferences to promote Northeast Asia peace initiative. *Yonhap News Agency*, en <http://english.yonhapnews.co.kr/national/2014/05/12/68/0301000000AEN20140512003600315F.html>, consultado el 19 de octubre de 2018.

Yoon, S. (2017, 7 de septiembre). 'Korea is best partner for developing Russian Far East'. *Korea.net*, en <http://www.korea.net/NewsFocus/policies/view?articleId=149018>, consultado el 26 de octubre de 2018.

Zabrovskaya, L. (1999). The Korean Peninsula and the security of Russia's Primorskiy Kray (Maritime Province). En J. M. Clay (ed.), *The North Korean Nuclear Program: Security, Strategy, and New Perspectives from Russia* (pp. 179-194). Nueva York: Routledge.

VIII. LA REPÚBLICA DE COREA Y LA REPÚBLICA DE CHINA: FUTURO ENTRELAZADO Y DIFICULTADES COMPARTIDAS

Francisco Javier Haro Navejas[1]

La República de Corea (Corea del Sur, Corea o Seúl) y la República de China (Taiwán o Taipéi) tienen relaciones cuya importancia está más allá de lo aparente. Su futuro está entrelazado, ya sea por los desafíos que enfrentan con la crecientemente poderosa República Popular China (China o Beijing) o por las dificultades recurrentes de su crecimiento económico, pero también por los problemas de sus sistemas políticos y los asuntos relacionados con la distribución del poder político interno.

En estas páginas hay una descripción y análisis de diferentes aspectos de las relaciones bilaterales entre Corea del Sur y Taiwán. El objetivo es mostrar que, pese a las limitaciones impuestas por la exigencia de Beijing de reconocer una sola China, existe una relación bilateral coreano-taiwanesa compleja, que se profundiza creando una interdependencia cada vez más profunda.

Uno de los aspectos que es preciso abordar es que los acontecimientos en uno y otro país influyen en sus poblaciones de diferentes formas. En la medida en que se trata de economías con orígenes y desarrollo similares, comenzamos estableciendo una comparación para mostrar evidencias que sustentan las percepciones de la población taiwanesa sobre la situación en su país. A continuación, explicamos las razones del nacimiento de los dos Estados y la evolución de las relaciones entre ambos,

[1] Facultad de Economía, Universidad de Colima.

a partir de la colonización nipona hasta el rompimiento de relaciones entre Seúl y Taipéi. Con base en lo anterior, es posible abordar el estudio de los aspectos relevantes de las interacciones entre ambos países. A pesar de la inexistencia de relaciones diplomáticas oficiales, las dos economías han creado relaciones profundas, de creciente interdependencia y que se extienden hasta el campo de la seguridad; ésta, en los últimos años, se ha transformado para incluir asuntos actuales, principalmente el narcotráfico. Además, abordamos el tema del turismo, uno de los más prometedores y menos conflictivos. Posteriormente, analizamos el comercio y la inversión, donde Taiwán aparece como uno de los principales socios de los coreanos. Por último, ofrecemos algunas reflexiones sobre las perspectivas de la relación entre ambos.

El impacto de las percepciones

Tanto las élites como las poblaciones de ambos países se observan mutuamente. No ha faltado quien asegure que la derrota electoral de noviembre de 2018 del Partido Progresivo Democrático gobernante en Taiwán, se debió a que la población consideró inaceptable que no estuviera a la altura de los coreanos (Ngerng, 2018). Las percepciones de los votantes no están demasiado alejadas de la realidad. Antes de entrar a ver datos correspondientes, es preciso anotar que cualquier análisis comparativo debe tomar en cuenta algunas variables para llegar a cualquier conclusión.

Las dimensiones espaciales y demográficas son importantes. En un área de 35 980 kilómetros cuadrados viven 23 571 000 taiwaneses, mientras que en Corea 51 454 000 personas habitan un espacio de 100 280 kilómetros cuadrados.

Más importante, es preciso considerar, primero, que el aislamiento diplomático taiwanés no ha sido definitivo para condicionar su crecimiento económico. No obstante, el nacimiento del Foro de Cooperación Económica Asia-Pacífico (APEC, por sus siglas en inglés) y su posterior ingreso a éste ayudaron a Taiwán a incrementar su internacionalización comercial. Segundo, a diferencia de Corea y por supuesto de Japón, su crecimiento económico se ha sustentado en pequeñas y medianas empresas antes que en conglomerados gigantes. Tercero, lo más relevante es el peso que tiene lo que hace o no hace Beijing respecto de la isla. Con Corea del Sur también desempeña un papel importante, sobre todo en relación con sus iniciativas dirigidas a su vecino del norte. Sin embargo, en el futuro taiwanés no aparece la anexión forzada; mientras el tema del norte de la península tiene muchas ramificaciones y actores internacionales, el de Taiwán es enteramente un asunto interno, al menos de acuerdo con el gobierno chino.

En el lapso que va desde los años sesenta hasta 2003, el producto interno bruto (PIB) per cápita de los taiwaneses fue superior al de los coreanos del sur. En 1961 era de 161.9[2] frente a 93.2, mientras que en 1970 fue de 395.5, y el de sus vecinos, de 279.1. Incluso llegaron a registrarse grandes distancias entre ambos, como la observada en 1980, cuando alcanzó los 2 367.6 contra 1 704.5, o los muy altos 5 325.2 respecto a 3 511. En el año 2000 fueron 14 876.9 en la isla y en la península alcanzaron 11 947.6. En 2003 Corea empezó a separarse y las cantidades se invirtieron: Corea logró 14 209.3 mientras que Taiwán alcanzó 14 094.4. Con altibajos, Corea se ha mantenido arriba, llegando en 2016 a 27 534.7 y dejando a los taiwaneses en apenas 22 504.9 dólares.

La percepción de los electores tiene otros sustentos apoyados en la comparación de ambas economías. La deuda adquirida por el gobierno coreano ha sido, desde 2002, considerablemente mayor que la de Taipéi. En 2016 fue de 564 507 millones de dólares estadounidenses (MDls) y la taiwanesa alcanzó la cifra de 192 298 (MDls). Si bien la diferencia es considerable, vista de cerca podría pesar más a los isleños. En términos del PIB de 2016, la disparidad ya no resultó tan grande: para los coreanos fue de 40% del PIB y para los taiwaneses de 36%. Si tomamos en cuenta el PIB per cápita, tampoco es un contraste abismal: 11 016 dólares

[2] Las cantidades son en dólares estadounidenses.

frente a 8169 para los taiwaneses (Countryeconomy, s. f.). La situación es más complicada al observar el gasto gubernamental de 2016: el de Corea fue de 24697 y el de Taiwán de –11667; además, de acuerdo con el porcentaje del PIB, el gasto fue de 1.75% y de –2.20%, respectivamente.

Como parte de una diversificación urgente, Taiwán y Corea se necesitan mutuamente, además de que buscan expandir sus horizontes políticos y económicos más allá de China. Conforme las relaciones se amplían y profundizan hay más problemas, como el narcotráfico. Pese a ello, los gobiernos encuentran la manera de seguir desarrollándose, con medidas como hacer más rápido el ingreso mutuo de sus nacionales en los respectivos países a la hora de pasar el proceso migratorio en los aeropuertos. A lo anterior, habría que agregar actividades culturales y deportivas, entre las que sobresale el béisbol.

Socios separados por la geopolítica

Ambos países tienen, pese a sus limitaciones, sobre todo en lo diplomático, unas relaciones intensas. De integración en telefonía y electrónicos, pero con problemas en diferentes campos, en gran parte resultantes de malentendidos debido a lo que la prensa propaga sobre rivalidades entre empresas de ambas economías en algunos sectores, principalmente en el primero de los mencionados (Harris, 2013).

Muchos aspectos de su pasado, procesos políticos y desarrollo económico son similares. Su nacimiento fue producto de las élites interesadas en crear Estados unificados a partir de negociaciones que impidieran la polarización. No obstante, la polarización ha perdurado por décadas.

Las formas de crecimiento económico se parecieron, sobre todo al principio, en un uso intensivo de fuerza de trabajo y fuertemente orientado a la exportación; gobiernos verticales impulsaron ese crecimiento, privilegiando sectores y grupos económicos;

una sociedad civil, cuya participación política no pudo ser contenida por el verticalismo gubernamental, condujo a cambios de regímenes; la creación de sistemas electorales que no terminan de ser multipartidistas y que difícilmente son bipartidistas, aunque con más éxito en Taiwán. Todas estas convergencias han ayudado a que las relaciones se mantengan y fortalezcan. Sin embargo, también han sido opacadas por la integración de China al sistema internacional a principios de los años setenta, primero, y por su afianzamiento como poder a partir de la segunda parte de los noventa, después. Su alejamiento, sobre todo a nivel diplomático, no ha sido producto de desavenencias bilaterales, sino por cuestiones de geopolítica.

Las relaciones bilaterales se han desarrollado, en una primera etapa —de 1948/1949 a finales de los ochenta—, principalmente condicionadas por cuestiones ideológicas en contra del comunismo y privilegiando la protección interna; mientras que, en una segunda etapa —de 1992 hasta nuestros días—, se construyeron en función de la integración económica y son de plena coincidencia.

Prácticamente al mismo tiempo que se daban por terminadas las relaciones entre Corea y Taipéi —23 de agosto de 1992—, no pocas universidades taiwanesas se quedaron sin estudiantes coreanos; asimismo, muchas empresas y negocios de los peninsulares quedaron sin un sustrato legal. En diferentes lugares de China, primero en Beijing, surgieron los restaurantes coreanos, algunos de ellos de la llamada minoría étnica coreana, la cual se benefició de la ruptura; la inversión directa se volcó al continente, y los estudiantes del sur opacaron al puñado del norte que estaba en Beida o en el entonces Instituto de Lenguas Extranjeras. Los coreanos, además, rivalizaron en número con los japoneses.

Aunque la casi irresistible fuerza de atracción china llevó a Seúl a aceptar la política de una sola China y a romper con Taipéi, las relaciones se fortalecieron en varios campos, entre ellos el financiero. En la actualidad subsisten rastros materiales y culturales de lo que fuera una relación profunda, sobre todo por la cercanía ideológica y el temor a Beijing. Por ejemplo, los académicos coreanos siguen viajando —a cuentagotas— a Taipéi y los intercambios económicos no son deleznables.

Las relaciones diplomáticas se iniciaron en 1919 entre Estados prácticamente inexistentes, fragmentados, sin ninguna fuerza política, ejerciendo el poder sobre la totalidad del territorio y sometidos a poderes extranjeros, como Japón, Estados Unidos y varios europeos.

Ambos Estados nacieron de la voluntad y la negociación de los grandes poderes más que de la fuerza de los actores políticos participantes en los procesos políticos internos. Sobre todo en el caso taiwanés, su existencia debería ser efímera, pues el continente habría de ser recuperado. Son Estados cuyo surgimiento materializa el fracaso de los actores locales que buscaban, desde finales del siglo XIX, construir un Estado unificado al estilo de los europeos.

El fin de la Guerra del Pacífico —Segunda Guerra Mundial— significó para la península el nacimiento de dos Estados diferentes y opuestos, situación que se afianzó al concluir el conflicto interpeninsular, 1950-1953. Con la llegada de Mao Zedong al poder, en octubre de 1949, ocurrió la salida de los nacionalistas hacia Taiwán, con la ilusión nunca materializada de recuperar el poder con el apoyo de Estados Unidos.

La emergencia de ambos Estados se debe, en diferentes grados, a China. En el caso de Taiwán, es obvio, por los resultados de la Guerra Civil. El triunfo del Partido Comunista hizo huir a los nacionalistas antes de que éste accediera al poder. A su vez, el surgimiento de los Estados peninsulares es producto aparente de las negociaciones entre la Unión Soviética y Estados Unidos, además de la presencia de la Organización de las Naciones Unidas (ONU), siempre más cercana al sur y a Estados Unidos. Sin embargo, el papel de Beijing fue esencial, incluso más que el de la propia Unión Soviética.

La revelación del conflicto peninsular y el origen del orden posterior a él fue China. La guerra situó a Beijing como una potencia regional que contaba con la voluntad de sus líderes y con los recursos, materiales y humanos, para determinar el futuro de la zona.

A fin de cuentas, el afianzamiento de Corea del Sur como Estado y la decisión de alentar un Estado chino insular llevaron a crear un amplio arco de seguridad diseñado para impedir el acceso de China al Pacífico, abarcando lo mismo Corea y Japón que Australia.

Seguridad

A principios de los setenta del siglo XX, la mayoría de los gobiernos se apresuró a establecer relaciones bilaterales con Beijing y aceptar un cambio en el *statu quo*, lo cual significó desplazar a Taipéi, para dejarlo fuera tanto de la Asamblea General como del Consejo de Seguridad de la Organización de las Naciones Unidas.

Respecto de Taiwán, Japón optó por un camino lento, considerablemente parecido al de Estados Unidos. Su eje fue el Tratado de Taipéi firmado en 1952. No obstante, respondiendo a negociaciones internas, el acercamiento con Beijing creció, pese a los altibajos de la relación debido a grupos locales con intereses ideológicos específicos. Mientras Japón era un sistema unipartidista y altamente corporativista, el flujo de las negociaciones entre los grupos era funcional y el Estado no era todopoderoso, hubo espacio para que los empresarios, por ejemplo, fueran escuchados, además de que la orientación exportadora y el fortalecimiento del mercado interno dieron una base sólida al LDP para gobernar, apoyado en la satisfacción de un electorado con niveles de vida aceptables. El anticomunismo, si bien nunca estuvo ausente, sobre todo en los años cincuenta y a finales de los sesenta, nunca alcanzó los niveles de otros países de la región. Hoy en día, todavía existe un Partido Comunista con más de un millón de adherentes y simpatizantes.

Por el contrario, al igual que la parte norte de la península, pero con resultados totalmente diferentes, el Estado sureño de la posguerra se levantó sobre el miedo de la población, el autoritarismo y condiciones laborales de extrema explotación, elementos que retardaron el acercamiento con Beijing durante varios años. No obstante, los presidentes Park Chung-hee (1963-1979) y Chun Doo-hwan (1980-1988) hicieron varios intentos de allegarse a los chinos. Algunos de los intentos de acercamiento a soviéticos y chinos, con el fin de estabilizar la península y aproximarse al norte, se materializaron con Roh Tae-woo (1988-1993).

De los factores que dieron origen a ambos Estados sobresale la formación del antes mencionado esquema de seguridad, bajo el liderazgo de Washington y basado en un arco desde el sur de la Península Coreana y el sur de Japón hasta Australia y Nueva Zelanda, pasando por el sureste de Asia. Además de impedir que surgieran regímenes cercanos a Moscú o Beijing, el objetivo era impedir el acceso de los chinos al Pacífico, sobre todo en vista de su capacidad beligerante, mostrada en la península durante 1950-1953.

Además, tanto Corea del Sur como Taiwán nacieron en el marco del ascenso de Estados Unidos como superpotencia al final de la guerra, lo que se expresó en una política específica de alianzas y se materializó en fracasos rotundos para vencer a sus oponentes (China, Corea del Norte y Vietnam), amén de ciertas orientaciones diplomáticas, como la pertenencia de Taiwán al Consejo de Seguridad de la ONU y el no reconocimiento a Beijing. Lo cual se transformó, primero, en un acercamiento para debilitar a Moscú, y, luego, en una política para la contención de los chinos. Asimismo, a la par del cambio de políticas internacionales, China fue vista, en especial a partir de los ochenta, como la solución para algunos problemas del mercado mundial: un enorme mercado de fuerza de trabajo y, en algún momento, de consumidores potenciales que ayudarían a revitalizar la economía global. De hecho, varias economías aprovecharon a China para impulsar su crecimiento y/o paliar sus crisis al exportar capitales, tecnología, bienes y servicios. Entre ellas, Taiwán y Corea han sido de las más beneficiadas.

El sistema de seguridad se ha debilitado. Aunque las bases norteamericanas no han desaparecido de Japón y Corea, Washington sigue vendiendo armas a Taipéi; con o menor insistencia, diferentes administraciones han buscado disminuir sus gastos en la región y han pretendido que los locales destinen más recursos propios a su defensa. Desde la perspectiva estadounidense en el gobierno de Trump, en voz de un funcionario del Departamento de Defensa, la isla debe tener los recursos necesarios para desalentar o, de ser necesario, derrotar una invasión china, para lo cual debe permitir que sigan creciendo sus presupuestos de defensa (Lu, 2018). De hecho, Taipéi y Washington hacen lo necesario para que eso pase. A finales de 2018, el gobierno taiwanés adquirió dos navíos de guerra construidos en los años ochenta (Focus Taiwan, 2018a).

En el largo plazo, el mayor peligro para Corea del Sur, como para Japón, sería que China invadiera la isla. Ello cambiaría de manera sustancial el *statu quo* y, en los hechos, convertiría a Beijing en potencia hegemónica regional, con lo que la relevancia de la relación bilateral tendería a crecer.

Taiwán, en relación con Corea, es doblemente importante en materia de seguridad. En primer lugar, ese cambio en el estrecho taiwanés tendría impactos todavía imprevisibles particularmente sobre la Península Coreana; su permanencia aún es una contención ante el desplazamiento chino hacia el Pacífico. En segundo lugar, es un elemento que, de acuerdo con su peso específico, ayuda a integrar a Pyongyang en los procesos de negociación. Los poderes Ejecutivo y Judicial taiwaneses han hecho todo lo posible por evitar el tráfico de petróleo hacia el norte y de carbón hacia Vietnam. Siguiendo las directrices de la ONU, lo contienen, para lo cual han atrapado y enjuiciado a los traficantes ilegales de esas materias primas. De hecho, desde septiembre de 2017 han prohibido cualquier intercambio que contravenga las sanciones adoptadas por Naciones Unidas contra Pyongyang (*The Jakarta Post*, 2018). Asimismo, desde agosto de 2016, el gobierno ha prohibido que la industria pesquera taiwanesa utilice trabajadores provenientes del norte de la península. En su decisión ha pesado, no solamente la ONU, sino también las políticas de sanción ordenadas por la Casa Blanca.

Desde finales de los años cuarenta, pero sobre todo en el inicio de los cincuenta, el tema de la seguridad tuvo como sustento la idea de aislar a Beijing. Hoy el aislamiento no se puede plantear ni siquiera como hipótesis, debido a la fuerza adquirida por los chinos y, más aún, por la claridad que éstos tienen respecto de los objetivos que persiguen y su disposición para lograrlos. En última instancia, cualquier asunto relacionado con la seguridad conduce a Beijing y no se reduce a los temas que atañen de manera directa a la supervivencia de los Estados.

En la medida en que las relaciones bilaterales persistan y se profundicen, a pesar de no existir reconocimiento diplomático mutuo pero sí un turismo creciente, se producirán situaciones que desborden la legalidad. Personas que se dedican a actividades criminales utilizan el entorno de debilidad institucional creado por los gobiernos para operar. Tal es el caso de los intentos de contrabandear oro desde Taiwán para venderlo en Seúl (Focus Taiwan, 2018b).

El contrabando y la venta de anfetaminas parecen ser más graves que los del oro, por los riesgos para la salud, pero también por la cantidad de personas involucradas. En varios decomisos, entre febrero y octubre de 2018, fueron aprehendidos 20 taiwaneses (Focus Taiwan, 2018c). El tráfico de anfetaminas es internacional y millonario. Participan también japoneses y los mismos coreanos. Financieramente promete ser lucrativo. Por ejemplo, en un decomiso se aseguró mercancía por un valor en el mercado de 326 millones de dólares (Focus Taiwan, 2018d).

Desde el punto de vista de la diplomacia, pero también de la geopolítica reinante, y de acuerdo con la información consultada, el gobierno coreano no ha involucrado a Beijing en los arrestos de taiwaneses. Algunos gobiernos, particularmente africanos, entregan los implicados en acciones ilegales a los chinos, lo cual se debe a que solamente hay una China. Incluso, los mismos chinos realizan acciones que parecen contravenir el derecho internacional, siempre que eso les asegure llevar a ciudadanos taiwaneses a sus juzgados y prisiones.

Existe, también, el caso de un canadiense-taiwanés que fue acusado de asesinato en Canadá y huyó a Corea, donde fue atrapado en el aeropuerto. Taiwán lo reclama para repatriarlo y juzgarlo en Taipéi, pero los coreanos se inclinan por entregarlo para que sea juzgado por la ley canadiense.

Turismo

El turismo se ha convertido en el terreno de cooperación por excelencia, pues ha permitido el acercamiento más profundo y consistente entre Seúl y Taipéi y, además, es el que menos conflictos ha generado. En él, las relaciones bilaterales no solamente persisten, sino que también crecen. En 2009, eran 3 280 000 taiwaneses los que visitaban la península, detrás de Japón, China y Estados Unidos. El crecimiento porcentual anual sólo era rebasado por China, con 18.9%. Recientemente, el porcentaje ha sido de 9% para taiwaneses y casi 20% para los coreanos (Focus Taiwan, 2017).

Para finales de 2018, los visitantes isleños rebasaron el millón, cifra similar a la de visitantes coreanos a la isla a finales de 2017. Con esto se convirtieron en el tercer país que aportó más visitantes a Corea, mientras que éste, por su parte, ha avanzado del décimo primero al séptimo lugar. Incluso, con ayuda china y desafiando a las Naciones Unidas, los norteños abrieron una agencia en Taipéi para impulsar viajes con un costo de alrededor de 1 000 dólares, pero los taiwaneses aún no llegan al millar de visitantes anuales (Visit Korea, s. f.). Además, hay algunos esfuerzos taiwaneses por invertir en el norte de la península en asociación con los coreanos del sur, lo cual parece diplomáticamente poco probable.

El fortalecimiento de los intercambios turísticos robustece las relaciones bilaterales e impulsa el crecimiento económico de ambas economías. Pero para Taipéi tiene un significado más profundo: gracias a los turistas coreanos como a los de otros países de la región, sobre todo de Japón y Singapur, es posible que la dependencia respecto de China no sea relativamente menor y resista mejor el uso político que Beijing hace del turismo.

Seúl también ha sufrido amenazas cumplidas procedentes de Beijing. Por ejemplo, eso fue patente cuando Estados Unidos buscó la puesta en marcha del proyecto Terminal High Altitude Area Defense, THAAD (Meesak, 2017). No obstante los problemas que puedan surgir con los chinos, ambos buscan formas de acercarse a los isleños y atraer a sus turistas a diferentes actividades y festividades locales tradicionales (DeAeth, 2018) o ferias de libros.

Comercio e inversión

Corea, como Taiwán, se levantó gracias a un impulso al comercio exterior que empezó a mundializarse a partir de los años noventa. No obstante el discurso globalizador, este país muestra que el comercio, a fin de cuentas, es esencialmente regional. En todo caso, se trata de diferentes espacios. A partir de observar a sus socios comerciales principales en el cuadro 1, tenemos que ocho de los 10 más importantes son asiáticos, y, de ellos, el mercado chino, que incluye a China y Hong Kong, es el primordial. Los dos no asiáticos, Estados Unidos y México, pertenecen a un mismo mercado; de hecho, la presencia del segundo está en función de la existencia e importancia del primero.

La economía coreana, al mismo tiempo que era exportadora, tenía un componente esencial de proteccionismo. Por el contrario, en la actualidad se trata de una Corea abierta, cuyas importaciones han crecido de tal suerte que mantiene relaciones deficitarias con un número importante de economías (cuadro 2), entre las que destaca Japón con 28 300 MDls. Los déficits se encuentran diferenciados, pero destacan las economías de Asia del oeste, debido a los energéticos.

Por el contrario, Corea mantiene relaciones superavitarias con economías clave, aunque de importancia diferente: China, Hong Kong, Vietnam, Estados Unidos e India, así como Filipinas, Islas

CUADRO 1. *Principales socios comerciales de Corea del Sur*

Ranking	País	Exportaciones*	Porcentaje
		573.0	100.0
1	China	142.1	24.8
2	Estados Unidos	68.9	12.0
3	Vietnam	47.7	8.3
4	Hong Kong	39.1	6.8
5	Japón	26.8	4.7
6	Australia	19.9	3.5
7	India	15.1	2.6
8	Taiwán	14.9	2.6
9	Singapur	11.6	2.0
10	México	10.9	1.9

* Miles de millones de dólares.

Fuente: Tomado con modificaciones de World's Top Exporters, en <http://www.worldstopexports.com/south-koreas-top-import-partners/>.

CUADRO 2. *Principales relaciones deficitarias de Corea del Sur*

Ranking	País	Déficit*
1	Japón	–28.3
2	Arabia Saudita	–14.4
3	Alemania	–11.3
4	Qatar	–10.8
5	Kuwait	–8.4
6	Rusia	–5.1
7	Irak	–4.9
8	Emiratos Árabes Unidos	–4.2
9	Irán	–4.0
10	Taiwán	–3.2

* Miles de millones de dólares.

Fuente: Tomado con modificaciones de World's Top Exporters, en <http://www.worldstopexports.com/south-koreas-top-import-partners/>.

Cuadro 3. *Principales relaciones superavitarias de Corea del Sur*

Ranking	País	Superávit*
1	China	44.3
2	Hong Kong	37.2
3	Vietnam	31.6
4	Estados Unidos	18.0
5	India	10.1
6	Filipinas	6.9
7	Islas Marshall	6.8
8	México	6.5
9	Turquía	5.4
10	Noruega	3.4

* Miles de millones de dólares.
Fuente: Tomado con modificaciones de World's Top Exporters, en <http://www.worldstopexports.com/south-koreas-top-import-partners/>.

Marshall, Filipinas y Turquía, además de México, por ser la puerta a diferentes mercados americanos, sobre todo al norte, en autos y televisores.

Pese a las vicisitudes de la geopolítica, la relación bilateral es comercialmente importante. Son economías integradas. Lo cual es observable particularmente en la composición de los intercambios comerciales que nos muestra un comercio intenso entre empresas.

Taiwán es el décimo socio de los coreanos; recibe 2.6% del total de las exportaciones, pero con intercambios deficitarios de –3 200 MDls. Los intercambios entre 2003 y 2017 se incrementaron. El déficit fue más fuerte en 2005 y 2006, aunque ha tendido a disminuir.

Los productos importados por los coreanos desde Taiwán están diversificados. Con cifras de 2015, sobresalen los electrónicos, plástico, metal y acero, además de vajillas (Korea Importers Association, s. f.). Durante 2017, los coreanos importaron 14 700 MDls. Compraron circuitos integrados, petróleo y aceite, receptores para radio y TV. En cambio, vendieron circuitos integrados, máquinas y semiconductores.

El comercio se relaciona estrechamente con la inversión. Los déficits y los superávits, en gran medida, están en función de la inversión como variable que fortalece la integración económica dibujada por los intercambios comerciales. Su crecimiento, desde 2001 hasta 2012, se ha incrementado de forma consistente, pese al retroceso de 2006 y los de 2009, pero mejoró ligeramente en 2010 para repuntar considerablemente en 2011.

Los intercambios comerciales no están exentos de problemas, como es el caso del acero. A principios de 2018, empresas coreanas (Dongil Steeel Co. y SeAH Special Steel Corp.) pidieron una investigación porque consideraban que algunas firmas taiwanesas e italianas estaban haciendo *dumping*. Taiwán vendió 29.95 MDls del producto en disputa. Después de Japón, los taiwaneses eran los exportadores más importantes, con 17.97% del total comprado por los coreanos.

Compañías coreanas como Walsin Lihwa y Gloria Material Technology estaban haciendo *dumping*. Se determinó entonces

GRÁFICA 1. *Comercio bilateral Corea del Sur-Taiwán, 2003-2017*
(millones de dólares, en precios corrientes)

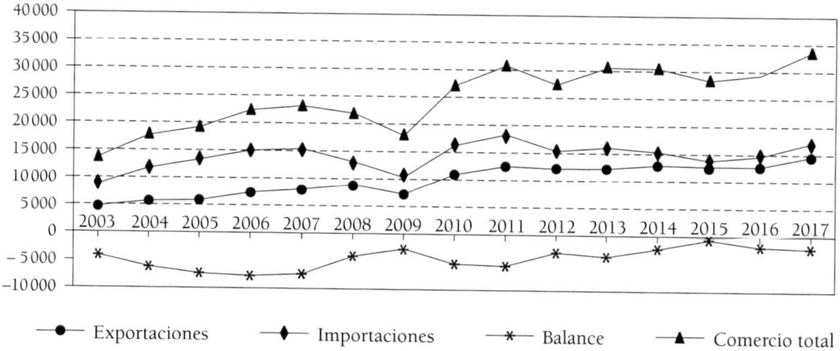

Fuente: Elaboración propia con información de National Statistics Republic of China, *Taiwan 2018 Yearbook*, en <https://eng.stat.gov.tw/public/data/dgbas03/bs2/yearbook_eng/y056.pdf>.

aplicar tarifas de 9.68 y 18.56%, respectivamente. A otras empresas de la isla se les aplicarían tarifas arancelarias de 13.37% (Focus Taiwan, 2018e).

El paso más importante en materia de cooperación económica es el relacionado con los mercados financieros. Desde septiembre de 2017 se logró un acuerdo para lanzar el Korea Taiwan IT Premier Index, que es administrado por los mercados de valores de ambos países. Solamente algunas empresas, 17 de Taiwán y nueve de Corea, forman parte de este mercado, para lo cual deben tener una capitalización de más de 2.5 MDls. Algunas de las empresas participantes son Samsung y SK Hynix, de Corea, y Hon Hai Precision Industry y MediaTek Inc., de Taiwán (Focus Taiwan, 2018f).

En el mismo sector financiero se han producido algunos resultados importantes por acuerdos entre empresas de los dos países. En 2015, la taiwanesa Fubon Financial Holding se asoció con Hyundai Life Insurance Co. y obtuvo 48.62% de las acciones con derecho a cinco miembros de 11 en la dirección de la compañía. Los locales mantuvieron la mayoría. En septiembre de 2018, los taiwaneses lograron el control de 62.4% de las acciones, con lo cual la empresa cambió su nombre a Fubon Hyundai Life Insurance Co. (Jhoo, 2018).

CUADRO 4. *Evolución de la IED coreana en Taiwán y taiwanesa en Corea, 2001-2012**

	2001	2002	2003	2004	2005	2006	2007	2008	2009	2010	2011	2012
IED coreana en Taiwán	12	8	12	21	57	32	53	35	–16	11	56	61
IED taiwanesa en Corea del Sur	4	5	9	11	5	11	12	151	11	5	57	—

* En millones de dólares.

Fuente: UNCTAD Stat, Data Center, en <https://unctad.org/en/Pages/DIAE/FDI%20Statistics/FDI-Statistics-Bilateral.aspx>.

CONCLUSIONES: EL *STATU QUO* DE 1992 Y EL FUTURO DE LA RELACIÓN COREA DEL SUR Y TAIWÁN

En tanto que el *statu quo* de 1992, basado en la aceptación de la política de una sola China por Seúl, prevalezca y Estados Unidos se mantenga como poder en el este de Asia, las relaciones bilaterales entre Corea del Sur y Taiwán seguirán fortaleciéndose. Todos los indicadores relacionados con sus intercambios (comercio, turismo e inversión) han evolucionado al alza y favorecido a ambos países. Por supuesto, a mayores facilidades migratorias mutuas de ingreso y para viajar habrá más actividades ilegales, sobre todo las relacionadas con el tráfico de anfetaminas.

Las transacciones financieras, comerciales y turísticas benefician a ambos países, hasta ahora de manera equitativa; la integración entre ellos ha creado lazos de interdependencia de creciente complejidad, básicamente por el creciente número de actores e intereses. La interdependencia se ha alcanzado gracias a la complementariedad económica más que a las negociaciones diplomáticas. Las necesidades de los mercados, los intereses de los actores y las políticas públicas han permitido este tipo de relación.

Hasta el momento son dos los grandes acontecimientos que pondrían en peligro el proceso de creciente interdependencia. Uno sería la imposibilidad material de llevar a buen fin las negociaciones con el norte y que el conflicto escalara. Lo cual significaría que Seúl tendría que dedicar un mayor número de recursos, materiales y humanos, a lidiar con sus vecinos. No sería, a fin de cuentas, un gran problema, pues la mayor parte de su historia ha sido de esa manera. Por el contrario, serviría para que se acercara más a Taipéi en busca de mercados, pero también de apoyo, aunque fuera informal. El otro sería, ya dictado por Beijing, que la isla pasara a formar parte de China, bajo alguna modalidad parecida a la de Hong Kong, que funciona según el principio, cada vez más acotado, de un país, dos sistemas. En esta circunstancia, desde una óptica positiva, los intercambios seguirían tal y como los de Hong Kong siguen y se incrementan.

Como no existen acuerdos que establezcan una fecha para el cambio de soberanía ni pueden emprenderse negociaciones para tal efecto, se tendría que saber cuáles son las acciones que Washington podría tomar.

REFERENCIAS

Countryeconomy (s. f.). Country comparison Taiwan *vs* South Korea 2018, consultado el 6 de septiembre de 2019, en <https://countryeconomy.com/countries/compare/taiwan/south-korea>.

DeAeth, D. (2018, 3 de noviembre). South Korea invites Taiwan to join Seoul Lantern Festival, consultado el 6 de septiembre de 2019, en <https://www.taiwannews.com.tw/en/news/3567189?fbclid=IwAR30NH4raHeZuzsabxUEWV0KsKlhQPGCrI03IvzEd2OsPnd7QH9py-Iec6o>.

Focus Taiwan (2017, 19 de diciembre). Taiwan-South Korea tourism reaches new milestone: Tourism Bureau | Society | FOCUS TAIWAN-CNA ENGLISH NEWS, consultado el 6 de septiembre de 2019, en <http://focustaiwan.tw/news/asoc/201712190008.aspx>.

_______ (2018a, 8 de noviembre). U. S. sale of warships to Taiwan helps regional stability: AIT (update) | Politics | Focus Taiwan Mobile-CNA English News, consultado el 6 de septiembre de 2019, en <http://m.focustaiwan.tw/news/aipl/201811080014.aspx?fbclid=IwAR1bEA3lkGR-6UP7Ah4PGboXCSukpYeDTOwJOhY7fhq79P1aEHTcpyG4_rg>.

_______ (2018b, 9 de noviembre). 8 Taiwanese nabbed in South Korea for smuggling gold | Society | Focus Taiwan Mobile-CNA English News, consultado el 6 de septiembre de 2019, en <http://m.focustaiwan.tw/news/asoc/201811090016.aspx?fbclid=IwAR04a99O82Tp2uB7m1ASiN3Qw9pVUE1nYZnz6nUVIuwVvC6_RoSppbEEuAE>.

_______ (2018c, 8 de octubre). South Korea cracking down on amphetamines from Taiwan | Society | Focus Taiwan Mobile-CNA English News, consultado el 6 de septiembre de 2019, en <http://m.focustaiwan.tw/news/asoc/201810080030.aspx?fbclid=IwAR2EL4ZHCpFpAPt996PLhWIyzGmR5Q_isQm_tlveY0wTAyWGmub4UckkMQ4>.

——— (2018d, 15 de octubre). 3 Taiwanese arrested in South Korea for drug smuggling | Society | Focus Taiwan Mobile-CNA English News, consultado el 6 de septiembre de 2019, en <http://m.focustaiwan.tw/news/asoc/201810150018.aspx?fbclid=IwAR2P5uRAXT5XHv3MEIAGZNbQtHUwP0A4lvkhqWQX3f6HCBV5P00QyerUEME>.

——— (2018e, 22 de septiembre). South Korea rules against Taiwan steel companies in dumping case, consultado el 6 de septiembre de 2019, en <http://m.focustaiwan.tw/news/aeco/201809220013.aspx?fbclid=IwAR1bEA3lkGR-6UP7Ah4PGboXCSukpYeDTOwJOhY7fhq79P1aEHTcpyG4_rg>.

——— (2018f, 11 de junio). Cross listings of tech ETFs in Taiwan, South Korea begin | Economics | Focus Taiwan Mobile-CNA English News, consultado el 6 de septiembre de 2019, en <http://m.focustaiwan.tw/news/aeco/201806110020.aspx?fbclid=IwAR1kVuk_4tsf-cqYE5dN9OaZS764P_dX3BFkPhETjLZOv9AjIqdEUWoEisk>.

Harris, B. (2013, 3 de diciembre). Taiwan's rivalry with South Korea reveals anxiety, consultado el 6 de septiembre de 2019, en <https://www.scmp.com/news/china/article/1371825/taiwans-rivalry-south-korea-reveals-anxiety>.

Jhoo, C. (2018, 14 de septiembre). Hyundai Life completes W300 bil. capital increase to become Fubon Hyundai, consultado el 6 de septiembre de 2019, en <http://www.koreatimes.co.kr/www/nation/2018/09/488_255585.html>.

Korea Importers Association (s. f.). Korea's Import, consultado el 6 de septiembre de 2019, en <http://koima.net/koima_net/importMarket/koreaImport.do>.

Lu, Z. (2018, 31 de octubre). The Pentagon says Taiwan needs to spend more on defense if it hopes to stand up to China, consultado el 6 de septiembre de 2019, en <https://www.businessinsider.nl/>.

Meesak, D. (2017, 4 de septiembre). China's South Korea Travel Ban: What you need to know, consultado el 6 de septiembre de 2019, en <https://jingtravel.com/chinas-south-korea-travel-ban-what-you-need-to-know/>.

Ngerng, R. (2018, 26 de noviembre). Why the DPP Lost Taiwan's Local Elections, consultado el 6 de septiembre de 2019, en <https://international.thenewslens.com/feature/bluewave/108887>.

The Jakarta Post (2018, 5 de julio). Taiwan businessman indicted over North Korea oil sales, consultado el 6 de septiembre de 2019, en <https://www.thejakartapost.com/news/2018/07/05/taiwan-businessman-indicted-over-north-korea-oil-sales.html>.

Visit Korea (s. f.). Key Tourism Statistics, consultado el 6 de septiembre de 2019, en <https://english.visitkorea.or.kr/enu/bs/tour_investment_support/invest_guidance/visit_korea_foreigner_pattern.jsp>.

La República de Corea ante la influencia
de la administración Trump,
se terminó de imprimir en septiembre de 2020,
en los talleres de Editorial Color, S.A. de C.V.,
Naranjo 96 bis, P.B., col. Santa María
la Ribera, 06400, Ciudad de México.
Portada: Rosalba Alvarado.
La edición consta de 500 ejemplares.
Cuidado de la edición Agustín Herrera Reyes
bajo la supervisión de la
Dirección de Publicaciones de
El Colegio de México.

Made in United States
North Haven, CT
10 November 2026

22084221R00180